高等职业学校"十四五"规划公共基础类通识教育课程群建设新形态精品教材

# 心理健康教育

主　编 ◎ 邹建军　曾　璐　孙桂芳
副主编 ◎ 黄晓君　颜晓娟　许嘉宜　郭柳

华中科技大学出版社
http://press.hust.edu.cn
中国·武汉

## 内 容 简 介

本书是高等职业院校心理健康教育精品教材,以心理健康教育的基本知识为基础,紧紧围绕大学生学习、生活,以及人格成长和完善过程中经常遇到的心理问题展开讲解。全书包含四大模块,包括"科学认识心理健康""客观探索自我""全面发展自我""积极调适自我";内含十一个项目,包括树立科学的心理健康观念、认识心理咨询与治疗、构建正确的自我意识、培养健全的人格、学会科学有效地学习、建立优良的人际关系、建立亲密关系、有效管理压力和应对挫折、保持稳定良好的情绪、网络心理、危机干预与珍爱生命等内容。本书适用于高职高专院校心理健康课程教学,也可供高校从事学生心理咨询、学生管理及相关科研工作的人员参考。

**图书在版编目(CIP)数据**

心理健康教育 / 邹建军,曾璐,孙桂芳主编. -- 武汉:华中科技大学出版社,2024.9(2025.1重印). -- (高等职业学校"十四五"规划公共基础类通识教育课程群建设新形态精品教材). -- ISBN 978-7-5772-1199-2

Ⅰ.G444

中国国家版本馆 CIP 数据核字第 2024BF2078 号

**心理健康教育**　　　　　　　　　　　邹建军　曾　璐　孙桂芳　主编
Xinli Jiankang Jiaoyu

策划编辑:李承诚
责任编辑:董　雪　肖唐华
封面设计:吴梦涵
责任监印:周治超
出版发行:华中科技大学出版社(中国·武汉)　　电话:(027)81321913
　　　　　武汉市东湖新技术开发区华工科技园　　邮编:430223
录　　排:武汉正风天下文化发展有限公司
印　　刷:武汉科源印刷设计有限公司
开　　本:787mm×1092mm　1/16
印　　张:14.75
字　　数:322千字
版　　次:2025年1月第1版第2次印刷
定　　价:49.80元

本书若有印装质量问题,请向出版社营销中心调换
全国免费服务热线:400-6679-118　　竭诚为您服务
版权所有　侵权必究

# 前　言

随着社会的飞速发展,科学技术快速迭代,人们的生活节奏日益加快,竞争越来越激烈,这迫使人们要不断调整心态,以适应社会日新月异的变化。大学生作为国之栋梁,其面临的学习、生活和就业压力不断增大,导致心理问题明显增多。2023年4月,教育部等十七部门联合印发的《全面加强和改进新时代学生心理健康工作专项行动计划(2023—2025年)》中,明确要求培育学生热爱生活、珍视生命、自尊自信、理性平和、乐观向上的心理品质和不懈奋斗、荣辱不惊、百折不挠的意志品质,促进学生思想道德素质、科学文化素质和身心健康素质协调发展,培养担当民族复兴大任的时代新人。

心理健康教育是提高大学生心理素质、促进其身心健康和谐发展的公共课程,既是高校人才培养体系的重要组成部分,也是高校思想政治工作的重要内容。本书依据《普通高等学校学生心理健康教育课程教学基本要求》和《高等学校学生心理健康教育指导纲要》进行整体设计。全书结构合理,逻辑清晰,内容共分四个模块十一个项目。本书坚持理论与实践相结合,重视知识的全面性,突出知识的趣味性,更强调知识的实践性。在本书的编写过程中,我们主要选取了与大学生成长密切相关的一些课题,如适应能力、学习动机、人际交往、情绪管理、生命价值等,通过对这些具体问题的讲解和分析,使大学生对自我有更深入的了解。在编写方法上,我们主要采用了案例分析、理论讲解、课堂实践和拓展训练相结合的方式。每个项目都设有知识导入等部分,让学生能迅速构建本项目的知识框架;每个任务通过心理故事的导入,让学生带着问题学习,加深学生的学习兴趣。此外,本书还包括"拓展实训""拓展阅读""课程思政"等内容,引导学生加深对所学知识的理解,让学生在轻松的阅读中有所领悟和收获,实现自我启迪。本书有助于学生自主阅读,掌握理论知识;便于教师组织课堂实训。本书既有利于教师教学,也有利于学生更好地了解自己,不断完善自我。

本书的编写由实践经验丰富、教育教学能力突出的一线心理教师和思政专家共同完成,采用了集体讨论、分头执笔、交叉修改的方式。本书由邹建军、曾璐、孙桂芳担任主编,其中邹建军负责构思框架、指导课程思政的融入及定稿,曾璐负责设计提纲、组织编写和审稿,孙桂芳负责统稿、校对和初步审定。

本书在编写过程中参考了许多优秀的学术观点,借鉴了相关论著、教材等,在此谨向原作者表示衷心的感谢!由于编者水平有限,书中难免存在疏漏和不妥之处,恳请专家、学者和广大读者提出宝贵意见和建议。

编　者

2024 年 7 月

# 目　录

## 模块一　科学认识心理健康 …………………………………………… 1
### 项目一　树立科学的心理健康观念 ………………………………… 1
　　任务一　心理健康认知 …………………………………………… 2
　　任务二　大学生心理健康现状 …………………………………… 6
### 项目二　认识心理咨询与治疗 ……………………………………… 16
　　任务一　大学生心理咨询 ………………………………………… 18
　　任务二　常见的心理疾病 ………………………………………… 24

## 模块二　客观探索自我 ………………………………………………… 30
### 项目三　构建正确的自我意识 ……………………………………… 30
　　任务一　自我意识概述 …………………………………………… 31
　　任务二　大学生自我意识发展 …………………………………… 39
　　任务三　大学生自我意识的完善 ………………………………… 44
### 项目四　培养健全的人格 …………………………………………… 51
　　任务一　人格概述 ………………………………………………… 53
　　任务二　人格的心理特征 ………………………………………… 55
　　任务三　大学生的人格优化与完善 ……………………………… 60

## 模块三　全面发展自我 ………………………………………………… 66
### 项目五　学会科学有效地学习 ……………………………………… 66
　　任务一　学习概述 ………………………………………………… 67
　　任务二　大学生常见学习心理障碍 ……………………………… 71
　　任务三　大学生良好学习心理的培养 …………………………… 78
### 项目六　建立优良的人际关系 ……………………………………… 93
　　任务一　大学生人际交往概述 …………………………………… 95
　　任务二　影响大学生人际关系的因素 …………………………… 100
　　任务三　掌握人际交往的艺术 …………………………………… 104

项目七　建立亲密关系　　　　　　　　　　　　　　114
　　任务一　爱情认知　　　　　　　　　　　　　115
　　任务二　大学生的恋爱观　　　　　　　　　　122
　　任务三　大学生的恋爱调试　　　　　　　　　128
　　任务四　大学生性心理概述　　　　　　　　　134

**模块四　积极调适自我　　　　　　　　　　　　　144**

项目八　有效管理压力和应对挫折　　　　　　　　144
　　任务一　有效管理压力　　　　　　　　　　　145
　　任务二　有效应对挫折　　　　　　　　　　　158

项目九　保持稳定良好的情绪　　　　　　　　　　165
　　任务一　认知情绪　　　　　　　　　　　　　166
　　任务二　常见的不良情绪　　　　　　　　　　170
　　任务三　管理不良情绪　　　　　　　　　　　174

项目十　网络心理　　　　　　　　　　　　　　　185
　　任务一　网络认知　　　　　　　　　　　　　186
　　任务二　大学生网络成瘾及应对　　　　　　　192
　　任务三　大学生健康网络心理的培养　　　　　197

项目十一　危机干预与珍爱生命　　　　　　　　　204
　　任务一　生命教育认知　　　　　　　　　　　205
　　任务二　心理危机认知　　　　　　　　　　　212
　　任务三　大学生心理危机识别与干预　　　　　216

**参考文献　　　　　　　　　　　　　　　　　　　228**

# 模块一 科学认识心理健康

## 项目一 树立科学的心理健康观念

### 知识导入

21世纪以来,全国高校都非常重视大学生心理健康教育,当代大学生对心理健康不再回避,越来越多的大学生开始积极关注心理健康,开始自发地学习心理学及心理健康方面的知识,他们逐渐意识到心理健康的重要性,认识到拥有健康的心理可以让我们更加快乐和充实。

### 学习目标

**素质目标**

1. 树立正确的心理健康观念,提高心理素质,促进全面发展。
2. 培养积极健康的生活理念和态度。

**知识目标**

1. 认识健康与心理健康的定义与标准。
2. 了解心理健康的界定以及影响因素。
3. 掌握大学生心理发展规律和心理发展的阶段性特征。

**技能目标**

学会分析大学生心理健康的状态和常见的心理问题。

## 思维导图

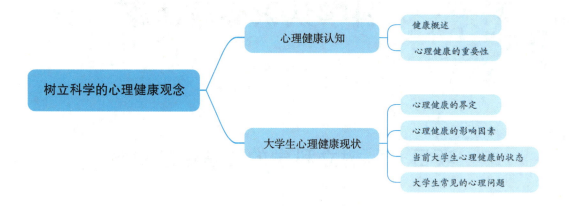

## 任务一　心理健康认知

### 心理故事

**容易紧张的小林**

某职业技术学院的大一新生小林,因成绩优异被选为制冷设备安装与调试专业技能大赛选手,代表学院参加省级专业技能大赛。训练期间,小林同学表现优异,基础知识牢固,专业技能突出,指导老师认为他能稳拿一等奖。

比赛当天,小林同学紧张到大汗淋漓,手抖个不停,比赛结果一败涂地,连累了整个团队,没拿到任何奖项。虽然队友没有埋怨他,指导老师也安慰了他,但他总觉得对不起他们,这段时间小林总是在想为什么自己的心理素质这么差,每次遇到大事他都没办法控制自己。

小林同学又回忆起自己当年高考的时候,因为紧张过度导致发挥失常,他在英语考试时大脑一片空白,做一道题看一下时间,无意间发现旁边的人做的速度很快,就越发地心神不宁,总是看时间,怕自己速度慢做不完,但又怕做得快错得多。看文章时,看了后面忘了前面,甚至想要放弃考试。因此,按照月考成绩本来能考上本科的他只考上了专科,高中班主任说他的基础不比别人差,就是太紧张了。从那以后,小林的心理上就有了阴影,每到重要的场合就特别紧张,发挥不出应有的水平。

模块一　科学认识心理健康

**思考与分析**：优秀的小林为何一到重要时刻就掉链子？生活中的你是否也有相同的经历？面对这种情况我们该如何面对？

## 一、健康概述

人生存的根本就是健康，因为健康是一切智慧、力量、才能施展的基础。传统意义上的健康仅从生物医学的观点出发，认为人体器官系统发育良好，功能正常，体格健壮就是健康，即"无病即健康""无缺陷即健康"。但这种认识是消极的、不全面的，因为其没有涉及心理或精神方面的健康。

### （一）健康的定义

健康的个体和群体能满足其生存的期望，能适应各种环境的改变。健康是生活的来源，而不是生活的目的。健康是从生理和心理相结合的角度出发来考虑的，能发挥个体在家庭和社会中的价值；能处理来自生理、心理和社会各方面的压力；能避免各种疾病的危害。健康是人类和社会环境的平衡，是各种功能活动的和谐。健康的人体首先要有发育良好的器官、系统，各项功能正常、体格健壮、精力充沛；同时还要有良好的劳动能力，能够与社会上的其他人和谐相处，能够应对各种危机。

基于此，世界卫生组织提出了健康的十条标准，总的来说就是：①精力充沛，能十分自如地应对和处理日常工作及生活。②精神乐观，态度积极，敢于承担责任，努力完成和完善处理各种大小事务。③善于休息，食欲和睡眠良好。④应变能力强，能适应各种困难局面和突发变化的环境。⑤对一般感冒及感染性疾病有一定的抵抗力。⑥头、臂、臀的比例适宜，位置协调、体态匀称、体重适当。⑦眼睛光泽明亮，反应敏捷，眼睑不发炎。⑧牙齿清洁，无缺损、无疼痛，牙龈颜色正常，无肿胀，无出血。⑨头发亮泽，无头屑。⑩皮肤光滑亮泽，自然，富弹性。肌肉丰满，走路轻盈而快捷，步态协调。

> **知识拓展**
> 
> **亚健康状态**
> 
> 20世纪80年代初，"亚健康"的概念被首次提出。亚健康亦称"次健康""第三状态"，是指个体处于健康和疾病之间的临界状态。亚健康状态可能表现为：忧郁、烦躁、焦虑、失眠、乏力、活动时气短、易出汗、腰酸腿疼、易感冒，甚至出现心悸、心律不齐等症状。当肌体处于亚健康状态时，容易导致与血管系统、呼吸系统、消化系统等有关的疾病。

### （二）心理健康的定义

1843年美国精神病学教授威廉·斯惠特撰写了世界上第一部心理健康专著，他认为心理健康是指人的内部心理和外部行为和谐、协调，使个体能够很好地适应社会的准则和职业化要求的一种良性状态。它包括了人的知、情、意、行的健康状况，体现在理想境界、智能发展、情绪、意志、性格、人际关系等方面。

1946年第三届国际心理卫生大会将心理健康定义为在身体、智能以及情感上能保持同他人的心理不相矛盾的范围内，将个人心境发展成为最佳的状态。

综合以上内容，本书将心理健康定义为，个体良好的心理状态，且自我内部、自我与环境间保持和谐的良好状态。

## 二、心理健康的重要性

心理健康的重要性主要表现在以下几个方面。

（1）心理健康是健康的动力和保证。人体的健康是身体健康和心理健康的统一。身体健康是健康的基础，而心理健康则是身体健康的动力和保证。

（2）心理健康才能更好地适应社会。社会的环境是复杂多变的。心理不健康的人在面对纷繁复杂的社会环境时会表现得不够冷静，惊慌失措，一筹莫展。而心理健康的人则能对现实保持清醒的认识，有高于现实的理想，但又不沉浸在幻想中。对生活中的各种问题、困难都能够积极面对，并努力去处理而不是回避，从而更适应整个社会的变化。

（3）心理健康与身体健康是相辅相成的，我们的心理状态时刻影响着我们的身体健康。当我们感到身体疲惫、不适时，我们的心情往往会变得低落、焦虑，这种消极情绪又会进一步加重身体的负担。反过来，当我们心情愉悦、放松时，我们的身体也会相应地感到舒适、活力四射。因此，健康的心理状态能促进身体的健康，保持身心的和谐统一，实现健康生活。

总之，心理健康在人们的生活、学习和工作中都有重要的作用，它可以让人健康发展，使人与人之间的关系更为和谐。随着社会的发展和进步，心理健康的重要性不断凸显，健康的心理也是一个人快乐、成功的保证，是社会稳定的条件。

### 课程思政

**从国家层面看待心理健康**

党的二十大报告提出："重视心理健康和精神卫生。"教育部等十七部门联合印发《全面加强和改进新时代学生心理健康工作专项行动计划（2023—2025年）》，统筹部署系列重点工作。心理健康工作从局部推进转向系统整合，高校需要突破心理健康教育模式，补短板、强弱项，全面推进新时代心理健康教育工作。

培养什么人、怎样培养人、为谁培养人是教育的根本问题。习近平总书记在湖南考察时指出："学校要立德树人，教师要当好大先生，不仅要注重提高学生知识文化素养，更要上好思政课，教育引导学生明德知耻，树牢社会主义核心价值观，立报国强国大志向，

## 模块一 科学认识心理健康

努力成为堪当强国建设、民族复兴大任的栋梁之材。"心理健康教育是学校教育的基石,是高校思想政治教育的重要组成部分,是高校思想政治工作的重要内容,是落实立德树人根本任务的核心构成。高校大学生心理健康教育要从立德树人的高度出发,坚守为党育人、为国育才的使命,充分发挥培养和塑造大学生理想信念的育人功能,体现促进学生身心健康、全面发展的价值。

高校心理健康教育要立足于培养能担当民族复兴大任的时代新人。首先,应从心理层面引导大学生坚定共产主义远大理想和中国特色社会主义共同理想。其次,提升大学生的心理健康素养,增强大学生的意志,提高大学生挫折承受能力,塑造其乐观向上的人生态度,为加强思想政治教育奠定良好心理基础。最后,在最大限度上挖掘心理健康教育资源的同时,把价值观教育渗透到心理健康教育的方方面面,帮助大学生树立正确的世界观、人生观、价值观。

2023年5月15日,教育部会同有关部门召开全国学生心理健康工作视频会议,深入贯彻落实党中央、国务院决策部署,落实教育部等十七部门联合印发的《全面加强和改进新时代学生心理健康工作专项行动计划(2023—2025年)》,部署进一步做好全国学生心理健康工作。会议指出,党中央、国务院高度重视学生心理健康工作,习近平总书记做出一系列重要指示批示。要切实提高思想认识,以对国家和民族未来高度负责的使命感,以"时时放心不下"的责任感,紧密结合当前学生心理健康现状和发展趋势,全面加强和改进新时代学生心理健康工作。

会议强调,要以一张蓝图绘到底和钉钉子的精神,深入实施专项行动计划。一是确保健康教育全覆盖。要坚持健康第一的教育理念,以德育心、以智慧心、以体强心、以美润心、以劳健心,加强心理健康教育教师配备和教师培训,做到全员、全过程、全方位育人,实现育人、育才和育心相结合。二是力求监测预警早发现。坚持预防为主、关口前移,定期开展学生心理健康测评,构建完整的学生心理健康状况监测体系。规范量表选用、监测实施和结果运用,加强数据分析、案例研究,强化风险预判和条件保障。三是推动咨询服务重实效。协同搭建社区心理服务平台,支持专业社工、志愿者等开展儿童青少年心理健康服务。建设区域性中小学生心理辅导中心,规范心理咨询辅导服务。四是精准干预处置保底线。整合心理重症救治资源,加强精神医疗资源建设,畅通医校协同救治途径。提高班主任、任课教师、家长对心理障碍的识别能力,强化应急心理援助,有效安抚、疏导和干预。五是加强美育体育劳动教育。实施美育浸润行动,广泛开展形式多样、内容丰富的美育实践活动。开齐开足上好体育与健康课,支持学校全覆盖、高质量开展体育课后服务。丰富、拓展劳动教育实施途径,指导学生开展力所能及的家务劳动,融洽亲子关系。

会议要求,要切实加强组织领导,凝聚部门合力,加强家校社协同,做好宣传引导,加强考核评价,逐级压实工作责任,探索建立省级统筹、市为中心、县为基地、学校布点的学生心理健康分级管理体系,健全部门协作、社会动员、全民参与的学生心理健康工作机制。

(资料来源:中华人民共和国教育部官方网站)

### 拓展阅读

**大学生心理健康状况调查出炉!**

中国科学院心理研究所、社会科学文献出版社联合发布我国第三部心理健康蓝皮书。书中公布的《2022年大学生心理健康状况调查报告》,涵盖对山东、河北等31个省(自治区、直辖市)近8万名15~26岁的大学生的调查。

报告显示,升学问题是影响大学生心理健康的风险因素。"以前高考一结束,学生就感觉自己通过了'鲤鱼跃龙门'中最难的关口。现在这个关口向后移动,即便到了大学阶段,学生对未来依然会感到明显的压力。"中国科学院心理研究所教授陈祉妍是调研的设计者之一,她认为,当代大学生未来发展的压力出现后置。

大学阶段是学生个人成长与知识储备的关键时期,心理健康作为一切行动的基础要素,对大学生学习和生活至关重要。

调查显示,我国大学生中,对生活"基本满意"及以上的人占调查总人数的74.10%,很难评判自己生活是否满意的占比为17.24%,仅有少部分大学生对生活不满意(8.66%)。对现状的满足没有成为大学生的定心石,对未来的担忧仍时时牵动他们的神经。有50.44%的大学生有读研打算,且打算读研的学生的焦虑风险显著高于没有读研打算的学生。与此同时,大学生的主要压力源是"学业负担重""想念家人""不知道自己适合什么工作",其中有两项和个人生涯规划有关。

不同户口、学校和学段的大学生之间的心理健康状况有显著差异。城镇户口的大学生抑郁和焦虑风险均显著高于农村户口;重点院校的学生抑郁和焦虑风险也比非重点院校的大学生高;本科生的抑郁和焦虑风险显著高于专科生。而这些差异并非2022年独有,中国科学院心理研究所于2021年发布的《中国国民心理健康发展报告(2019~2020)》中的数据显示,专科生在抑郁水平、焦虑水平、睡眠质量、自评心理健康状况等方面的心理健康状况都好于本科生。陈祉妍表示,这也许和学生对未来的期望以及比较对象有关,"如果学生总和比自己发展好的人相比,他对自己的满意度可能较低"。

## 任务二　大学生心理健康现状

### 心理故事

**孤僻的小花**

小花从小性格内向、孤僻,没有伙伴。在步入大学生活后,她成为一名宠物养护与训导专业的学生,小花虽然内心深处渴望与人交往,但缺乏勇气和信心。

她不敢与同学来往,当有同学找她说话时,她会突然地脸红心跳,心慌出汗。有谁在旁边突然说话都会吓她一跳,导致她好长时间都平静不下来。小花不敢去食堂打饭,不敢去浴室洗澡,上课也从不抬头听老师讲课,害怕到人多的场合。她从不参加任何集体活动,宁愿自己一个人中午顶着烈日照顾学校的多只犬,也不敢和其他同学一起完成遛狗、喂食等任务,无法投入到正常的学习和生活中。

**思考与分析**:小花这样的行为属于心理健康吗?内向的性格是健康的心理吗?

## 一、心理健康的界定

心理健康是个相对的概念,因为心理健康不像身体健康那样有明显的生理标准,并且心理健康也不是一成不变的,心理正常与异常也没有一个统一的标准。

### (一) 心理健康的十条标准

世界卫生组织对健康提出了十条标准,而著名心理学家马斯洛和米特尔曼基于大量研究,则对心理健康提出了最经典的十条标准,具体包括以下内容:

(1) 有充分的安全感;

(2) 能充分了解自己,并能对自己的能力做出适当的估计;

(3) 生活的理想切合实际;

(4) 能与周围的环境保持良好的接触;

(5) 能保持自身人格的完整与和谐;

(6) 具有从经验中学习的能力;

(7) 能保持适当和良好的人际关系;

良好的人际关系

（8）能适度表达和控制自己的情绪；

（9）能在不违背集体要求的前提下，有限度地发挥个性；

（10）能在不违背社会规范的条件下，适度满足人格的基本需要。

## （二）如何划分心理健康程度

心理健康专家经过研究，将人们的心理健康水平大致分为一般常态心理、轻度失调心理、严重病态心理等三个等级。

### 1. 一般常态心理

处于一般常态心理状态的人，表现为经常有愉快的心理体验，适应能力强，善于与别人相处，能较好地完成同龄人应做的活动，具有调节情绪的能力。生活中大多数人属于一般常态心理者。

### 2. 轻度失调心理

处于轻度失调心理状态的人，表现为与他人相处时略感困难，生活自理能力不足，缺乏同龄人应有的愉快状态，但若主动调节或通过专业人员帮助，可恢复常态。这种心理状态从程度上可分为轻度、中度和重度三种情况。

### 3. 严重病态心理

处于严重病态心理状态的人，表现为严重的心理适应失调，不能正常地生活、工作，如不及时治疗可能继续发展成为精神病患者。精神病是严重的心理疾病。

## 拓展阅读

### 心理健康的灰色理论

长期以来，对于人的精神是否正常，人们习惯于以非黑即白的标准判断：要么是个正常的人，无论其思想和行为有多大的变化和差异；要么是个精神病患者，无论其疾病有多大的好转。这种非黑即白的判断标准，未免简单化。国内学者张小乔提出了心理健康的"灰色理论"概念，即人的精神正常与不正常没有明显的界线，它是一个连续变化的过程。具体来说，如果将人的心理正常比作白色，心理不正常比作黑色，那么在纯白与纯黑之间存在一个巨大的缓冲区域——灰色区域。灰色区域又可分为浅灰色区域与深灰色区域。处于浅灰色区域的人只有心理冲突而没有人格的变态，其突出表现为失恋、丧亲、工作不顺心、人际关系不和睦等生活矛盾带来的心理不平衡与精神压抑。深灰色区域的人则有某种变态人格、异常人格或人格障碍。

一般而言，浅灰色区域与深灰色区域之间无明确界限，后者往往包含前者。

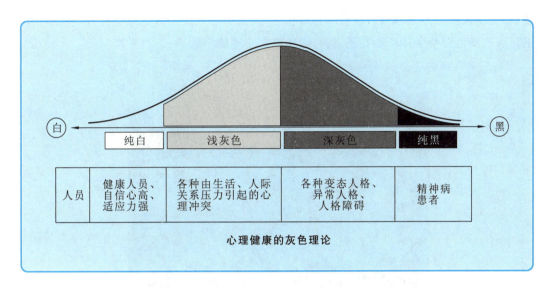

心理健康的灰色理论

## 二、心理健康的影响因素

人的心理活动是一个极为复杂的动态过程,因此,影响心理健康的因素也是复杂多样的,其中包括生物、社会、心理等因素。

### (一) 生物因素

**1. 遗传因素**

人的心理主要是在后天环境影响下形成和发展起来的,然而,人的心理发展与遗传因素有着密切的关系。根据统计调查及临床观察,许多精神疾病的发病原因确实与遗传有关。同时,遗传上的易感性在一些人身上也是存在的,各个年龄段所表现的不同身体特征也影响着人的心理活动。

**2. 细菌、病毒感染因素**

由细菌、病毒等引起的中枢神经系统的传染病会损害人的神经组织,导致心理障碍或精神失常。

**3. 脑外伤及其他因素**

脑外伤及某些严重的躯体疾病等其他因素,也是造成心理障碍与精神失常的原因。

### (二) 社会因素

**1. 生活环境因素**

生活中的物质条件恶劣,生活习惯不当,如摄入烟、酒、食物过量等,都会影响和损害身心健康。另外,不良的工作环境、劳动时间过长、无法胜任工作、工作单调、经济收入低等,都会使人产生焦虑、烦躁、愤怒等心理状态,从而影响人的心理健康。此外,生活环境的巨大改变也会使个体产生心理应激,由此带来心理的不适。

生活环境

**2. 重大生活事件与突变因素**

生活中遇到的各种各样的变化,尤其是一些突发事件,常常导致心理失常或精神疾病,比如家人死亡、失恋、离婚、自然灾害、疾病等。由于个体每经历一次生活事件,都会给其带来压力,个体要付出精力去调整、适应,因此,如果在一段时间内发生的不幸事件太多或事件较严重、突然,个体的身心健康便很容易受到影响。

**3. 教育因素**

教育因素包含家庭和学校两个方面。对个人心理发展而言,早期教育环境是影响心理健康的重要因素之一。研究表明,个体的早期教育如果单调、贫乏,其心理发展将会受到阻碍,并会抑制其潜能的发展;而受到良好照顾,接受过丰富、刺激的早期教育的个体则可能在成年后成为佼佼者。

另外,个体与父母的关系,父母的教养态度、方式,家庭的类型等也会对个体的心理健康产生影响。研究表明,早期与父母建立和保持良好关系,得到父母充分的爱,受到支持、鼓励的儿童,更容易获得安全感和信任感,这对儿童成年后的人格发展、人际交往能力的提升、社会适应能力的提升等方面有着积极作用。

## (三)心理因素

**1. 情绪因素**

人的心理活动总是通过人的情绪变化而影响内脏器官的活动。积极、愉快的情绪对人的生活起着良好的作用,有助于发挥人的潜能,提高工作效率,增进身体健康。近代医学科学实验研究已肯定消极情绪对身心疾病的发生、发展过程起着不良作用。例如,无所依靠和失望的情绪会降低一个人的免疫力。情绪异常往往是心理疾病和精神疾病发生的先兆。因此,良好的情绪是心理健康的重要保证。

#### 2. 个性特征

每个人都有自己独特的个性特征,它对人的心理健康有着非常明显的影响。这是因为人们总是根据自己的个性特征对致病原因及已形成的疾病做出反应。因此,个体的个性特征往往更能决定疾病的表现。研究表明,各种精神疾病往往都有相应的特殊个性特征为其发病的基础。美国学者弗里德曼研究发现,多数心脏病人都具有"A型性格"。有人还发现癌症患者具有所谓的"亚稳定个性",即以抑制倾向为特征的个性特点。因此,培养和完善健全的个性特征是预防和减少心理障碍或精神疾病的一项重要措施。

> **知识拓展**
>
> **神经症性障碍**
>
> 神经症性障碍是以持久的精神痛苦、焦虑、恐惧、强迫、疑病和抑郁症状为主要表现的精神障碍。没有任何可证实的器质性基础,受检者具有相当的自知力,并且现实检验未受损害,通常不会把病态的主观体验和幻想与外在现实混同起来。行为可能大受影响,但通常保持在社会可接受的限度之内。

#### 3. 心理冲突

心理冲突是人们面对难以抉择的处境而产生的心理矛盾状态。由于心理冲突带来的是一种心理压力,这种压力往往会造成个体适应环境的困难。因而,在多数情况下都会对个体的身心健康和工作产生不良的影响。尤其是当冲突长期得不到缓解时,便会产生紧张和焦虑的情绪,严重的还可能导致心理疾病。虽然心理冲突并不一定全是坏事,但剧烈而持久的冲突无疑有损身心健康。

### 三、当前大学生心理健康的状态

大学生的心理健康不仅影响大学生的学习和生活,而且影响着国家未来的建设与发展。因此,了解大学生的心理健康状况,分析其现状与动态变化,对促进大学生的心理健康具有重要的参考价值。

#### (一)心理健康状况总体良好,但抑郁、焦虑等问题不容忽视

《2022年大学生心理健康状况调查报告》显示,当代大学生心理健康状况总体良好,但仍有部分学生可能存在抑郁和焦虑风险。该报告指出,21.48%的大学生可能存在抑郁风险,而相比于抑郁,焦虑更可能出现在大学生的生活中,45.28%的大学生可能存在焦虑风险。

不同性别、户口、学校和学段的大学生之间的心理健康状况有显著差异。报告显示,

男生抑郁风险略高于女生,而女生焦虑风险略高于男生;城镇户口的大学生抑郁和焦虑风险均显著高于农村户口;重点院校的大学生抑郁和焦虑风险也比非重点院校的大学生更高;本科生的抑郁和焦虑风险显著高于专科生。

### (二)大学生对生活的满意度较高,睡眠时长、压力来源等因素亟待关注

上述报告显示,我国大学生中,对生活"基本满意"及以上的人占调查总人数的74.10%,现状的满足并未让大学生感到安心,大学生对未来的担忧仍时刻影响着他们的心理健康。

该报告从睡眠、压力源和无聊三个方面进行了评估。数据显示,大学生上学日的睡眠时长平均为 8 小时,接近八成大学生睡眠时长在 7 小时及以上(79.14%),大部分学生(53.80%)自我评估睡眠质量好(包括"比较好""非常好"),而睡眠质量与心理健康的关系呈正相关,睡眠质量较好的学生的抑郁和焦虑风险均显著低于睡眠质量较差的学生。

与此同时,大学生的主要压力源是"学业负担重""想念家人""不知道自己适合什么工作"。较高的压力是抑郁和焦虑的风险因素,我们需要关注大学生的压力源,有针对性地制定缓解压力的干预措施。

评估生活方式的另一维度"无聊"指的是"由于知觉到生活无意义而产生的负性情绪体验"。数据表明,大学生的无聊得分与抑郁和焦虑风险呈正相关关系。大学与高中阶段在学习和生活上有着明显的区别,对于大学生来说,大学有着更丰富多彩的生活和更多可支配的自由时间。时间上的弹性可以给学生们更多自由探索的空间,但是,如果不能合理利用时间,学生可能长期无所事事、虚度光阴,感到无聊。

## 四、大学生常见的心理问题

其实在大学生中有心理障碍或者心理疾病的人并不多,多数人遇到的都是一般性的心理困扰,主要表现在以下几个方面。

(1)生活适应性问题。大学新生在进校之后都有一个角色转换与适应的过程,每年刚入学的新生往往会出现各种心理问题,心理学上将这一时期称为"大学新生心理失衡期"。出现这种状况的原因主要有几点:一是现实中的大学和他们理想中的大学不一样,由此产生心理落差;二是新生对新的环境、新的人际关系、新的教学模式不适应,产生困惑而造成心理失衡;三是新生来到大学后,从以前的佼佼者变成了学校中普通的一员,导致心理落差。

(2)学习问题。大学生的主要任务还是学习,学习压力大,学习动力不足,学习目的不明确,学习动机功利化,学习成绩不理想,学习方法不恰当,考试焦虑等学业问题始终困扰着大学生。另外,有的学生专业选择不当,也会影响学习兴趣和学习成绩。

(3)人际交往问题。进入大学后,如何与周围同学友好相处,建立和谐的人际关系,是大学生面临的一个重要课题。从"新鲜期"中的迷茫,到"稳定期"中的冲突,再到"分流

## 模块一　科学认识心理健康

期"中的矛盾,大学生始终面临一个个带有阶段性特征的人际交往问题,一旦处理不好,就很容易出现孤独、嫉妒甚至敌对、仇视等心理问题。

（4）恋爱与性问题。从生理方面来讲,大学生生理发育早已成熟,渴望与异性交往。但是他们的社会心理并没有完全成熟,对恋爱挫折的承受能力较弱,对性冲动的自控能力较弱,容易出现心理问题,影响正常的学习和生活,严重的还可能导致心理障碍。

（5）网络心理问题。网络成瘾问题越来越受到广泛的关注和重视。不少大学生对网络产生了强烈的依赖性,一方面是大学生因在现实生活中失意而在虚拟的网络世界中寻找心理满足,另一方面是大学生被网络本身的精彩深深吸引。所以,有些大学生对网络的依赖性越来越强,甚至成瘾,沉湎于虚拟世界,自我封闭,与现实产生隔阂,不愿与人面对面交往。

（6）求职择业问题。如今社会就业形势严峻,竞争激烈,很多大学生对自己的认知不足,缺乏对社会的真正了解,对未来的规划也不够,导致大学生面对就业产生失落和不安的情绪,对未来发展充满彷徨和焦虑。

此外,大学生在成长的过程中,在自我意识、人格、挫折承受、情绪等方面也会遇到一系列心理问题,甚至形成心理障碍、心理疾病,这对大学生的成长和成才极为不利。

## 课程思政

**教育部部署开展首个全国学生心理健康宣传教育月活动**

2024年5月,教育部印发《关于开展首个全国学生心理健康宣传教育月活动的通知》,决定在本月以"全社会都行动起来,共促学生心理健康"为主题开展首个宣传教育月活动。旨在通过形式多样的宣传教育活动,营造积极关心关注、支持参与学生心理健康教育的良好社会氛围,提升师生和家长心理健康知识水平和素养,推动学生心理健康工作提质增效,促进学生身心健康发展。

通知做出五项部署。

一是全面落实五育并举促进心理健康理念。推进立德树人工程、青少年读书行动、学生体质强健计划、美育浸润行动、劳动习惯养成计划、科学教育促进计划,将学生心理健康教育贯穿德育思政、教育教学、管理服务和学生成长全过程。

二是面向全体师生开展富有针对性的心理健康教育。加强教师培训,帮助各科教师学习掌握心理学知识,在学科教学中注重维护学生心理健康。指导中职学校、高等学校重视提升学生心理调适能力,培养学生自立自强、敬业乐群的心理品质。

三是组织动员专业力量广泛深入开展心理健康科学普及。举办"全国学生心理健康大讲堂"活动,邀请权威专家科普宣传学生心理健康知识。发挥学生心理健康专家组织和专家作用,开展学生心理健康问题的表现与识别、正确维护心理健康的方法、心理问题求助的渠道和机构等方面的科普宣传,广泛宣传"每个人是自己心理健康第一责任人"的理念。

四是引导家长关注孩子心理健康。通过家长学校、家长课堂等开展心理健康知识宣讲、咨询服务,引导家长树立科学养育观念,理性确定孩子成长预期,关注孩子心理健康,尊重孩子心理发展规律。倡导家长将培育健康人格作为家庭教育的主要任务,用充满爱的亲子关系为孩子描绘一生发展的底色。倡导家长关注孩子的心理感受,用言传身教正面引导孩子。

五是推进经验做法交流互鉴。深入挖掘加强学生心理健康的典型经验和优秀案例,加大宣传力度,多层次、多角度、全方位推广学生心理健康工作经验做法。

(资料来源:中华人民共和国教育部官方网站)

## 心理测试

### 你的心理健康吗?

请仔细阅读下面每一题,根据自己的实际情况作答,在做题过程中不得漏题,每一题不得斟酌太多时间,要根据自己的第一反应回答。

| | | | |
|---|---|---|---|
| 1. 平时不知为什么,总觉得心烦意乱、坐立不安。 | 经常 | 偶尔 | 完全没有 |
| 2. 上床后怎么也睡不着,即使睡着也容易惊醒。 | 经常 | 偶尔 | 完全没有 |
| 3. 经常做噩梦,惊恐不安,早晨醒来感到倦怠无力、焦虑烦躁。 | 经常 | 偶尔 | 完全没有 |
| 4. 经常睡1~2小时后便醒来,之后很难再入睡。 | 经常 | 偶尔 | 完全没有 |
| 5. 学习时常感到非常烦躁,讨厌学习。 | 经常 | 偶尔 | 完全没有 |
| 6. 读书看报注意力不集中,甚至在课堂上也不能专心致志,往往不清楚自己在想什么。 | 经常 | 偶尔 | 完全没有 |
| 7. 遇到不称心的事情便较长时间地沉默寡言。 | 经常 | 偶尔 | 完全没有 |
| 8. 感到很多事情不称心,无端发火。 | 经常 | 偶尔 | 完全没有 |
| 9. 哪怕是一件小事,也总是很放不开,整日思索。 | 经常 | 偶尔 | 完全没有 |
| 10. 感到现实生活中没有什么事情能引起自己的兴趣,郁郁寡欢。 | 经常 | 偶尔 | 完全没有 |
| 11. 老师讲课时,自己常常听不懂,有时懂得快,忘得也快。 | 经常 | 偶尔 | 完全没有 |
| 12. 遇到问题常常举棋不定,迟疑再三。 | 经常 | 偶尔 | 完全没有 |
| 13. 经常与人争吵发火,之后又后悔不已。 | 经常 | 偶尔 | 完全没有 |

续表

| | | | |
|---|---|---|---|
| 14. 经常追悔自己做过的事,有愧疚感。 | 经常 | 偶尔 | 完全没有 |
| 15. 一遇到考试,即使有准备也紧张焦虑。 | 经常 | 偶尔 | 完全没有 |
| 16. 一遇到挫折便心灰意冷,丧失信心。 | 经常 | 偶尔 | 完全没有 |
| 17. 非常害怕失败,行动前总是提心吊胆,畏首畏尾。 | 经常 | 偶尔 | 完全没有 |
| 18. 感情脆弱,稍不顺心就暗自流泪。 | 经常 | 偶尔 | 完全没有 |
| 19. 自己瞧不起自己,总觉得别人在嘲笑自己。 | 经常 | 偶尔 | 完全没有 |
| 20. 喜欢跟比自己年幼或能力不如自己的人一起玩或比赛。 | 经常 | 偶尔 | 完全没有 |
| 21. 觉得没有人理解自己,烦闷时别人很难让自己高兴。 | 经常 | 偶尔 | 完全没有 |
| 22. 每当发现别人在窃窃私语时,便怀疑他们是在背后议论自己。 | 经常 | 偶尔 | 完全没有 |
| 23. 对别人取得的成绩和荣誉常常表示怀疑甚至嫉妒。 | 经常 | 偶尔 | 完全没有 |
| 24. 缺乏安全感,总觉得别人要加害自己。 | 经常 | 偶尔 | 完全没有 |
| 25. 参加春游等集体活动时,总有孤独感。 | 经常 | 偶尔 | 完全没有 |
| 26. 害怕见陌生人,人多时说话就脸红。 | 经常 | 偶尔 | 完全没有 |
| 27. 在黑夜行走或独自在家时有恐惧感。 | 经常 | 偶尔 | 完全没有 |
| 28. 一旦离开父母,心里就不踏实。 | 经常 | 偶尔 | 完全没有 |
| 29. 经常怀疑自己接触的东西不干净,反复洗手或换衣服,对清洁极其注意。 | 经常 | 偶尔 | 完全没有 |
| 30. 担心没锁门、东西忘记拿,反复检查,经常躺在床上又起来确认,或刚一出门又返回检查。 | 经常 | 偶尔 | 完全没有 |
| 31. 站在水沟边、楼顶、阳台上,有种摇摇晃晃要掉下去的感觉。 | 经常 | 偶尔 | 完全没有 |
| 32. 对他人的疾病非常敏感,经常打听,生怕自己也患相同的病。 | 经常 | 偶尔 | 完全没有 |
| 33. 对特定的事物、交通工具(如公共汽车)、尖状物及白色墙壁等有恐惧倾向。 | 经常 | 偶尔 | 完全没有 |
| 34. 经常怀疑自己发育不良。 | 经常 | 偶尔 | 完全没有 |
| 35. 一旦与异性交往,就脸红、心慌或想入非非。 | 经常 | 偶尔 | 完全没有 |
| 36. 对某个异性伙伴的每一个细微行为都很注意。 | 经常 | 偶尔 | 完全没有 |
| 37. 怀疑自己患不治之症,反复看医书或去医院检查。 | 经常 | 偶尔 | 完全没有 |

续表

| | | | |
|---|---|---|---|
| 38. 有依赖用于止痛或镇静的药物的习惯。 | 经常 | 偶尔 | 完全没有 |
| 39. 经常有离家出走或脱离集体的想法。 | 经常 | 偶尔 | 完全没有 |
| 40. 感到内心的痛苦无法排解,只能自残或自杀。 | 经常 | 偶尔 | 完全没有 |

**评价参考:**

"经常"为2分,"偶尔"为1分,"完全没有"为0分。

(1) 0~8分:心理非常健康,请放心。

(2) 9~16分:大致属于健康的范围,但应有所注意,可以找老师或同学聊聊,心情应保持愉快、乐观。

(3) 17~30分:你在心理方面有一些障碍,应采取适当的方法进行调适或向心理辅导老师寻求帮助。

(4) 31~40分:你有可能患上某些心理疾病,应找专门的心理医生进行检查治疗。

(5) 41分及以上:有较严重的心理障碍,应及时找专门的心理医生进行治疗。

## 拓展实训

在大学生活的新鲜感过去之后,小明最近一个月明显感到自己情绪低落,失眠严重,食欲下降,对未来感到迷茫和无助。他曾试图通过自我调节来改善情绪,但效果不佳。最近,他的朋友发现他越来越沉默,不愿意和人交流,甚至开始对生活失去信心。

结合自己的实际,谈谈小明对生活失去信心的原因可能会有哪些?

# 项目二 认识心理咨询与治疗

## 知识导入

各个年龄阶段都存在心理障碍,20%~23%的大学生存在不同程度的强迫症、抑郁症和焦虑症等心理问题。如果心理障碍得不到及时的诊断、疏导和调节,就可能转化成心理疾病,甚至会产生自杀、犯罪等行为。为了帮助大学生更好地应对心理障碍,提升心理素质,大学心理健康教育显得尤为重要。在心理健康教育中,心理咨询和心理治疗是两个关键的部分,接下来将重点探讨大学生常见的心理疾病,以及心理咨询和心理治疗。

模块一 科学认识心理健康

## 学习目标

### 素质目标
1. 能够积极面对生活中的困难和挑战,培养乐观、自信的心态。
2. 对心理咨询有一个科学、整体的认识,树立科学、辩证的思维方式。

### 知识目标
1. 了解神经衰弱、焦虑症、恐惧症、强迫症、疑病症、抑郁症、精神分裂症等常见心理疾病的判断标准和应对方式。
2. 掌握心理咨询的概念、功能、内容、类型以及常见的误区。
3. 了解大学生心理咨询的原则。

### 技能目标
能够运用所学知识帮助自己或他人排解不良情绪。

## 思维导图

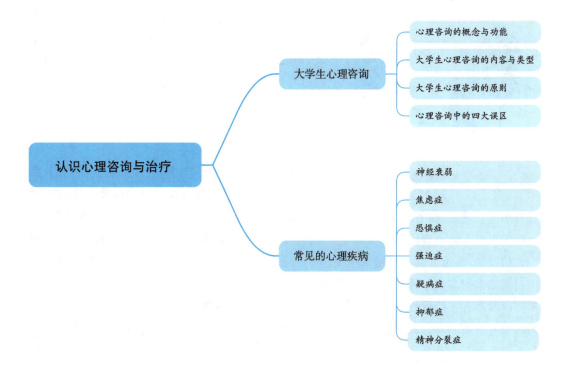

# 任务一　大学生心理咨询

## 心理故事

### 越来越沉默的小明

小明是一名大二学生，性格比较内向，上大学前由于成绩优异，一直深受老师、同学的喜爱。来到大学后，小明突然感觉自己处处不如别人，比如家庭贫寒、没有特长、没有朋友等，再加上他本身也不太善于交际，慢慢地便变得越来越沉默。他时常感到孤独、寂寞，就读水生动物医学专业的他只能跑到实验室对着自己完成的水族造景喃喃自语，排解心中的烦闷，却不敢去做心理咨询，因为怕同学们会嘲笑他。

**思考与分析**：心理咨询是什么？去做心理咨询的人是否意味一定有精神疾病呢？

## 一、心理咨询的概念与功能

心理咨询

心理咨询实际上是专业人员运用心理科学及相关学科的知识，对来访者的心理问题提供专业帮助，促进来访者心理健康和个性充分发展的过程。通过心理咨询可以改变来访者原有的认知结构和行为模式，以提高其对生活的适应能力和对周围关系的调节能力。它既是一门新兴的科学和专业，又是一门高超的技能和艺术。

当前，在我国许多大学、中学、小学，学生心理咨询中心纷纷成立，但仍有相当一部分学生还不能正确认识心理咨询，有不少人谈"咨"色变，还有人甚至对寻求心理咨询的人冷嘲热讽，给他们带来更大的心理压力。实际上，社会生产力的发展和科学技术的不断更新，既促进了人的发展，也给人的发展带来了更多的问题。人际关系的复杂化使人类面临比以往任何时候都多得多的心理应激，因此造成了众多的不适应行为，乃至各种心理障碍。各个年龄阶段都存在阶段性的发展难题。每一年龄阶段都存在有利于心理健康的积极因素，同时也有消极因素。在漫长的人生旅途中，任何人都会遇到挫折与困难，都会产生大量的心理刺激与心理矛盾，都会遇到人生发展中的各种问题，从而使他们的心理处于紧张状态，这些人都需要通过心理咨询来调整心态。

心理咨询的对象主要是大多数的正常人，包括所有向心理咨询诊所或中心求助的来访者。他们不一定是病人,因而不能称为患者,而称来访者。寻求咨询的人总是在自觉存在心理困扰的时候才来咨询,而不是他们确实患有精神病的时候。事实上,心理健康与不健康并无明显界线,这是一个连续变化的过程,在两者之间存在着一个巨大的中间地带,而这个中间地带可以认为是非器质性精神痛苦(心理问题)的总和。这些痛苦不同程度地干扰了人们的正常生活。只有那些自己觉得有心理不适并愿意主动向咨询人员寻求帮助的人,才更容易从心理咨询中获益。

心理咨询的目的就是帮助人类不仅拥有健康的身体、健康的心理,并具有良好的社会适应能力,帮助人们解决其在学习、工作、生活、人际交往,以及疾病康复等方面的心理不适或障碍,减少他们内心世界出现的矛盾,增强对挫折的承受能力,在认识、情感、态度和行为等方面有所变化,从而更好地实现自身价值,提高生命质量。

心理咨询可以帮助人们从不同的角度看待自己和社会,用新的方式去体验和表达他们的思想情感,并产生全新的思维方式。具体而言包括以下六个方面。

(1)建立新的人际关系。成熟的心理咨询师会以来访者为中心,与来访者之间建立一种不同以往的新型人际关系。心理咨询师的积极关注会促使来访者做出新的积极反应,并将该反应成功运用于其他人际关系中。

(2)认识问题。心理咨询可以帮助来访者认识到,大部分心理困扰是源于自己尚未解决的内心冲突,而不是源于外界,外部环境只不过是一个舞台,内心冲突就在这个舞台上展开。通过心理咨询可以帮助来访者更加全面、客观地认识自己和外部世界,并采取积极有效的方式去解决面对的问题。

(3)纠正错误观念。心理咨询为来访者提供思考自己非理性观念的机会,并建立更准确的理性观念。这时,来访者就获得了自己能做出有利决定的自由。

(4)深化自我认识。心理咨询师引导来访者进行自我探索,当人们真正认识了自己时,也就认识了自己的需要、价值观、态度、动机、长处和短处等,而一旦认识了自己,就可以随时根据自己的情况规划自己的人生。

(5)学会面对现实。有些来访者不仅通过躲避现实以减少自己的焦虑,并总想按照自己的愿望摆布现实,而且还经常想方设法求得周围人的支持以利于他们逃避现实。心理咨询师会促使其认识到这一点,引导其面对现实。

(6)帮助来访者做出新的有效行动。当一个人处于生活旋涡之中,在精神压力下,他的"路"常常会被堵塞。而心理咨询师处于旁观者的位置,可以协助来访者采取满足其需要的、合理而有效的行动,减少来访者内心的烦恼。

> **知识拓展**
>
> **心理治疗**
>
> 心理治疗是指在良好的治疗关系上,由经过专门训练的治疗者运用心理学的有关理论、技术等,帮助来访者了解、认识和领悟自己心理障碍或者异常症状的心理根

源,消除、矫正或者缓解来访者有关问题和异常行为,促进其人格健康协调发展的治疗方法。

心理治疗是19世纪创立的,心理咨询是20世纪40年代兴起的。概括地说,心理咨询的主要任务是针对人们在日常生活中出现的心理困惑和烦恼提供咨询,而心理治疗的主要任务是针对人们的人格及行为障碍等提供治疗。

两者之间没有特别大的界限,却有着不同的专业评价标准和训练要求。简单地说,心理治疗师不但要掌握心理咨询的知识,还要掌握专业的医学知识,而心理咨询师则不必掌握太多医学方面的知识。

## 二、大学生心理咨询的内容与类型

### (一) 大学生心理咨询的内容

(1) 学习心理辅导:包括对学习方法、学习习惯、学习动机、考试焦虑、学习抱负、贫困生心理问题等的辅导。

(2) 人际关系适应:包括对同性交往、异性交往、恋爱心理观、情感问题、团体协作心理等的指导。

(3) 心理卫生与健康:包括对心理挫折、不良情绪和习惯、个性差异、适应能力培养、青春期性心理卫生等的咨询和指导。

(4) 自身性格、气质和能力:通过心理测试,克服依恋、自卑、焦虑、忧郁、以自我为中心等心理问题。

(5) 职业指导:包括个人专长的确定和兴趣的培养、开学时的专业选择、就业前的职业方向和准备、自我意识的定位指导等。

(6) 心理疾病的防治:以常见的神经衰弱、恐怖症、强迫症、疑病症等心理疾病为咨询内容。

### (二) 大学生心理咨询的类型

心理咨询的类型多种多样,可按人数分类,也可按咨询方式来分类。目前常见的咨询类型包括如下几种。

**1. 个体咨询**

个体咨询指由心理咨询师与来访者进行一对一的咨询方式。这种咨询方式可以采取面谈,也可以通过电话、信函等其他途径进行。其优点是来访者思想顾虑轻,可以基本无保留地倾吐自己内心的秘密,也有利于心理咨询师耐心、深入地提供帮助。

**2. 团体辅导**

团体辅导是指由咨询机构根据来访者提出的心理问题,将来访者分成不同的课题小

组进行引导,解决他们共同的心理障碍的一种方式。团体辅导对集中解决一些大学生共同的心理问题具有明显效果。

团体辅导有时比个体咨询更有效果。首先,团体的影响作用大。成员间的交流、互助,有助于他们自我了解,彼此鼓舞与学习,形成多向性交流,使他们认识到团体不仅可以帮助自己,还可以帮助他人,这就大大地增强了他们摆脱困境的能力。其次,工作效率高。团体辅导时,一位心理咨询师可以帮助若干个来访者。更重要的是,团体更能代表真实的社会情境,使成员们学会有效地从他人那里获得帮助,形成互相支持的团体,从而减少对心理咨询师的依赖,提高其自尊、自信和独立自主的品质,使治疗效果更容易迁移到他们的日常生活中去。团体辅导对害羞、孤僻等性格的来访者效果更佳,因为团体的情境可给来访者提供一个机会,让他们适应或尝试建立良好的人际关系。

团体辅导也有其局限性,在有多人在场的情况下,有的来访者容易产生顾虑,不愿暴露自己的真实想法。所以,团体辅导只能解决一些团体共同存在的表层心理问题,深层心理问题则需要通过个体咨询加以解决。

### 3. 电话咨询

电话咨询是指利用电话通话方式对来访者给予忠告、劝慰或对知情人进行危机处置及指导的一种咨询方式,这是一种较为方便而又迅速及时的咨询方式,主要用于防止自杀等危急情况。

目前已有许多国家设置了电话咨询的专用热线电话,用于心理咨询的紧急干预和自杀防范。电话咨询对具有心理危机或自杀意念的人可以起到缓冲、防范和指导作用。

电话咨询

> **拓展阅读**
>
> **12355,打造大中学生的"心灵港湾"**
>
> 2024年5月份开始,共青团中央组织开展的"12355爱'心'百校行"活动,走进多地高校,开展心理健康讲堂、咨询服务等活动,共同守护大学生身心健康。
>
> 12355青少年服务台是共青团中央向青少年提供心理咨询等成长关爱服务的重要载体。
>
> 针对青少年存在的心理健康问题,全国各地已建成线上线下服务阵地,为青少年打造"心灵"港湾。
>
> 在广东12355青少年综合服务平台的心理援助接线大厅,专职心理咨询师杨老师告诉记者,令她印象最深的是一位高中生,这名高中生曾经受到校园霸凌,患有中度

抑郁,一度有过轻生的念头,在杨老师多次辅导下,这名高中生重拾起对未来生活的希望。

目前,共青团广东省委打造了全省统一接听的12355青少年综合服务平台,建有热线电话、小程序等,全天24小时为青少年提供心理咨询、法律援助等服务。

共青团广东省委权益与社会工作部部长表示,他们将建设至少200个线下的服务阵地,并配套组建200支由心理咨询师、志愿者、律师和社工组成的志愿服务队,为广大青少年提供专业的、高水平的心理健康服务。

在四川成都,每隔20分钟,12355青少年综合服务平台就会滚动更新热点问题。像"想找人倾诉""父母老是责骂我"等,成为近期青少年心理健康问题的咨询热词。平台还构建了大数据分析响应机制,实现与公安、教育、卫健等部门数据共享、一键转接等功能。

共青团四川省委维护青少年权益部副部长表示,他们开通了专门的服务热线,推出了心理健康减压课,并提供一对一心理辅导和考前爱心助考服务,帮助同学们调整心态,自信面对考试,为同学们健康成长保驾护航。

(资料来源:央视新闻网)

### 三、大学生心理咨询的原则

心理咨询是一项专业性很强的工作,它既是一门科学,也是一种特殊的职业。在心理咨询的工作过程中,心理咨询师面对所有来访者都必须严格遵守职业道德等要求。心理咨询应当遵守以下基本原则。

#### (一)保密原则

保密原则是心理咨询中最为重要的原则,也是心理咨询师职业道德的集中体现。这一原则要求来访者的个人信息及咨询的相关问题不被随意谈论,来访者的信息登记表不会被带出咨询室以外的任何地方,来访者是否接受过咨询以及咨询的内容都不会被泄露。

保密原则也被称为是心理咨询的"生命原则"。因为来访者是基于对心理咨询师的信任和为自己保密的前提才来寻求帮助的,如果心理咨询师违背了为来访者保密的原则,那么就损害了来访者的尊严,有可能使来访者不再信任心理咨询师和心理咨询,甚至不再相信任何人。

#### (二)保密例外原则

保密例外原则在以下情形下适用:已经获得来访者同意,心理咨询师可在严格按照约定的范围内使用授权信息;当心理咨询师在接受卫生、司法或公安机关询问时,不得做虚假陈述或报告时应如实告知来访者的有关信息;来访者生命受到威胁或有伤害他人的行为时,应及时通知其单位或组织,但应将有关保密信息的暴露程度限制在最小范围内。

### (三)价值中立和无条件积极关注原则

无论来访者说什么,合格的心理咨询师应站在一个客观的立场上,不以道德的标准去评判事情的对错,对来访者无条件、积极地关注,不冷漠,不攻击,充分尊重来访者。在心理咨询师的观念里,不会出现"来访者的问题不被接受"之类的想法,他们会营造温暖的咨询氛围,真诚地向来访者表露自己对问题的看法和感受,创造一种安全、没有威胁的气氛。在这种气氛下,来访者才能无顾虑地进行自我探索。

### (四)不拒不追原则

从原则上讲,到心理咨询室咨询的来访者必须完全自愿,这是确立咨询关系的先决条件。没有咨询愿望和要求的人,心理咨询师不会主动找他并为其做心理咨询。只有感到心里不适,并为此而烦恼,愿意找心理咨询师诉说烦恼以寻求心理援助的人,才能够解决心理问题。

那么,既然自愿前来,也就可以自愿离去。无论是在咨询关系确立的开始,还是在咨询过程中,以及在咨询关系的终止后,都不存在任何意义上的强制。不拒不追,是心理咨询过程中应遵循的原则。心理咨询室的大门向任何人敞开。

### (五)感情限定原则

咨询关系的确立是心理咨询工作顺利展开的关键,是心理咨询师和来访者心灵沟通和靠近的前提,但这也是有限度的。接触过密不仅容易使来访者过于了解心理咨询师的内心世界和个人生活,阻碍来访者的自我表现,也会使心理咨询师失去客观、公正判断事物的能力。因此,心理咨询原则上禁止心理咨询师与来访者进行除咨询之外的任何接触和交往,也不能将自己的情绪带进咨询过程,不能对来访者在感情上产生爱憎和依恋。

## 四、心理咨询中的四大误区

### (一)误区1:心理咨询师是替人解决问题的人

许多人认为,心理咨询师是专门替人解决问题的人,如帮助失业的人找到工作、帮助失恋的人重获爱情等。还有不少来访者期待心理咨询师给自己一个明确的答复,如要不要转专业、应不应该和女朋友分手等。这样的期待恐怕是要落空的,因为心理咨询师的工作主要是帮助来访者增进自我了解,进而发挥个人的潜能,从而有能力处理生活中的人际问题,去为自己做最好的决定,过自己想过的生活。来访者不能过分依赖心理咨询,事实上,心理咨询不是"一贴灵",世上没有灵丹妙药。所以请记住,解铃还须系铃人,只有你自己才能真正解决你的问题!

### (二)误区2:心理咨询师具有透视人心的本事

心理咨询师并没有透视人心的本事。心理咨询师受过扎实的心理学与心理咨询训练,他们只是应用心理学的基本理论和方法,对来访者提供的一些信息进行专业的分析和探讨。如果想要获得良好的咨询效果,来访者需要和心理咨询师充分合作,愿意信任心理咨询师,并愿意花时间与心理咨询师一起努力改变自己。

### (三)误区3:心理咨询就是做思想教育工作

思想教育工作的目的是说服对方服从,遵守一定的社会和道德规范,带有明显的批评、指导和教育意义。而心理咨询是站在来访者的角度考虑问题,持客观、中立的态度,帮助来访者共同找寻问题的症结所在。

### (四)误区4:心理咨询无所不能

很多来访者认为咨询了一两次就应该有明显的效果,甚至认为立马能恢复正常。实际上心理咨询是一个连续且艰难的过程,如果来访者没有强烈的求助、改变意愿,是很难打开心结的,有些甚至要接受长达十几年的治疗才会有明显的效果。

## 任务二 常见的心理疾病

### 心理故事

**拒绝做心理咨询的小刘**

小刘父母早年离异,由父亲抚养长大。父亲性格比较暴躁,经常打骂她,所以小刘对父亲比较憎恨,认为没有得到真正的父爱。她时常有一种透不过气来的感觉,有时幻想着各种各样的意外死亡方式,比如被车撞死、被水淹死、被人砍死等。她的情绪也时好时坏,坏的时候她就自虐。现在小刘考上了大学,成为食品加工技术专业的大一新生,大学的新环境、新氛围让小刘觉得暂时逃离了家庭,烘焙等专业课程也让小刘心情放松,但一想到放假要回家,窒息感又会涌上心头。小刘觉得很痛苦,却不知道自己到底是怎么了。

**思考与分析**:小刘生病了吗?常见的心理疾病有哪些?我们该依据什么去判断心理疾病的类型呢?

## 一、神经衰弱

神经衰弱是指精神容易兴奋,脑力容易疲惫,还经常伴有失眠、头痛、抑郁、注意力涣散、记忆力减退和情感脆弱等一系列心理和生理症状的心理疾病。神经衰弱的症状很复杂,患者往往既有心理症状又有躯体症状,具体表现为:易疲乏、记忆力衰退、注意力难以集中、情绪低落、心烦意乱、易激惹(一种不适当的、易反应过度的精神病理状态,包括烦恼、急躁或愤怒)、睡眠障碍、心悸、胸闷等。

神经衰弱

## 二、焦虑症

焦虑症又称焦虑性神经症,以焦虑情绪为主要特征,可分为广泛性焦虑症和急性焦虑症。

广泛性焦虑症又称慢性焦虑症,是焦虑症最常见的表现形式,主要表现为经常或持续存在的焦虑。患者通常有如下表现:在无明确客观原因的情况下持续紧张或担忧,常伴有自主神经功能紊乱的症状,如心悸、手抖、出汗、尿频等。

急性焦虑症又称惊恐障碍,是指反复出现突然发生的、不可预期的强烈恐惧感或不适感,并伴有自主神经功能失调的一种症状。患者通常有如下表现:反复出现突然性的莫名恐慌和不安,每次发作可持续几分钟甚至数十分钟,常伴有心慌、呼吸急促、眩晕、四肢无力、浑身出汗等症状。

由于学业压力过大、情感困扰、人际交往纠纷、价值观冲突、就业压力过大等,大学生较容易患上焦虑症,其生活、学习和未来职业发展也会因此受到不同程度的影响。

> **知识拓展**
>
> **焦虑情绪**
>
> 大学生应学会区分正常的焦虑情绪和焦虑症。具体可从以下两个方面入手。一方面,学会分辨自己的焦虑情绪是否"过多""长期""不必要",以及这种焦虑情绪是否给自己的日常生活带来较大的负面影响,如不能专心上课、不能正常学习、不能正常交往等。若焦虑情绪持续时间短或偶尔出现,并且未给日常生活带来重大影响,则通常为正常的焦虑情绪。另一方面,学会区分自己的焦虑情绪是来源于"客观事实"还是"主观感受",以及这种焦虑情绪的程度是否与客观事实相匹配。若焦虑情绪的严重程度与客观事实明显不相符,或焦虑情绪持续时间过长,则可能为焦虑症。

### 三、恐惧症

恐惧症是以恐惧症状为主要临床表现的一种神经症。患者在面对某些特定的对象或环境时,如动物、广场、密室、登高或社交活动等,会产生强烈的恐惧心理,并伴有明显的焦虑和回避行为。与正常人相比,患者的这种恐惧情绪是不合理且没必要的,他们自己也清楚但无法控制。例如,幽闭恐惧症患者在电梯、车厢、机舱等封闭狭小的空间里,会出现病理性恐惧症状,一旦迅速离开所处环境,病情随之消失。

> **知识拓展**
>
> 社交恐惧症与孤独症的区别
>
> 社交恐惧症和孤独症的区别主要包括表现不同、症状不同、治疗方式不同、注意事项不同等。
>
> **1. 表现不同**
>
> 社交恐惧症患者对任何社交或公开场合都会产生异乎寻常的、持久的恐惧和紧张不安,害怕在众人面前出现尴尬的情况。孤独症患者表现为不同程度的社会交往障碍、语言发育障碍、兴趣狭窄和行为方式刻板等。
>
> **2. 症状不同**
>
> 社交恐惧症患者会长期出现不敢与他人对视、害怕在众人面前出现尴尬情况、不敢在公共场所吃饭、不敢坐车、不敢与人对视等症状。孤独症患者会长期出现不与他人沟通交流、不喜欢与同龄人玩耍、不喜欢与同伴玩耍等症状。
>
> **3. 治疗方式不同**
>
> 社交恐惧症患者可以在医生的指导下服用药物进行治疗,同时还可以配合心理治疗、认知行为治疗等方式进行辅助治疗。孤独症患者可以在医生的指导下服用药物进行治疗,同时还可以配合心理治疗、康复训练等方式进行辅助治疗。需要注意的是,具体用药和治疗方法根据患者的具体情况才能确定。
>
> **4. 注意事项不同**
>
> 社交恐惧症患者在日常生活中要注意放松心情,避免精神压力过大,可以适当参加户外活动,比如散步、慢跑、打太极拳等。孤独症患者要注意避免受到不良刺激,以免病情加重,同时要注意避免摄入辛辣刺激性的食物,可以多吃一些新鲜的水果和蔬菜,也可以多吃一些蛋白质含量高的食物,补充身体需要的营养成分。

户外活动

## 四、强迫症

强迫症是一种以反复出现的强迫思维或强迫动作为主要症状的精神障碍。其特点是有意识的自我强迫和反强迫并存,两者之间的强烈冲突使患者感到焦虑和痛苦。强迫症通常表现为:一些毫无意义甚至违背自己意愿的想法或冲动反复侵入患者的日常生活,患者往往能认识到这些想法或冲动来源于自身,并想要极力抵抗,但始终无法控制这些想法或冲动。例如,有的患者不由自主地产生一些强迫性的回忆、念头、疑虑等,明知不必要,但难以摆脱;有的患者常做一些没意义的动作,如反复洗手、查看、询问等,不这样做就会感到不安。这些症状会严重影响患者的生活、学习、工作和人际交往。

## 五、疑病症

疑病症又称疑病性神经症,是指在没有明确医学根据的情况下,受检者认定自己患有某种特定疾病的精神病理状态。合理的医学解释及躯体检查或实验室检查阴性均不能打消受检者的顾虑。

## 六、抑郁症

抑郁症,也被称为抑郁障碍,是一种高发病率、高临床治愈率、低治疗接受率、高复发率的精神障碍。抑郁症主要表现为情绪低落、兴趣减退、精力缺乏,也存在一些早期症状,如反应慢、思维迟缓、记忆力下降等,不过这些都存在个体差异。抑郁症并不具备传染性,但与应激性生活事件、悲观的人格特质、有其他精神疾病史、酗酒、滥用药物等有较大关系。

情绪低落

### 拓展阅读

#### 为什么大学会成为抑郁重灾区

都说"少年不识愁滋味",但大学生心理健康问题日益突出。有数据显示,超过1/5的大学生感到抑郁,接近一半的大学生处在焦虑之下。

《2022年大学生心理健康状况调查报告》显示,21.48%的大学生可能存在抑郁风险,45.28%的大学生可能存在焦虑风险。

也有研究表明,在调查的全国43个城市、23所大学中,发现大约有10万名大学生的平均心理障碍患病率为22.8%。

更有研究表明,有73.2%的大学生存在不同程度的心理压力,其中对心理健康影响最大的当属学业压力和不确定性压力。年级越高,学业压力越大,导致大学生患上精神障碍的可能性越大。

不确定性压力指的是对当下和未来发展的不确定性所带来的压力。大学生作为年轻人,缺乏社会经验,对当前状态、生活意义、人生目标和毕业去向等方面无法确定,常常感到不安,自我否定、自我怀疑,最终造成焦虑和抑郁问题。

此外,精神内耗正在掏空大学生的内心。精神内耗,在心理学中通常认为是自我控制资源的消耗。精神内耗往往代表着情绪调节能力的不足,从而造成抑郁和焦虑等精神障碍。

回避和压抑并不会让负面情绪消失,而是会不断地在内心累积、蔓延。大学生缺乏社会经验,人际关系也较为单纯,因此很多人并没有良好的情绪调节能力,无法在遇到困难挫折时调整心态,从容地应对难题。

## 模块一 科学认识心理健康

> 有研究表明,缺乏社会支持已经成为大学生心理健康问题的重要因素之一,有超过1/4的大学生缺乏社会支持。根据社会支持理论,社会支持可以为人们提供资源和信息,帮助人们应对各种挑战,能够预防心理障碍、缓解压力、增强心理韧性和提升自我价值等。
>
> 对于大学生而言,社会支持主要包括家庭、亲友和社会等各方面的支持。而人们遇到困难时,如果没有得到足够的社会支持,就很容易感到压力、孤独和无助,从而产生一系列心理问题。
>
> 亲爱的同学们,当因为各种原因导致的心理困扰不能得到很好的改善时,一定要有勇气向学校或医院寻求帮助。善于求助不代表软弱,而是心理强大的表现。

### 七、精神分裂症

精神分裂症是一组病因未明,以感知、思维、情感、行为等多方面的障碍与精神活动的不协调,以及精神活动与环境不协调为特征的最常见的精神病。目前,对精神分裂症的病因和发病机理尚不清楚,通常认为与人体遗传、内分泌、母孕期受感染、左右半脑连接、社会环境等因素有关。

精神分裂症属于严重的心理疾病,但不属于心理咨询的范畴,应及时转介到专业医院治疗。其治疗方法主要采取药物治疗、行为治疗、工作治疗、娱乐治疗及各方面疏导,以消除或减轻患者的种种障碍。同时要由心理医生运用心理学知识及治疗技术,对患者进行心理治疗和矫正,积极为其制造良好的生活环境,尽可能消除或减轻患者的心理负担及压力,帮助患者解决生活和工作中的实际困难及问题,提高其生活的适应能力,同时让他们认识和接受自己的疾病,这样才能获得最大的治疗效果。

### 拓展实训

小赵是某校机械工程专业大一学生,性格内向,家中有一个姐姐(上学时意外从楼上坠下后得了精神分裂症,住过精神病院,现在仍需靠药物维持病情稳定),姥姥与舅舅也都有不同程度的精神问题。小赵身材瘦弱,身高1.73米,在一次体育课上出现了跑步后腿变肿的情况,去医院检查,但并未发现器质性异常。但是,小赵只要一上体育课就感觉腿部肿胀不适,去医院检查腿部并无异常。

请结合所学知识,分析小赵存在的问题。

# 模块二　客观探索自我

## 项目三　构建正确的自我意识

### 知识导入

一个青年向一位禅师求教。

"大师,我有一件事不明白,它使我整夜睡不好觉,也使我很迷茫,希望您能给我指出一条光明的道路。"青年很虔诚地说。

禅师没有说话,青年继续说道:"有人赞我是天才,将来必有一番作为;也有人骂我是笨蛋,一辈子不会有多少出息。依您看呢?"

"你是如何看待自己的?"禅师反问。

青年摇摇头,一脸茫然。

禅师说道:"譬如同样一斤米,用不同眼光去看,它的价值也就迥然不同。在炊妇眼中,它不过用来做两三碗米饭而已;在农民看来,它最多值一元钱罢了;在卖粽子的人眼中,将其包成粽子后,可卖出三元钱;在制饼干者看来,它能被加工成饼干,卖五元钱;在味精厂家眼中,它可提炼出味精,卖八元钱;在制酒商看来,它能造酒,卖四十元钱。不过,米还是那斤米。"禅师顿了顿,接着说:"同样一个人,有人将你抬得很高,有人把你贬得很低,其实,你就是你。你究竟有多大出息,取决于你到底怎样看待自己。"

这时候这个青年终于明白了,世人的观点难以统一,最关键的是要有自己的想法,当我们不能很好地认识自己时就会被别人左右。

### 学习目标

#### 素质目标

1. 建立自尊、自信的自我意识,发现自身的不足。

2. 正确认识自我、管理自我、超越自我、培养自强不息的意志品质。

## 知识目标

1. 认识自我意识的内涵、结构以及作用。
2. 了解大学生自我意识发展、自我体验、自我控制等的特点。
3. 掌握大学生自我意识的完善途径。

## 技能目标

1. 能够运用健康自我意识的标准来判断自己的意识状况。
2. 能够及时发现自我意识发展中的心理问题并进行调适。

## 思维导图

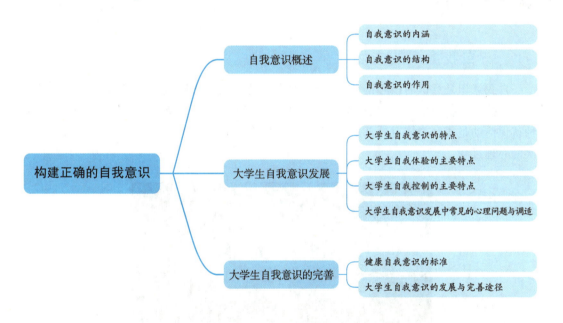

## 任务一　自我意识概述

### 心理故事

**我不喜欢这样的自己**

小刘同学是一名大一的男生，性格内向，不善言谈，他认为自己的学习能力不强，没法适应大学的学习生活。由于经常要做食品实验，但他不擅长理科，所以每次上食品实验课时他就会产生恐惧和排斥心理，因此，大一时他就有三门课程挂科。同时，小刘同学不喜欢和人交往，没有知心朋友，有心事想分享却没有人愿意聆听，感到迷茫时也没人陪伴自己。他还认为学校缺乏学习氛围，周围的同学都在混日子，学风较差，自己也只能随波逐流，无所事事。

因此，小刘同学去找心理老师，他觉得自己各个方面都不如意，感觉自己的前途一片黯淡，将来注定没有出息，自己的前途已经被自己毁了，是个彻底失败的大学生，自己都很嫌弃这样的自己，很想改变这样的自己，但又不知道怎么办。

**思考与分析：**小刘同学对咨询老师说的话反映出他对自己的看法和评价，这些看法与评价就是大学生自我意识的具体体现。到了大学阶段，同学们开始思考与探索"我是谁""我是一个怎样的人""我要如何成为理想中的自我"等有关自我的话题。在这个过程中，大学生就会发现自身的优势和不足，在没有学会积极悦纳自己、调控自我的时候就容易出现对自我的不满意。

## 一、自我意识的内涵

自我意识是意识的核心部分，是个体对自己的看法和态度，包含自我认知、自我评价和自我控制。换句话说，自我意识就是对自己的存在及自己对周边环境关系的认识。这种认识活动是通过个体对外部的观察、分析及社会比较等而产生的，是一个多维度、多层次的心理过程。

**认识自我**

从内容上看，自我意识包括生理自我、心理自我、社会自我三方面的内容。

### （一）生理自我

生理自我是个体对自己身高、体重、容貌、身材等的认识和评价，以及对生理病痛、饥饿、疲乏等的感觉。如果一个人对自己的生理自我的某些方面不能接纳,如认为自己不漂亮、身材差,则可能讨厌自己,表现出自卑,缺乏自信。

### (二)心理自我

心理自我是个体对自己的知识经验、需要、动机、兴趣、爱好、世界观、人生观、价值观、情感、性格、气质、能力等的认识、体验和评价。如果一个人认为自己知识经验欠缺、能力差、智商不高、兴趣贫乏、情感淡漠、自制力差,就会否定自己,缺乏主动性,表现出自暴自弃,产生退缩行为。

### (三)社会自我

社会自我是个体对自己在群体中的角色、地位、作用,以及自己与其他人、事、物相互关系的认识、评价和体验。作为社会中的个体始终是群体中的个体,他的言行举止或多或少都会与周围环境中的人、事、物发生联系。如果一个人认为周围的人不喜欢自己、不接纳自己,找不到知心朋友,就会产生距离感、疏远感、排斥感和冷漠感,从而感到孤独、寂寞,缺乏归属感和安全感。

## 二、自我意识的结构

自我意识的结构由自我认知、自我评价和自我控制三个方面构成,如表2-1所示。

表2-1 自我意识的结构

| 内容 | 自我认知 | 自我评价 | 自我控制 |
| --- | --- | --- | --- |
| 生理自我 | 对自己的身体(体重、容貌、身材和性别等)及生理特点的认识 | 英俊、漂亮、有吸引力、迷人等 | 追求身体外表形态、物质欲望的满足 |
| 心理自我 | 对自己的智力、情绪、性格、兴趣、能力、记忆、思维等的认识 | 有能力、聪明、优雅、敏感、迟钝、感情丰富、细腻等 | 追求信仰、行为符合社会规范,追求智慧和能力的发展 |
| 社会自我 | 对自己与周围人际关系的认识(自己在朋友、同学、家庭、社会中所处的地位) | 自尊、自信、自爱、自豪、自卑、自怜、自恋等 | 追求名誉地位,与他人竞争,争取得到他人的好感等 |

### (一)自我认知

自我认知包括自我感觉、自我分析、自我观察、自我想象、自我判断等。如"我现在是一个什么样的人""我将来会成为什么样的人""我的优点和缺点有哪些"等。

**知识拓展**

### 约哈里窗口

约哈里窗口是用于理解自我与他人关系动态变化的一种社会认知理论,1955年由美国社会心理学家约瑟夫·勒夫特(Joseph Luft)和哈灵顿·英格汉姆(Harrington Ingham)提出。该理论认为,人际沟通中的自我认知可以分为四个不同部分。①开放的自我:个人和其他人都知道的有关个人自己的信息。②隐藏的自我:个人向他人隐瞒的有关个人自己的信息。③盲目的自我:他人知道而被个人忽视的有关个人自己的信息。④未知的自我:个人和他人都不知道的有关个人自己的信息。

根据该理论,可以将其总结为以下四个窗口。

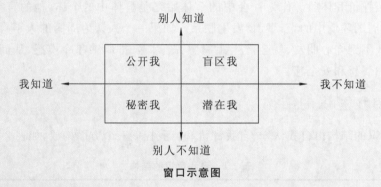

**窗口示意图**

第一个窗口是"公开我",是透明真实的自我,这部分特质自己很了解,别人也很了解,是"主观我"和"客观我"相统一的部分。

第二个窗口是"秘密我",也叫"隐私我",是自己了解但别人不了解的自我特质,可能是自己刻意隐藏起来的部分。

第三个窗口是"盲区我",是别人看得很清楚、自己却不了解的自我特质。

第四个窗口是"潜在我",是别人和自己都不了解,通过一些契机可以激发出来的潜在部分。

**知识拓展**

### 冰山理论

冰山理论是萨提亚家庭治疗中的一个重要理论,它指一个人的"自我"就像一座冰山一样,我们能看到的只是表面很少的一部分,而更大一部分的内在世界却藏在更深层次,不为人所见,恰如冰山。

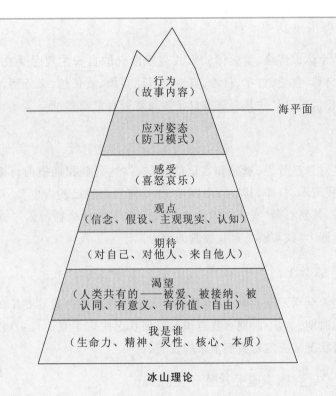

冰山理论

冰山理论主要包括七个层次,从上到下依次是行为、应对姿态、感受、观点、期待、渴望和"我是谁"。

冰山上面是我们常常表现出来的行为,也是自己想让别人看见的部分,冰山下面是我们经常隐藏起来的不想被人知道的部分。

冰山下第一层就是我们平常遇到困难时,会毫不犹豫使用的一些应对姿态,也就是防卫模式。

第二层是感受。喜怒哀乐是每个人一定会有的感受,随着年龄的增长,我们学会了控制自己的感受。

第三层是观点,包含信念、假设、主观现实与认知。成长的过程,我们都会采用对自己有利的信念,这些信念也就逐渐形成了自己的观点。

第四层是对自己、对他人的期待,以及来自他人的期待。

第五层是人类共有的渴望,不论任何性别、种族、年龄,被爱、被接纳、被认同,让生命有意义、有价值,并享有自由,都是身为人类的我们所共有的深层渴望。

第六层是几乎每个人都会问的问题:我是谁?每个人或早或晚都会去探究这一问题,有些人凭借宗教信仰探索与灵性相关的议题,也有不少人关心自己的核心价值是什么,或是身为一个人,"我"的本质到底是什么。这一问题涉及人的生命力、精神、灵性、核心与本质。

### (二)自我评价

自我评价是个体以情绪、情感体验形式表现出来的自我主观感受或自我的态度,主要表现为自信、自尊、自爱、自卑、自怜、自弃、自恃、自傲、责任感、义务感、优越感、羞耻感等。如"我是否相信自己""我是否尊重自己""我是否有责任感"等。

### (三)自我控制

自我控制是对自己行为、思想和言语的控制,以达到自我期望的目标。自我控制包括自我激励、自我暗示、自律,其核心内容是"我如何规划自己的人生"。自我控制是自我意识的最高阶段,其核心是"我应该做什么""我应该成为什么样的人""我可以选择如何做"。所谓的"自制力"其实就是自我控制的能力。

## 三、自我意识的作用

大学阶段是人全面发展的时期,也是一个人的自我意识迅速发展并在自身的成长中发挥特殊作用的时期。这一时期自我意识的发展状况决定了我们自主功能的发展状况,自主功能的发展状况又决定着我们未来的发展。

### (一)健全的自我意识能促进我们全面成长

健全的自我意识主要表现为:在奋斗目标的确立上,既可设定积极的远期和近期目标,又能明确远期目标的价值和近期目标的可行性;在行为的控制方面,能在内在动机的支配下,有意识地调节自己的行为,抑制不良因素的影响和诱惑,保证自己按照正确的方向健康发展;在情感的调节方面,能有意识地充实自己的内心世界,丰富自己的情感生活,培养自己良好的情感品质,从而在自我发展中增加情感的动力效能;在才智的发展方面能刻苦学习,努力调整自己的学习方法,从而完善知识结构,并在此基础上发展自己的聪明才智和特殊才能,特别是创造才能;在身体素质的提高方面,能主动加强个人的体育锻炼,增强体质,保持充沛旺盛的精力;在时间的利用方面,能意识到时间的价值,注意利用课内时间和课余时间,提高时间利用率。

### (二)健全的自我意识有利于自我资源的开发

大学阶段,大学生的智力将获得迅速发展,热情而富于体验,内心感情日益丰富,高级情操迅速发展,意志一天天坚强起来,特别是气质、性格、兴趣、理想、信念等也在快速发展;在社会化方面,大学生正处于正式进入成人社会之前的准备阶段,此时大学生的内在发展潜力很大,但若缺乏自我意识,缺乏紧迫感和危机感,这种潜力会被浪费掉。

### （三）健全的自我意识有利于自身独立性的发展

大学时期是独立性开始形成的时期。由于身体发育逐渐成熟、心理上的急剧变化及社会化过程的加速，大学生开始步入了"自己的路自己走"的新阶段。但是，要真正地学会"自己走"，其中一个重要的因素就是自我意识。因为真正的独立性标志着一个人内在动机的发展水平，个人的成长、学习和参与的力量主要来自自身强烈的驱动力，而不是外在的压力和奖惩因素；标志着个人所追求的是事物的内在意义，如学习知识，是出于对科学现象本身的兴趣，而不是对老师讲的趣事笑料的兴趣；标志着个人在面对各种外在刺激及内在冲突时的正确抉择能力，而不是盲目、固执、错误地自以为是。

### （四）健全的自我意识有利于心理与行为的健康发展

心理与行为的健康发展，在很大程度上取决于主观心理因素。其中自我意识就是心理与行为健康的主要表现，即能否正确认识自己、接受自己、完善自己。

## 课程思政

**青春榜样——海上"花木兰"**

"青年兴则国家兴，青年强则国家强。青年一代有理想、有本领、有担当，国家就有前途，民族就有希望。中国梦是历史的、现实的，也是未来的；是我们这一代的，更是青年一代的。"习近平总书记对青年寄予厚望。

这一代大学生将会是实现"两个一百年"奋斗目标的中坚力量。如何才能让他们在学到知识、本领的同时，培养他们的理想主义精神和担当使命的责任感？追根溯源，广大学子需要高尚的思想引领，也需要广阔的、展露才智的舞台；需要曲折、艰难的磨炼，也需要身边青春榜样的激励。

榜样的力量是无穷的。愿更多有坚定理想信念、志存高远、脚踏实地、勇做时代弄潮儿的青年在这一代大学生中涌现。

2019年，网上一段小视频爆火网络。视频中，气势磅礴的军舰为背景，一位英姿飒爽的女军官面对镜头，频出人生金句，赢得万众掌声。

"有两种价值观：一种是戴着非常昂贵的手表，以显示出自己身价百倍；另一种是我这种价值观，一块不贵的手表，因为我戴过了，所以身价百倍。"

此话一出，在网上更是收获了近千万点赞。

她就是韦慧晓，23岁就职华为，27岁获"环球洲际小姐大赛中国特区赛区十佳"，28岁赴西藏支教，34岁成为中山大学博士，读博期间，参军的念头逐渐在她脑海中清晰起来。按照规定，博士毕业生入伍年龄一般不超过35周岁，在一天天逼近实现梦想的最后期限,2010年10月底,她给海军首长寄出一封自荐信,足足写了两百多页,表达想成为一名现役军人的愿望。自荐信寄出后,韦慧晓做好了"打持久战"的准备。没想到,3天后她就收到了海军有关部门的电话。半个月后,海军方面派人到学校考察,了解情况后为她提供了3个选项,其中包括当时正在组建的航母接舰部队,从此她迈入了军旅生涯。

有人说,34岁才去赶末班车,是不是以前不知道自己想要什么呢?韦慧晓回答说:"每个人对自己的认知都有一个过程,不是每个人一开始都能知道自己内心热爱的是什么,而我就属于比较后知后觉型的。"

一个人,一旦找到了自己的内心所属,他所展现出来的能量和动力将是无限的。

(资料来源:搜狐网)

## 拓展实训(一)

假如有人问"你是谁",让你写20个"我是谁",你脑海里第一时间呈现的20个"我"是什么样的人呢?一起拿笔写一下吧!

我是_____  我是_____
我是_____  我是_____
我是_____  我是_____
我是_____  我是_____
我是_____  我是_____
我是_____  我是_____
我是_____  我是_____
我是_____  我是_____
我是_____  我是_____
我是_____  我是_____

## 拓展实训(二)

优秀的潘淘同学来自农村,家境不佳,相貌平平,个子矮小,他从内心深处有一种自卑感。他非常努力地学习,虽然没有进入学校的尖子班,但他从读大学的第一天起就定下了专升本的目标。他一方面努力完成学业,另一方面为生计奔波,在别人的眼里他是个坚强而有头脑的人。潘淘同学却不这样认为,他觉得这只是一种无可奈何的选择,平常他可以与周围的人融洽相处,似乎是个开朗的人,实际上这并不是真实的他,真实的他其实不敢与人谈自己的家、谈那份奔波的辛苦,因为这些都是他心底最隐秘的东西。他认为这个"自卑的我"才是真正的"我",而那个外在的"我"不过是个假象而已,未曾真实地存在过。

大三的时候,潘淘同学考上了公办本科,专业也是他非常喜欢的农业专业,但这并未让他感到放松,反而给自己树立要考研的目标。因此,他在学业、生活中更加拼搏,以此来减轻自卑感。在本科阶段,他还喜欢上一个女孩,但由于自卑,他最终没有勇气去表白。

结合所学知识,试分析潘淘同学为什么会有这样的表现?

模块二　客观探索自我

## 任务二　大学生自我意识发展

**心理故事**

现实的我和理想的我

瑛萄同学是一名成绩优秀的女生，进入大学之初她就要求自己尽快适应大学生活，不断地了解学校的环境。在听说了阿里巴巴数学竞赛的数学天才少女姜萍的故事之后，她大受启发，每天的学习生活安排得很充实，上课聚精会神，课后刻苦钻研，经常主动去学校景观大棚进行观察和记录，以便上课的时候有更多思考和发现，学习成绩十分优异。

为了提高学习效率，省去一些"无效社交"，瑛萄经常独自去食堂、独自自习，很少与舍友及班上同学交流。她直言自己能理解姜萍在采访中所述的那种孤独。虽然她的成绩是专业第一，但她认为自己离想成为的顶尖优秀人才还有很大距离，感觉自己只有学习好这个优点，别无其他长处，时常对自己感到不满意。

**思考与分析**：瑛萄同学的困扰是现实中的自己和理想中的自己存在差距，她该如何调整自己才能更好地实现自己的目标呢？

### 一、大学生自我意识的特点

人的自我意识是在社会生活中通过与他人的互动而逐渐形成的，大学生自我意识是在过去自我意识的基础上发展起来的，它与过去自我意识既有连续性，又有发展性。大学新的学习环境和人际关系使大学生自我意识进入了一个新的发展时期，大学生自我意识具有鲜明的特点，自我意识整体发展水平有了进一步的提高，逐渐成熟；大学生自我意识更加理想化，自我意识的独立性更加突出。

一般来说，大学生的自我意识具有以下特点。

#### （一）自我认识更具有积极主动性

大学生具有成人的生理特点，心理成熟度和社会成熟度都达到了较高的水平。随着外界对大学生要求的变化，大学生的自我意识通过自我的认识、经验、控制和调节得到了进一步的发展。此时，大学生特别关注自己的发展，关注自己的社会价值，关注自己的素质和能力，关注自己对他人和社会的影响。因此，通过思考一些与自我有关的问题，如"他人对我的印象怎么样""我想成为一个怎样的人"等问题，大学生试图找到满意的答案，并主动进行自我探索。

### 知识拓展

#### "镜中我"

"镜中我"由美国社会学家查尔斯·霍顿·库利在他1902年出版的《人类本性与社会秩序》一书中提出。他认为,人的行为在很大程度上取决于对自我的认识,而这种认识主要是通过与他人的社会互动形成的,他人对自己的评价、态度等,是反映自我的一面"镜子",个人通过这面"镜子"认识和把握自己。因此,人的自我是通过与他人的相互作用形成的,这种联系包括三个方面:关于他人如何"认识"自己的想象;关于别人如何"评价"自己的想象;自己对他人的这些"认识"或"评价"的态度。其中,前两项只有在与别人的接触中,透过别人的态度才能获得。库利认为,"镜中我"也是"社会我",特别是初级群体中的人际传播,是形成"镜中我"的主要机制。一般来说,这种以"镜中我"为核心的自我认知状况取决于他人传播,传播活动越活跃,越是多方面,个人的"镜中我"也就越清晰,对自我的把握也就越客观。

### (二)自我评价更具有客观现实性

大学生理想自我与现实自我之间存在着高度相关性。随着自我认识的发展和完善,大学生经常主动与周围的同学、老师进行自我比较,了解和评价自己,将社会期望内化为自身素质,自我评价也日趋成熟和自觉,大多数学生的分析和评价逐渐变得客观、全面,学会扬长避短,改正自己,使现实的我趋于理想的我,使自我评价与他人评价趋于一致,更符合自己的实际情况。

### 拓展实训

全班每5~10位同学分成一组,组中的每位成员写下以下句子:
(1)假如我是一种花,我希望是_____,因为_____。
(2)假如我是一种动物,我希望是_____,因为_____。
(3)假如我是一种工具,我希望是_____,因为_____。
(4)假如我是一种颜色,我希望是_____,因为_____。
(5)假如我是一种珍稀品,我希望是_____,因为_____。
(6)假如我是《西游记》里的人物,我希望是_____,因为_____。

写完之后组内轮流分享,组内分享完之后推荐1~2个同学进行全班展示并分享个人感受。

## 二、大学生自我体验的主要特点

### (一) 大学生自我体验具有丰富性

大学生的学习压力相对高中阶段轻松一些,丰富多彩的学习生活为大学生自我体验提供了实践的机会。随着大学生自我意识的发展,他们有时对自己充满信心,自尊自爱,有时对自己充满怀疑,自怜自艾;有时在学习、生活中体验到喜悦、幸福,有时体会到悲伤、无聊;有时会喜欢自己,满意自己现在的状态,有时会不喜欢自己,不满意自己的现状;有时紧张、敏感,有时放松、迟钝。

总之,大学生自我体验具有丰富性,他们的情绪、情感基调是积极的、健康的,他们是自尊的、自信的,具有竞争性的。

### (二) 大学生自我体验具有敏感性

随着自我意识的发展,大学生对外部世界和内心世界的许多方面,尤其是在与自己的名誉、地位、未来、理想和与异性交往等有关的问题上具有强烈的敏感性。凡涉及"我"的事物都会引起他们的兴趣,与"我"相关的事物往往能诱发连锁反应,他们尤其对别人的言行和态度非常敏感,更加注重自我发展和个性表现,也会关注自己在别人心目中的形象与地位,关心别人对自己的意见和看法。有时,别人无意间的一句话,会在他们的心头掀起轩然大波,所谓"言者无意,听者有心"。

### (三) 大学生自我体验具有深刻性

大学生的自我体验是深刻的。大学生的心理活动开始指向自己的内心世界,逐渐失去了童年的直率、天真和单纯。在大学阶段,很多人不愿意轻易地向别人敞开自己的内心世界,有着自己的秘密,这些秘密不再轻易与人分享,并且很注重自己的面子,会有意无意地掩盖自己的缺点和不足,但同时,这个年龄段的学生的内心其实也渴望与他人交流,希望交流能更加深入。

### (四) 大学生自我体验具有不稳定性

大学生的自我体验具有不稳定性,尤其是对新生来说,他们常常无法确定自己是什么样的人。一些学生说:"我相信我最了解自己,但事实上我并不真正了解自己。""有时候我觉得自己是这样的,有时候我觉得自己又是那样的,我经常推翻自己得出的结论。"这些同学可能因为一次成功,就会信心满满,觉得自己做什么都可以,甚至自负,但有时候又会因为一件小事的失败而备受打击,丧失自信,悲观失望,觉得自己做什么都不行。

## 三、大学生自我控制的主要特点

大学生的自我控制能力随着生理和心理的成熟而明显提高,有强烈的自我设计和自我规划的愿望，自我控制的自觉性、坚持性、独立性和稳定性得到显著发展。但大学生自我控制能力与成人相比仍有差距，主要表现在以下几个方面。

### (一)自我控制的高标准

大学生自我控制能力大大提高，也为自己提出了较高标准。这一阶段的学生试图摆脱社会传统的束缚，按照自己的意愿行事，也可能根据社会的要求，有意识地调整自己不切实际的目标和动机，比如，面对就业压力，大学生可以及时调整目标。在掌握专业知识的同时，大学生要注重提高自己的外语水平和计算机技能，积极参加各种社会公益和集体活动，注重各种能力的培养，使自己更好、更快地适应社会。

大多数学生都奋发向上、力争成才、追求成功，并根据自我设计的目标有意识地调整自己的行为。

### (二)自我控制独立性提高

大学生的自我控制表现出极大的独立性。大学生在生理成熟、心理成熟与社会成熟等方面达到了较高的阶段，强烈要求独立和自由，希望通过自己的言行，用自己的双手和智慧，实现自己的目标，表示自己已经长大，不再需要管束。他们把自己看作一个成人，像成人一样待人接物，也要求别人把他们视为成人，希望获得成人世界的认可，有独立思考的机会，有独立行动的权利。强烈的独立愿望使大学生的行为具有明显的抵触情绪，即有意识地做那些师长或社会所不期望他们做的事情。由于和自己的长辈在处世态度、生活追求、价值观等方面存在差异，绝大多数学生不愿接受父母对他们的安排，渴望按照自己的方式去了解世界，走自己的人生道路。

### (三)自控能力相对较弱

年轻人和成年人最大的区别是自控能力的不同，大学生的自我控制能力与成人仍存在显著的差距。有些同学自控能力不强，具有很大的随意性，不顾环境的要求，想做什么就做什么，甚至违反校纪校规；但也会有个别同学想要在大学阶段好好学习，可是面对外界的诱惑，又不能自律，抵制不住诱惑，半途而废。因此，大学生需要加强对抵制诱惑的能力的持久性锻炼，提高自控能力。

## 四、大学生自我意识发展中常见的心理问题与调适

大学时代是自我意识发展的关键时期。由于大学生心理尚未完全成熟，易受复杂多变的社会环境影响，理性逻辑思维仍具有一定的片面性，不善于全面理解和分析问题，不能辩证地看待问题，导致了大学生自我意识的种种缺陷。大学生普遍存在的自我意识缺陷表现在以下几个方面。

## 模块二　客观探索自我

### （一）自我评价过低

大多数大学生对自己的分析、评价逐渐变得客观、全面。但是，这个阶段学生的自我评价是不平衡的、多样化的、不成熟的。他们的自我评价存在偏差，容易高估自己，有很强的优越感、自尊心和自信心；或者低估自己，这是由于自我期望过高，引发对现实不满，从而产生挫败感，导致低估自己。

自我评价过低是一种错误的自我认知，是一种消极的情感体验。自我评价过低容易让人不能客观公正地看待自己，充满对自己不满、否定的情感，这往往是自尊心屡屡受挫的结果。这类人自我认识不客观，往往只看到自己的缺点而忽略了自己的长处，不喜欢自己、不能容忍自己的缺点和弱点，否定、抱怨、指责自己，看不到自己的价值，或夸大自己的不足，感觉自己什么都不如他人，处处低人一等，丧失信心。严重的还可能由自我评价过低发展为自我厌恶甚至走向自我毁灭。

对于自我评价过低的学生，首先，应对自己有清醒的认识，有勇气和决心改变自己，应客观、正确、自觉地认识自己，无条件接纳自己，欣赏自己所长，接纳自己所短，做到扬长避短；其次，正确地表现自己，对自己的经验持开放态度，根据经验调整对自己的期望，确立合适的目标，区分长期目标和近期目标，发挥自己的潜能；最后，客观看待外界态度，正确对待得失，勇于坚持正确的，改正错误的。

### （二）自我评价偏高

自我评价偏高就是过高地估计自己的能力，是自我意识不够成熟的一种表现。自我评价偏高使人容易骄傲自满，在不知不觉中犯错误。自我评价偏高是对自己的肯定评价过高，放大自己的长处，缩小自身的短处，高估自己。这类学生在社会交往时自我感觉良好，总认为"我好，你不好""我行，你不行"，容易产生盲目乐观情绪，自以为是，不易处理好人际关系；易骄傲，常对自己提出过高要求，承担无法完成的任务、义务。

自尊心、自信心、好胜心、独立感等都是大学生自我意识发展的主要表现。要避免自我评价过高，首先，要看到自己的不足，承认自己也需要不断完善；其次，要看到他人的长处，欣赏他人的独特性；最后，多与他人交往，以开放的心态尊重和认真对待来自他人的反馈意见，有则改之，无则加勉。

### （三）以自我为中心

以自我为中心的人做事都是从自己的角度考虑、解决问题，不顾及他人的感受，只考虑自己的感受，关心自己的需求是否得到满足。这样的人获得成功时，往往会将其归功于自己，如果失败，就会归咎于其他人的过失或者是外界客观环境的影响，很少会在自己身上找问题。

### (四)苛求完美

追求完美的人对自己要求十分苛刻,期望自己各方面都表现得比较优秀。在追求完美的过程中往往脱离实际状况,对自我要求过高,不肯接受现实生活中平凡、有缺点的自己。

### (五)消极的自我体验

自我体验是自我意识的情感成分,它是在自我意识的基础上产生的,反映了个体对自己的态度。大学生一般都是自尊自爱的,但他们在自我体验上有很强的优越感和自尊感,认为自己太完美,过于自我满足,缺乏自知之明,一旦理想自我与现实自我之间存在较大差距,达不到理想自我的标准,不良情绪就会随之产生,抑郁、颓废、孤独等不良情绪易导致大学生自信心缺失,产生消极的自我体验。

### 拓展实训

请认真思考,完成以下练习。

(1)我最欣赏自己的外表是:_____
(2)我最欣赏自己的性格特点是:_____
(3)我最欣赏自己的一个优点是:_____
(4)我最欣赏自己的一项技能是:_____
(5)我最欣赏自己对待家人的态度是:_____
(6)我最欣赏自己的一种能力是:_____
(7)我最欣赏自己的一种做事态度是:_____
(8)我最自豪的一次经验是:_____

## 任务三 大学生自我意识的完善

### 心理故事

#### 正确认识自己

有一位年轻诗人,遇到一个陌生人来访,陌生人挑了一担诗稿请他看。诗人只用了一个小时就看完了全部诗稿,然后问:"你原来是干什么的?"陌生人答:"卖茶叶的。"诗说:"你还是回去继续卖茶叶吧,写诗绝非你所能。"陌生人问:"为什么?"诗人告诉他:"你没有写诗的天赋,没有,一点儿都没有。"

陌生人听罢,紧紧抓住他的手,异常激动地说:"这么多年来,我走了很多地方,就等这一句话。可是,我去的每一个编辑部,他们都不用我的诗,但都对我说:'你努力吧,以后会成功的。'我早就开始怀疑自己不是这块料,可是他们都不这么说。这世界上只有你是诚实的。我这就回去,一辈子老老实实地卖茶叶营生。"

**思考与分析**:如果这个陌生人在写诗之前思考一下自己是否更适合卖茶叶,是否会更清晰地知道自己脚下的路该怎么走呢?

## 一、健康自我意识的标准

人的自我意识是在社会生活中通过与他人的互动而逐渐形成的。健康的自我意识是人的全面发展的重要表现,也是良好心理素质的具体体现。大学生自我意识的健康发展离不开自我教育能力的提高和自我意识的培养。健康自我意识的标准如下。

(1)一个有健康自我意识的人应该是一个自我肯定、自我统合的人。

(2)一个有健康自我意识的人应该是一个自我认识、自我体验、自我调节相一致的人。

(3)一个有健康自我意识的人应该是一个独立的,同时又与外界保持协调的人。

(4)一个有健康自我意识的人应该是一个自我发展的人,且具有灵活性的人。

(5)一个有健康自我意识的人应该是一个心理健康的人,不仅自己健康发展,而且能促进周围的人共同进步。

## 二、大学生自我意识的发展与完善途径

柏拉图曾说,最先和最后的胜利是征服自我,只有科学地认识自我,正确地设计自我,严格地管理自我,才能站在历史潮头开创崭新的人生。

自我意识对大学生的成长和发展起着重要的作用。从某种意义上说,大学生有什么样的自我意识,他的人格就会朝着什么方向发展。正确的自我意识有利于大学生的心理健康,有利于正确规范自己的行为,有利于履行自己的义务和责任,有利于全面发展和成功。认识自己并不容易,知人难,知己更难,但每个人又必须正确认识自己,否则,就无法很好地处理自己与他人、理想与现实之间的相互关系,不利于心理健康。

### (一)正确认识自我

一个人如果能对自己有全面正确的认识和评价,就可以扬长避短,取长补短,控制自己,改变自己,就可以根据自己的实际情况选择相应的奋斗目标。正确认识自我是建立良好自我意识的基础。一般来说,认识自我的方法通常有以下几个方面。

**1. 通过他人的反馈认识自我**

社会性是人的本质属性,大学生的社会生活范围主要是家庭、学校,父母、同学、老师等对大学生的了解有时候比大学生自己还要多。大学生的自我意识深受他人评价和态度的影响,他人对自己的评价对大学生的自我意识和自我评价起着重要作用。

父母是孩子最好的老师,父母的评价是最中肯、最善意的,应引导大学生和父母及时沟通,从父母口中了解自己。同学是和自己共同生活的伙伴,在他们面前的自己最真实,同时也可以通过其他大学生的观察了解自己,尤其是刚进入大学的新生,对自己的理解和评价往往是建立在对其他同学的理解的基础之上的。大学生应用心向别人学习,获得足够的经验,然后根据自己的需要规划自己的未来。老师是大学生成长的益友,他们总会循循善诱,引导大学生成长。老师的评价,能让大学生更加正确地认识自己。

但是,对于别人的反馈与建议要辩证地看待。对于优点,继续保持;对于缺点,有则改之,无则加勉。这样可以更好地提高认识自我的能力。因此,如果大学生能够在家庭、老师、同学中得到必要的、客观的、正确的自我评价,并全面分析各种人对自己的评价,将有助于自我意识的提高和健康发展。

**2. 通过社会比较认识自我**

一个人只要在社会中,自然地会将自己与别人比较。通过与他人比较,人才能真正认识自己,才能认识到自己的价值和能力,对自己做出正确的评价。社会比较能够使人清楚地了解自己,找出自己与别人存在的差距,发现自己的长处,找出自己的不足,可以帮助人们提高自我认知能力。有自知之明的人能从这些关系中向别人学习,获得足够的经验,然后按照自己的需要去规划自己的未来,只有在与他人比较的过程中,才能认识到自己的缺点、优势和目标。

但在做社会比较的时候应该注意避免和比自己能力、知识水平高很多的人比较,这样的比较会让我们产生自卑感;也尽量不和能力、知识水平比自己差的人比较,这样的比较会让我们产生自负感。应该找到合适的比较对象,做有意义的比较,可以和自己的过去比较,这样能够清楚地知道自己在哪些方面有进步;和比自己略胜一筹的人比较,有助于让我们正确看待自己和他人的差距,认识自己的不足,明确以后的努力方向。

**3. 通过内省认识自我**

哈佛大学心理学教授加登纳提出,人的智力有七种形式,其中之一就是内省智力。它包括个人能够及时发现内心变化的能力、及时发现自我优缺点的能力和及时调整自我状态的能力。内省是个体内心深处探究自己,检查并且正视自己的所思所想,自己的内心感受,自己做事的动机等心理活动的过程。我们具有自我反思能力和自我批评精神,应该经常反省自己的言行,进行自我分析,完善自我。

培根说过,假如把人们内心中那种种虚荣心,虚妄的自我估计,各种异想天开的揣想都清除掉,许多人的内心将会露出渺小、空虚、丑陋。大学生应在内省过程中总结过去发生的事情,汲取对现在和将来有用的经验。

> **拓展阅读**
>
> **我的人生我做主**
>
> 　　有一位画家把自己的画放在画廊上请人们点评,第一天请人们把败笔之处圈出来,结果一天下来,画的每一个角落几乎都被圈出来了。画家觉得非常沮丧。画家的老师对他说不要沮丧,明天依然拿出这幅画,让人们将精彩的部分都圈出来。结果一天下来,画的每个角落也都被圈出来了。
>
> 　　这时候这个画家明白了,世人的观点难以统一,最关键的是要有自己的想法,画自己想画的,如果自己不坚定,不能全面认识自己的时候,只会被外界的声音左右。

#### 4. 通过相关心理课程认识自我

学校会开设与心理健康教育相关的课程,或举办有关的心理知识讲座、课外活动等,帮助大学生了解心理学有关知识。心理老师会用心理测量量表给大学生做专业的心理测量,让学生们能够充分了解自己的心理特点,知晓自己的优势和劣势,帮助大学生正确认识自己,提高心理健康水平。

### (二)积极悦纳自我

悦纳自我就是对自己的本来面目持肯定、认可的态度,悦纳自我是自我体验的关键。每个人都是独特的,各有长处和短处,学会欣赏自己的长处,也要接纳自己的不足,做一个真实的自我。

具体来说,积极悦纳自我要做到以下几点。

#### 1. 接纳自己

"金无足赤,人无完人",每个人都有生存的价值,我们须正确认识自己,知道自己是不完美的存在,并接纳自己,积极自我对话。更要知道自己的优势,对自己有信心,为自己感到自豪,相信"天生我材必有用"。大学生应自尊、自信,发挥个体的主观能动性,调动一切积极因素,发掘自己的潜能,体现自己的价值。

#### 2. 积极面对未来

对未来有远大理想的人,会把注意力放在重大

积极自我对话轮盘

事件上,这样才能把全部精力集中在自己的目标上,才能取得伟大成就。大学生要树立一个自己能够达成的目标,有了生活的动机和目标,我们才更容易接受并肯定自己。一个人的心态很重要,因为它能改变命运。

一种美好的心境,比十剂良药更能解除心理上的疲劳与痛苦。

面对未来,我们要有开朗、乐观的心态,无论处于什么样的处境,都不应该迷失自我,而应该保持清醒的头脑,有良好的心态,鼓励自己克服消极情绪,保持心理平衡。乐观开朗地面对现实,设想未来,这样更易接纳现实的自我。

### 3. 保持良好的人际关系

积极的人际交往有助于大学生建立健康的自我。我们应该扩大人际交往的范围,结交朋友,多接触人和事,丰富自己的生活。在交往中,被别人接受的人更容易接受自己,交朋友可以让自己有归属感,同时也拥有了社会支持。面对挫折和失败时,我们可以得到更多的社会支持,帮助我们渡过难关,重塑自我。

结交朋友

### (三)学会自我控制

学会自我控制是自我意识发展的重要内容,是主动、有意识地改变自己的心理品质、性格特征和行为方式的心理过程。自我控制是人们为了达到目的而改变心理行为的过程。有效的自我控制是提高自我意识的根本途径。很多同学对自己有很高的期望值,但由于没有足够的自控能力,无法承受挫折和打击,无法实现理想,那些因无法控制不良情绪而自暴自弃的同学,使自己偏离了健全自我意识的轨道。当代青年的意志正在不断发展,我们需要增强自我控制的意识和主动性,培养坚持和自我控制能力,增强挫折承受能力,使我们自觉地、积极地认识目标,努力消除干扰,克服困难,实现目标。大学生应根据自己的实际情况和社会需要,确立合适的人生目标,通过自我的努力,最终实现自我价值。

### (四) 不断超越自我

我们不仅要学会客观认识自我,愉悦地接纳自我,还要不断完善自我、超越自我。超越自我的过程是个体付出艰辛和努力,寻求合适的方法和途径,不断实践,不断自省,在"旧我"的基础之上形成"新我"的过程。完善和超越自我是自我意识的终极目标。大学生的成就过程是自我统一、自我完善的过程,这需要付出艰苦的努力。大学生要从小事做起,从现在做起,从实际行动做起,协调自己的期望和个人能力。

## 课程思政

**投身田野,筑梦乡村**

前阵子,吉林省通榆县的哥哥姐姐们传来丰收的好消息,那些和他们一起到田间劳作的画面再次浮现在王梓铭的眼前。

作为在黑土地上成长求学的青年,满仓的玉米、金黄的稻浪和农民收获时的笑脸,是关于秋天最初的记忆。小时候,每到农忙时节,大人们总在田间地头辛勤耕作,到了秋天,王梓铭也会去玉米地里帮着掰玉米,一起感受收获的喜悦。

步入大学校园之初,王梓铭经常想如何为社会做些力所能及的事。最终,王梓铭选择到基层去,投身田野,筑梦乡村。王梓铭曾前往吉林省内5个市21个村进行乡村振兴志愿服务,志愿服务时长累计1200小时。其中,曾经的深度贫困县通榆县是王梓铭和吉林大学北辰志愿服务队最关心的地方。3年多时间里,作为志愿服务队队长,王梓铭多次带队去通榆县开展志愿服务,涉及田野调查、社区服务与支教助学等多元化服务项目,将他们所学的知识与当地发展实际结合。在肥沃的黑土地上,王梓铭见证了乡村振兴带来的变化,他从志愿服务中汲取养分,让自己的青春收获宝贵的成长。

在乡村志愿服务期间,王梓铭和团队的小伙伴们深入田野,在乡间地头进行助农实践,走村入户开展调研,在交流中体验乡村生活,认真总结、感悟收获。在志愿服务中,他们关注到科技小院在丰富通榆县农村文化活动形式、促进农业科技成果转化以及带动地方经济发展中发挥了积极作用,于是他们以此为切入点,开展调查研究,撰写了以"科技小院"为主题的调研报告,得到学校和当地的认可,部分项目正逐步落地。

大学时光即将步入尾声,不久后他也将进入研究生求学阶段,但他表示志愿服务的步履不会停歇。

(资料来源:《人民日报·海外版》,2023年11月16日第12版)

大学生应该把个人价值和社会价值结合起来,根据社会要求不断改造自己。我们不仅要重视自身价值的实现,而且要重视将自身价值的实现过程与为祖国现代化建设做出贡献的过程统一,在为他人和社会服务中实现真正的自我价值,从而升华自我意识。超越不仅是一种状态,也是一个过程。只有坚持正确的方向,以科学的态度,投身社会实践,才能辩证地看待社会,分析自我,把握自我,最终超越自我。

## 心理测试

### 自我和谐量表(SCCS)

请你看清楚每句话的意思,然后选择一个数字代表该句话与你现在对自己的看法相符合的程度。答案无对错,如实回答即可。

| 分数 | 1 | 2 | 3 | 4 | 5 |
| --- | --- | --- | --- | --- | --- |
| 代表意思 | 完全不符合 | 比较不符合 | 不确定 | 比较符合 | 完全符合 |

1. 我周围的人往往觉得我对自己的看法有些矛盾。
2. 有时我会对自己在某方面的表现不满意。
3. 每当遇到困难时,我总是首先分析造成困难的原因。
4. 我很难恰当地表达我对别人的情感反应。
5. 我对很多事情都有自己的观点,但我并不要求别人也与我一样。
6. 我一旦形成对某件事情的看法,就不会再改变。
7. 我经常对自己的行为不满意。
8. 尽管有时得做一些不愿意做的事,但我基本上是按自己的愿望办事的。
9. 一件事情好就是好,不好就是不好,没有什么是可以含糊的。
10. 如果我在某件事上不顺利,我往往就会怀疑自己的能力。
11. 我至少有几个知心的朋友。
12. 我觉得我所做的很多事情都是不该做的。
13. 不论别人怎么说,我的观点绝不改变。
14. 别人常常会误解我对他们的好恶。
15. 很多情况下我不得不对自己的能力表示怀疑。
16. 我的朋友中有些是与我截然不同的人,但这并不影响我们的关系。
17. 与别人交往过多容易暴露自己的隐私。
18. 我很了解自己对周围人的情感。
19. 我觉得自己目前的处境与我的要求相距太远。

20. 我很少去想自己所做的事是否应该做。
21. 我所遇到的很多问题都无法自己解决。
22. 我很清楚自己是什么样的人。
23. 我能很自如地表达我想表达的意思。
24. 如果有了足够的证据,我也可以改变自己的观点。
25. 我很少考虑自己是一个什么样的人。
26. 把心里话告诉别人不仅得不到帮助,还可能招致麻烦。
27. 在遇到问题时,我总觉得别人都离我很远。
28. 我觉得很难发挥出自己应有的水平。
29. 我很担心自己的所作所为会引起别人的误解。
30. 当我发现自己在某些方面表现不佳时,总希望尽快弥补。
31. 每个人都在忙自己的事情,很难与他们沟通。
32. 我认为能力再强的人也可能遇上难题。
33. 我经常感到自己是孤立无援的。
34. 一旦遇到麻烦,无论怎样做都无济于事。
35. 我总能清楚地了解自己的感受。

**评分与解释:**

量表的总分为所有项目的分数之和。可按以下三类分别计分。

(1) 自我与经验的不和谐:1、4、7、10、12、14、15、17、19、21、23、27、28、29、31、33 共 16 项。

(2) 自我的灵活性:2、3、5、8、11、16、18、22、24、30、32、35 共 12 项。

(3) 自我的刻板性:6、9、13、20、25、26、34 共 7 项。

总分低于 74 分为低分组,表明自我和谐的程度较低;75~102 分为中分组,表明自我和谐的程度偏中等水平;103 分及以上为高分组,表明真正实现了自我和谐。

# 项目四  培养健全的人格

## 知识导入

人格是人的心理行为的基础,它在很大程度上决定了人如何面对外界的刺激以及反应的方向、速度和程度。进一步说,人格会影响人的身心健康、活动效率、潜能开发以及社会适应状况。因此,重视人格的整合与塑造,既是大学生身心健康的需要,又是自我发展、自我实现的需要。人格素质是大学生综合素质的重要组成部分,综合素质的发展和提高包含人格素质的发展和提高,而人格素质的发展和提高对综合素质的发展和提高有着重要的促进作用。因此,塑造健全的人格是大学生心理健康教育的重要目标之一。

## 学习目标

### 素质目标
1. 塑造自身健全人格;
2. 养成关注自己人格及个性健康发展的意识。

### 知识目标
1. 了解人格的概念、人格的基本特征和人格的结构;
2. 科学认识气质与性格;
3. 了解健康人格的重要性,掌握塑造健康人格的方法。

### 技能目标
1. 学会通过心理测验、活动等分析自己的人格特征;
2. 学会塑造健康的人格。

## 思维导图

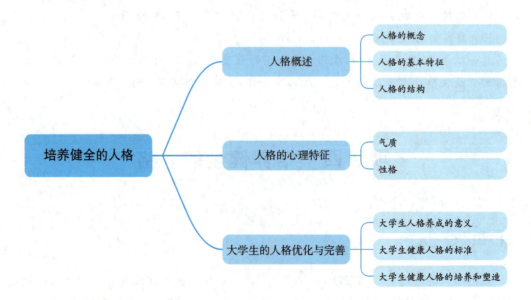

模块二 客观探索自我

## 任务一　人格概述

### 心理故事

**四位迟到的观众**

地点:某剧场门口。
时间:演出开始10分钟后。
人物:检票员、四位迟到的观众。
情节:剧场明确规定演出开始10分钟后不许入场,四位迟到者面对检票员相同的说明,其表现各不相同。
第一位:大吵大闹,怒发冲冠,甚至不顾阻拦闯入剧场;
第二位:软硬兼施,找机会溜进去;
第三位:不吵不闹,虽然感到遗憾但还是理解剧院的做法,并自我安慰"好戏都在后头"。
第四位:垂头丧气,委屈万分,认为自己总是那么倒霉,偶尔来一次剧院还如此不走运,说完掉头就回去了。

**思考与分析:** 如果你是其中一位迟到的观众,更倾向哪种表现?不同的表现代表了不同观众的什么心理特征?

### 一、人格的概念

人格源于拉丁文 persona,原意是指面具、脸谱。心理学家认为,人格是个体在遗传的基础上,通过与后天环境的相互作用而形成的、具有一定倾向性的,相对稳定的心理行为模式。人格反映的是一个人整体的精神面貌,即个体心理品质或心理特征的总和。

人格包含的内容十分丰富,大到一个人的人生观、价值观,一个人的能力道德,小到一个人的个性习惯。诸如气质、性格、个性等,无论哪一个都对人有着十分重要的影响。

### 二、人格的基本特征

人格是复杂的,由多种特质组成。多年来,对人格的研究"仁者见仁,智者见智"。要理解现代人的思想和行为,分析人格特征实属必要。

#### (一)独特性

独特性是人格最突出的特点,是一个人区别于其他人的特征。人格的独特性充分表现为人们在需要、动机、兴趣、爱好、价值观、信念、能力、气质、性格等方面的差异。这种独特性不仅仅体现在上述心理或行为特征上，更表现在整个行为模式上，从而使"我就是我"。每个人的人格都是独一无二的，即使在某些方面有相似之处，但整体上仍存在差异。

### （二）稳定性

人格的稳定性是指个体人格特征有跨时间和空间的一致性。例如，今天活泼开朗的人，明天也可能是活泼开朗的。在不同场合都会表现出乐于交际的行为倾向。人格的稳定性是相对的，并不是一成不变的，具有决定意义的环境因素和机体因素会使个体的人格特征发生变化，因此人格具有可塑性和可变性。例如，一个平时很乐观的人，可能因一次重大的打击而变得郁郁寡欢。

### （三）整体性

人格的整体性是指构成人格的各种心理成分不是相互独立的，而是相互联系的、完整的功能系统。人格的整体性首先表现在各种心理成分的一致性——人格健全的人总是能及时调整人格中的各种矛盾，使人的心理和行为保持一致。人格的整体性还表现在构成个体人格的各种成分中，有的是主要的，起主导作用；有的是次要的，起辅助作用。起主导作用的成分决定了个体人格的基本特征。

## 三、人格的结构

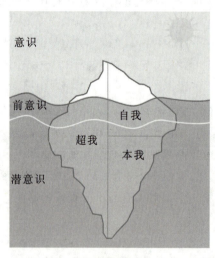

人格的结构

奥地利心理学家弗洛伊德认为，人格由三个紧密交织且相互作用的部分构成：本我、自我和超我。

（1）本我，是人格的原始基础，它深藏于潜意识之中，充满了本能的欲望和冲动。正如地底的岩浆孕育着无尽的能量，本我以其强烈的力量，驱使着个体追求生理需求的满足。它不受逻辑与道德的束缚，只遵循快乐原则，渴望即刻的愉悦与满足。然而，正是这种原始的力量，为个体的生命注入了勃勃生机。

（2）自我，则是人格中的调和者。它如同一位智慧的使者，在本我和超我之间寻找平衡。自我遵循现实原则，既要考虑本我的欲望，又要顾及超我的道德要求，同时还要面对现实的限制。自我如同一位杂技演员，在多重压力下保持平衡，力求使个体在现实世界中得以生存和发展。

（3）超我，它代表着道德、规范和社会期望。超我如同一位严苛的导师，时刻监督着个体的行为,确保其符合社会的道德标准。它承载着个体在成长过程中内化的社会规范和价值观,如同一座灯塔,指引着个体在道德的海洋中航行。超我的存在,使个体在追求满足的同时,也能够考虑到他人的感受和社会的期待。

这三个部分相互交织,形成了一个动态的心理系统。它们之间的冲突与协调,构成了个体心理活动的丰富内涵。弗洛伊德的人格结构理论,不仅为我们提供了理解个体心理活动的框架,更启发我们深入思考人性的复杂与多样。它提醒我们,每个人都是一个独特的存在,拥有着自己的欲望、道德和现实考量。通过理解和尊重这些差异,我们可以更好地与他人建立联系,共同创造一个更加和谐的世界。

# 任务二　人格的心理特征

气质、性格和能力是人格的心理特征的三个方面,构成了一个人较为稳定的人格特征。这里我们重点介绍气质和性格两种心理特征。

## 一、气质

### (一)气质的定义

气质是个体在心理活动和行为上表现出的一种典型的、稳定的心理特征,主要指个体心理活动在动力方面的特点。

气质作为一个心理学概念,最早可以追溯到古希腊时期。希波克拉底提出了四种体液的平衡理论(体液说),以此来解释人的气质类型。这一理论在历史上对气质的理解和研究产生了深远影响。随着心理学的发展,气质的定义逐渐细化并脱离了体液说的桎梏。现代心理学认为,气质是个体在心理活动和行为上表现出的一种稳定的心理特征,主要由生理机制和遗传因素决定,且在个体出生后不久就可以表现出来。

### (二)气质的分类

俄国心理学家巴甫洛夫在体液说的基础上,将气质与高级神经活动类型联系起来,提出了高级神经活动类型学说,认为有四种典型的高级神经活动类型——活泼型、兴奋型、安静型和抑制型,分别与希波克拉底的四种体液对应的气质类型相对应。

(1)活泼型(多血质)。外向,活泼好动,善于交际,思维敏捷,具有很强的表达力和感染力,容易接受新鲜事物,具有外向性特征。但情绪波动较大,注意力与兴趣易转移,缺乏足够的忍耐性,意志力不够坚强。

(2)兴奋型(胆汁质)。外向、豪爽,但性情急躁、好争论。反应速度快,行动利落、敏捷,意志坚强、果断,注意力稳定且难于转移,具有较高的反应力与主动性。精力旺盛,经

一顶帽子（漫画） 　　　　　　　　　　[丹麦]皮特斯特鲁普 作
**四种气质类型**

常以极大的热情从事工作,但有时缺乏耐心。

（3）安静型(黏液质)。内向、稳定、不好动,喜欢沉思,情绪不易外露,很少产生激情。思维灵活性较差,具有很大的耐性,有较强的自制力,办事小心谨慎,但很难适应新的环境,可塑性差。

（4）抑制型(抑郁质)。喜欢独处,有较高的感受性,往往富于想象,聪明且敏锐。易多愁善感,优柔寡断,受到挫折后常心神不宁,但对力所能及的工作坚持到底。不善交际,具有明显的内向性。

每种气质类型都有其相应的代表人物。如,胆汁质的典型人物有《三国演义》的张飞等;多血质的典型人物有《红楼梦》的王熙凤等;黏液质的典型人物有《水浒传》的林冲等;抑郁质的典型人物有《红楼梦》的林黛玉等。但现实生活中多数人,并非完全属于某一气质类型,而是多种类型的混合,其中一种或两种气质类型占优势。

## （三）科学地认识气质

### 1. 气质无好坏之分

气质无好坏之分。每种气质类型都有积极和消极方面,个体在任何一种气质的基础上,既可以发展良好的性格特征和优异的才能,也可能发展不良的性格特征,限制才能的发展。

**2. 气质不决定个体的社会价值和成就的高低**

气质不决定个体的社会价值和成就的高低。各种卓越人物中可见各种气质类型的典型代表,任何一种气质类型的人都有可能发挥自己的才能,对社会做出贡献。

**3. 气质影响人的活动方式与效率**

气质影响人的活动方式与效率,为一个人从事某种工作或职业提供了可能性和有利条件。大学生要使自己的气质特征符合未来工作的客观要求,而个人气质在长期的职业活动中也会发生适合职业要求的变化。

### 知识拓展

**气质类型与职业**

了解不同气质类型的人适合的职业,可以更好地发挥个人的优势,提高职业满意度和工作效率。

**1. 多血质——外向、活跃、乐观**

多血质的人通常社交能力强,善于沟通,适合需要与人频繁互动的工作。例如,市场营销、销售、秘书、导游、策划等职业能够充分发挥他们的社交优势。此外,他们通常具备较强的适应能力和充沛的活力,能快速适应变化并保持工作热情。

**2. 黏液质——稳重、踏实、耐心**

黏液质的个体通常工作认真细致,适合需要长时间专注、细致入微的工作。例如,会计、编辑、图书馆员、研究助理、实验技术员等职业都非常适合。这些工作往往需要较高的精确度和耐心,黏液质的人在这些领域能够展现出其优势。

**3. 胆汁质——果断、竞争力强、有领导力**

胆汁质的人决策迅速,具备领导能力,适合需要快速反应和承担风险的职业。如项目经理、企业高管、律师、警察或消防员等,都是可以充分发挥其领导才能和决策力的职业。他们能在压力下保持冷静,快速做出判断。

**4. 抑郁质——敏感、深思熟虑、善于创新**

抑郁质的人思考深刻,对艺术和创意工作有独到的见解。职业如作家、艺术家、设计师、心理咨询师、音乐家等,能够满足他们对创意和美的追求。这些职业不仅需要创新思维,还需要深刻的情感洞察能力,抑郁质的个体在这些领域能找到自我表达的空间。

综上所述,理解自己的气质类型有助于选择最适合自己的职业路径,从而在工作中实现个人价值,提高生活的幸福感和满足感。每种气质都有其独特的优势和挑战,关键在于如何根据自己的气质特点选择合适的环境和发展策略。

## 二、性格

### (一)性格的定义

character(性格)这个词源于希腊语,原意是特点、特色、记号、标记。我国心理学家认为,性格是个体在生活过程中所形成的对现实的态度以及与之相适应的、较为稳定的行为方式特征。性格相较于气质,更多地体现了人格的社会属性,也是个体人格差异的核心。

### (二)影响性格形成的因素

性格主要是人通过不断地生活实践,在外界生活条件和人自身的心理活动相互作用下形成和发展起来的,受到多种因素的影响,如遗传因素、家庭因素、学校教育因素、社会文化因素、个人主观因素等。以下是一些主要影响因素的详细分析。

(1)遗传因素。遗传对性格的影响主要体现在神经系统的构造和功能上。神经系统的活动在性格的形成中有一定的作用。某些性格特质已被研究证实具有遗传性。

(2)家庭因素。家庭是社会的基本单位,是社会生活中各种道德观念的集合点,也是儿童出生后最先接触并长期生活的场所。父母的教养方式、家庭结构的稳定性、家庭经济状况、家庭成员间的交往等,极大影响孩子的性格发展,因此家庭被称为"制造人类性格的工厂"。例如,有更多支持和鼓励的家庭环境能够培养出自信和开放的个体,而严格或过度保护的家庭环境可能导致儿童形成依赖或内向的性格。

---

**知识拓展**

**出生顺序与性格**

阿尔弗雷德·阿德勒,奥地利心理学家,个体心理学的创始人,他提出了出生顺序对个体性格和行为模式有显著影响的理论。根据阿德勒的观点,家庭中的不同出生顺序会导致孩子们在成长过程中体验到不同的社会情境,这些情境影响他们的性格发展和社会互动方式。以下是阿德勒对于不同出生顺序的孩子的典型性格特征的描述。

**1. 长子/长女(老大)**

(1)通常在弟弟妹妹出生之前享受过一段时期作为家中唯一孩子的关注和宠爱。

(2)弟弟妹妹的出生可能导致他们感受到爱的"剥夺",从而发展出较高的成就动机,力求保持自己的中心地位。

(3)可能会表现出责任感强、完美主义、保守和领导力的特质,有时也会有猜忌和不安全感。

**2. 中间的孩子(次子/次女)**

(1)在一个至少有三个孩子的家庭中,中间的孩子可能感觉自己被夹在中间,既不像老大那样拥有最初的独占权,也不像幼子那样受到特别的宠爱。

(2)这种位置可能促使他们发展出较强的社交技能,学会协商和适应,以及在竞争中寻找自己的独特性。

(3)中间的孩子常常被描述为最具竞争性和灵活性,他们可能通过特定的才能或兴趣来获得认可。

**3. 幼子/幼女(老幺)**

(1)经常被视为家中的宝贝,可能受到更多的宽容和溺爱。

(2)备受家庭关注的环境可能使他们成为优秀的社交者,善于利用魅力获取想要的东西,但有时也可能导致他们产生依赖性和缺乏自主性。

(3)幼子可能拥有较多的选择自由,但也可能因期望较低而缺乏驱动力去追求传统意义上的成功。

**4. 独生子女**

(1)独生子女作为家中唯一的孩子,他们可能享受了父母的所有关注,但也因此缺少与同龄人的日常竞争和合作经验。

(2)独生子女可能展现出高成就动机,但有时在团队合作和分享方面会遇到挑战。

阿德勒强调,这些只是一般趋势,并非绝对规则。每个个体的经历都是独特的,除了出生顺序,还有许多其他因素共同塑造一个人的性格。因此,上述理论应作为一种理解个体性格差异的视角而非决定性的性格分类体系。

(3)学校教育因素。学校对人的影响不同于家庭和一般社会环境,不是偶然地、零碎地,而是系统地、有目的地、有计划地进行的。

教师影响:教师是学生学习的直接楷模,是学生的指导者、领导者和教育者。教师通过各科的课堂教学对学生的性格施加有意识的影响;教师的性格特征对学生的性格有着潜移默化的作用;教师与学生之间的关系影响着学生的性格发展。

同伴关系:学校是孩子社交互动的主要场所,同伴之间的相互作用对性格的发展尤为重要。积极的同伴关系可以增强社交技能和自我效能感。

(4)社会文化因素。文化价值观是由不同的文化背景培养出的,能塑造不同的性格特征。社会上各种因素如社会风气、社会舆论、报刊、电影、电视等也对人的性格的形成、发展产生影响。例如,集体主义文化倾向于强调群体和谐,这可能促进个体产生更高的合作倾向和忠诚度。

社会事件和动荡:经历重大社会事件,如战争或经济危机,可能影响个体的世界观和安全感,进而影响其性格的形成。

(5) 个人主观因素。性格是在人和环境相互作用的实践活动中(如个人经历、人际关系)形成和发展的,但任何环境因素都不能直接决定人的性格。社会的各种影响首先要为个体所理解和接受,才能转化为个体的需要和动机,并推动个体去行动。个体已有的心理发展水平对性格形成的作用随着年龄的增大而日益增强,个体已有的理想、信念和世界观等对接受社会影响具有决定性的作用。

以上种种影响因素都不是单独起作用的,而是共同作用于个体,影响其性格的形成。

## 任务三 大学生的人格优化与完善

### 心理故事

#### 大学生冲突

某高职院校男生阿执,18岁。刚入学时由于同学间互不认识,军训期间辅导员指定他为班级联络人,正式上课后又指定他暂任班长。

半学期后,由于与同学关系不和,多次与班级同学发生冲突,辅导员多次找阿执谈话,可阿执觉得这些冲突并不是自己的责任,是同学们故意与自己过不去。几天后辅导员重新任命班干部,阿执被免职。阿执对班长撤换一事耿耿于怀,愤愤不平,认为是班级的一些同学背后在辅导员那里告了自己的"黑状",嫉妒他的才能,认为自己受到了排挤和打压,认为辅导员也对他不公平,于是经常在他人面前指责辅导员和同学,之后常与辅导员、同学发生冲突,甚至警告辅导员,要求恢复他的班长之职,否则会伺机报复。阿执还向学校写信申诉,举报辅导员收受同学钱财礼物,贪污腐败。大家都耐心地劝他,但他总是不等人家把话说完,就急于申辩,始终把大家对他的好言相劝理解为恶意、敌意。这样的无理取闹使他与同学、老师的关系日益恶化,甚至与宿舍室友的关系也开始紧张,他认为自己所遭的不公就是宿舍的室友在班级里乱讲所致的。他经常警告室友不要在班上乱说自己的坏话,因此他和五位室友的关系越走越远,但他又嫉妒五位室友经常在一起说笑、相互帮助,怀疑他们专门孤立自己。一天天气很冷,他有点感冒,就回寝室吃药、喝水。药已入口,却发现自己暖壶中没有水,一看其他五个壶,都装着满满的开水。他认为他们组成了小集团,为了报复他们,他便将五个暖壶都摔碎了。

**思考与分析**:阿执与老师、同学发生冲突的深层次原因是什么?健康的人格对我们来说意味着什么?

## 一、大学生人格养成的意义

大学生人格养成具有深远的意义,不仅影响个人的全面发展,也关系到社会的进步和国家的未来。大学生人格养成的重要性体现在以下几个方面。

(1) 促进个人全面发展:人格养成涵盖了道德品质、情感智力、社交能力、自我认知等多个方面,可以帮助我们形成积极向上、健康稳定的心理状态和价值观。这不仅有利于提高学习效率,还能增强应对生活挑战的能力,促进身心和谐发展。

(2) 提升社会适应能力:大学是学生从校园走向社会的过渡期,良好的人格特质,如责任心、团队合作精神、沟通能力等,能帮助我们更快、更好地适应社会环境,建立积极的人际关系,为将来的职业生涯打下坚实的基础。

(3) 培养领导力和创新思维:人格养成教育鼓励独立思考、勇于创新,这对培养未来的领导者和创新人才至关重要。具备高度责任感、自信心和批判性思维的人,将更有可能在各自的领域内引领变革,推动社会进步。

(4) 树立正确的价值观和道德观:在复杂多变的社会环境中,价值观和道德观是指导个人行为的基石。通过人格养成教育,我们能够树立正确的世界观、人生观和价值观,成为有社会责任感和道德良知的公民,为构建社会主义和谐社会贡献力量。

(5) 促进终身学习和自我成长:人格养成强调自我反思和自我提升,这有助于我们形成终身学习的习惯。在快速变化的知识经济时代,这种能力尤为重要,它使个人能够不断适应新知识、新技术,实现个人成长和发展。

综上所述,大学生人格养成是其成长过程中不可或缺的一环,对于个人成就、社会和谐乃至国家发展都有着不可估量的价值。因此,高校和社会应共同努力,为学生提供全面而深入的人格教育,助力他们成为德才兼备、适应未来社会的优秀人才。

## 二、大学生健康人格的标准

根据相关研究,可以从三个方面概括大学生健康人格的特点:内部心理和谐发展;能正确处理人际关系,发展友谊;能把自己的智慧和能力有效地运用到工作和事业上。健康的人格有以下标准。

### (一) 具有远大而稳定的奋斗目标

有坚定的社会主义信念和远大的共产主义理想,有科学的世界观、人生观和价值观。

### (二) 具有强烈的道德责任感

能以社会主义、集体主义道德观为核心,正确处理生活和工作中的各种关系,具有正直诚实、谦虚谨慎、尊老爱幼等良好品质。

### (三)具有正确的自我意识

能够正确地认识自己,客观地评价自己,自尊、自信、悦纳自我;能够自我监督,自我调节,努力发展身心潜能,能够与环境保持平衡。

### (四)具有良好的情绪调节能力

经常保持愉快、开朗、乐观的心境,能合理地宣泄、排解消极情绪,富有幽默感。

### (五)具有良好的社会适应能力

能够正确观察和了解社会现象,关心社会发展变化,使自己的理想行为跟上社会发展的主流,对新环境具有较强的适应能力。

### (六)具有和谐的人际关系

在人际关系中能够相互沟通理解,尊重和信任多于嫉妒和怀疑,同时也能受到他人的尊重和接纳。

### (七)具有乐观向上的生活态度

对前途和生活充满希望和信心;对学习和工作抱有浓厚的兴趣,并充分发挥自身潜能;勇于面对困难和挫折,并设法克服困难,振作精神。

### (八)具有健康、崇高的审美情趣

有正确的审美理想、审美态度和对美的追求;抵制低级趣味和各种腐朽思想的侵蚀。

## 三、大学生健康人格的培养和塑造

现代社会对大学生的综合素质提出了更高要求,不仅强调专业能力,更看重其创新思维、社会适应力、道德情操及全球视角等的全方位发展。而其中的关键就是要有良好的人格。我们的人格也许不甚完美,但也不需要过度焦虑,人无完人。无数事实说明,成功者并不是没有人格上的缺点,而是因为他们善于灵活运用自己的长处,同时设法克服自己人格中的弱点,从而获得成就和荣誉。

大学阶段是人生的黄金阶段,这个阶段不仅是我们汲取知识的过程,同时也是不断培养和完善人格的过程,如何让我们的"心灵"足够强大,直面人生的风雨?我们可以从以下几个方面做起。

### (一)从小事做起,树立良好习惯

"千里之行,始于足下。"人格优化就是要从身边的小事做起。一个人的一言一行往往是其人格的外化;反过来,一个人日常言行积淀成的习惯就是人格。生活中的一些小事,也同样能体现我们的人格魅力。因此培养健康的人格,需要从小事做起,养成良好的习惯。

### (二)制订合理计划,磨炼自己的意志

许多人所具有的坚韧、正直、开朗、热情等优良的人格其实都是长期锻炼的结果,是一点一滴形成的。合理的计划体现在生活的各个方面,在日常的行为中进行,一个人如果做什么事都有头无尾,不能善始善终,就说明在他性格中缺少坚韧的品质。为了培养自己的韧性,我们可以尝试一些具体的方法,如根据个人目标每天坚持慢跑、练字、背单词等。

### (三)进行有效学习,提升成就感

现实生活中有很多人的人格缺陷源于知识贫乏,丰富的知识则容易使人自信、坚强、理智、热情、谦恭等。可见知识的积累与人格的完善是同步的。学习科学文化知识、增长智慧的过程也是优化人格的过程。大学生人格发展中遇到的问题往往源于他们在学业上没有成就感。因此,提升学业成就感是优化人格的一个途径。

### (四)客观的自我认知,优化人格

自我认识的偏差往往是形成人格障碍的重要原因之一。要保持人格健康不仅要了解自己的优点,也要了解自己的不足,积极悦纳自我,坦然接受自我。既不高估自我,也不自欺欺人,这样才能减少内心的冲突,保持健康的人格。

## 课 程 思 政

**"杂交水稻之父"袁隆平:不朽的功勋,有趣的灵魂**

尽管离别是人类生命必然的归宿,但在2021年初夏,一位老人的离去还是引发了无数人的悲痛、不舍与怀念。2021年5月22日13时7分,"杂交水稻之父"、中国工程院院士袁隆平在长沙逝世,享年91岁。

下午,众多群众自发走上街头送别袁隆平,他们前往医院门口献花,有的还献上袁隆平一生魂牵梦萦的水稻以表达哀思。他们聚集在道路两侧目送灵车缓缓经过,一声声"袁爷爷,一路走好",道不尽离殇。而此刻的网络上,更是无数的缅怀、无数的悼念、无数的致哀……

这是一位什么样的老人,能赢得亿万人景仰?

有人称他为"东方稻神"。

他是水稻杂交育种的开创者。所谓开创，就是勇于挑战当时几乎被认为是"真理"的主流理论，在岩壁上凿开一扇门，从荆棘中踩出一条路来。

他是一生都不曾停下脚步的奋斗者。功成名就后，他最爱去的地方依旧是他的稻田；生命中最后一个"南繁季"依旧不曾缺席，像候鸟一样飞到海南育种基地；耄耋之年，依旧不惧挑战，怀揣"滩涂变良田"的梦想整装启航。

他也是不停挑战生物极限的攀登者。他说，科研攻关和现实中划不划得来是两码事、两个思路，不能用纯经济的思路去考虑问题。科研攻关在经济上也许划不来，但是它的科学价值是不可估量的。

他的科研，面对的是最广泛的人群，要解决的是最基本的吃饱肚子问题，而他的成就，也是最基础、最不可替代的。正是他培育出的高产量杂交水稻，让久困于饥饿的人们端稳了饭碗，告别了痛苦。从1976年到1987年，中国的杂交水稻累计增产1亿吨以上，每年增产的稻谷可以养活6000多万人。不仅如此，他的杂交水稻还走出国门，在菲律宾、马来西亚等30多个国家开花结果，也为世界减少饥饿点亮了希望。在新中国成立70周年之际，习近平总书记亲自向袁隆平颁授"共和国勋章"。

袁隆平是令人景仰的，更是让人乐于亲近的。这源自他独特的人格魅力。他低调朴素，总是穿着半旧的西服、格子衬衫，脸色黝黑，不拘小节；他谦和友善，身边的同事、学生、朋友能说出很多这样的故事；他幽默豁达，时不时地冒出"我也是'90后'"这样的金句，被称为"老顽童""梗王""国民爷爷"……年轻人用自己的方式表达着对这位老人的喜爱。

不朽的功勋，有趣的灵魂——这就是袁隆平院士。作为青年大学生，接过袁爷爷的衣钵，继承和发扬袁隆平院士崇高的科学家精神，带着他留下的宝贵精神财富和人格魅力，不断自我完善，继续奋斗前行！

（资料来源：《农民日报》，2021年5月23日）

## 心理测试

### 房树人测验

房树人测验（简称HTP）是在心理咨询和治疗中常用的心理投射测验，始于美国心理学家John Buck的"画树测验"，于1948年发展为"房树人测验"。它是目前国际上比较标准的一套心理投射测验。通过画图者所画的房子、树和人，可以了解其潜意识的心态、情绪、性格、人际交往状态、家庭关系情况、心理能量等。透过房树人测验，可以投射出个人的心理状态，系统性地把潜意识释放出来，从而认识自己的动机、观感、见解及过往经历等，帮助自己了解事件的本质。

（1）绘画准备：准备铅笔、A4纸、橡皮。

(2)绘画要求：

请用铅笔在一张白纸上任意画一幅包括房子、树、人在内的画；想怎么画就怎么画，但要求认真地画；不要采取写生或临摹的方式，也不要用尺子；在时间方面没有限制，也允许涂改；画完后请你写上自己的性别、年龄。

### 拓展阅读

**书籍分享**

《人格心理学》，作者 Jerry M.Burger，中国轻工业出版社 2014 年版。

该书围绕精神分析流派、新精神分析流派、特质流派、生物学流派、人本主义流派、行为主义和社会学习流派这六大人格理论流派，进行了全面、系统、精辟的介绍与评价，并梳理了支持各流派观点的大量实证研究项目。

该书行文流畅、通俗易懂，穿插了众多著名理论家的生平故事以及新闻报道的有趣议题，强调运用人格理论解决实际生活中的问题，更提供了 13 个经典的人格测验。

通过该书的学习不但能掌握人格心理学的经典理论与前沿研究，更能深入了解自己的人格特征！

# 模块三　全面发展自我

## 项目五　学会科学有效地学习

### 知识导入

大学是人生中最为关键的黄金时期。在这美好而闪亮的岁月里,最有意义的收获不是毕业后的一纸文凭,而是学习与成长。大学绝不是学习终点,而是新的起点,当今社会已经是知识爆炸的社会,一个人要在知识、信息如此丰富的海洋里浪遏飞舟,靠的是他学习、掌握和运用知识的能力。戴布劳格利曾提出治学有三大原则:广见闻,多阅读,勤实验。学习就是在开阔眼界、博览群书和亲身实践的基础上获得知识、技能、态度或价值的过程。学习力对于一个人学习并掌握未知的领域非常重要。如果在大学里你不坚持好好学习,不养成高效的学习习惯,不掌握科学的学习方法,那么你未来适应社会的学习力就会降低,你的知识更新、能力提高就会受限,职业发展也会停滞。

### 学习目标

#### 素质目标

1. 树立终身学习的理念,养成善于学习、勤于思考的习惯,实现学以养德、学以增智、学以致用。
2. 获得适合自身的学习策略,树立终身学习的理念。
3. 基于"为中华之崛起而读书"论学习的意义,引导学生养成正确的学习价值观。

#### 知识目标

1. 认识学习的概念及特点。
2. 熟悉大学生的学习心理障碍。
3. 掌握培养良好学习心理的方法。

## 模块三 全面发展自我

### 技能目标

1. 能够及时调理自己的学习心理。
2. 熟练运用各种方法培养良好的学习心理。

### 思维导图

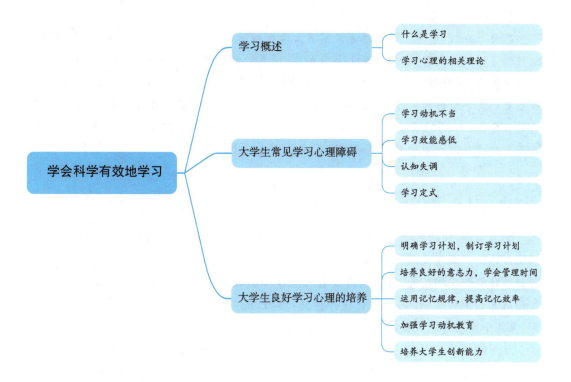

## 任务一　学习概述

### 心理故事

**矛盾的小孙**

小孙是一名林业专业大一的新生，脱离了高中的"苦海"，刚进入大学的他感觉压力瞬间降为零，自制力也骤然下降。第一个学期很多都是公共课，专业课讲授的也是偏理论的内容，如森林环境、林业政策法规等，小孙在听过几节课后，感觉有些无用，于是平时

67

上课要么睡觉,要么玩手机,老师讲的什么内容也几乎一无所知,后来索性逃课,天天睡懒觉,将学习忘在九霄云外,完全没了高中的上进心。期末考试全靠临时抱佛脚,甚至是"裸考",考完试后又忘个精光,最终导致期末几门课都不及格而需要重修。

小孙自觉不能再这样堕落下去,于是想在新学期开学做出改变。第一周,"例行公务"般地开始上课,每节课他都会去。在搞清楚哪个老师不喜欢点名、脾气好后,他就开始选择性逃课、旷课。每当玩得筋疲力尽之后,他的心理又会产生无尽的后悔,觉得自己是在浪费青春,浪费生命。

**思考与分析**:学习上的困惑也是很多大学生所面临的问题,在高中时学习太过紧张,就好似弓弦绷得太紧,以至于在上大学之后,突然的松懈让人无所适从,迷失了自我。进入大学阶段,学习仍然是大学生生活的主旋律。大学生应了解大学学习的特点和要求,规划自己大学阶段的学习;学会学习、掌握学习策略,克服学习障碍,形成适合自己发展的学习方法。大学生养成良好的学习习惯,不仅有利于提高大学生的学习质量和效率,而且有利于帮助大学生成为适应社会需要的专业人才。

## 一、什么是学习

学习一词,我国古代文献中早就有之。"学而时习之,不亦说乎?""学而不思则罔,思而不学则殆。"但在我国古代,学与习两字是分开使用和理解的。一般来说,所谓"学",主要是指获取知识和技能,有时指接受各种感性知识和有关的书本知识。所谓"习",主要是指巩固知识和技能,它一般有三种含义:温习、练习和实习。学习是从阅读、听讲、研究、实践中获得知识或技能。学习是人的活动的基本需要,也是人的生命之根本。

学习的概念有广义与狭义之分。从广义上来讲,它是指人和动物的学习。目前许多心理学家较为认同的观点是把学习定义为"基于经验而导致行为或行为潜能发生相对一致变化的过程"。这个定义说明:①学习是一种基于经验的变化过程。也就是说,学习只有通过体验才能发生,体验包括个体对外界的认知过程和对环境的适应过程,在体验中完成从不知到知、从不会到会的变化过程。②学习是学习者行为或潜能产生某种稳定变化的过程。也就是说,学习可以从你的一些行动中表现出来,或者是让你获得一种改变行为的潜能。

从狭义上来讲,学习就是指人的学习,而大学生的学习就是人类学习的一种,具体是指大学生在大学校园里,在教师的指导下,有目的、有计划、有组织地进行的过程,其目的是在较短时间内系统掌握科学知识和技能,开发智力,培养个性,形成一定的世界观、人生观、价值观和道德品质。心理学认为,学习是个体与环境相互作用、个体获得经验及行为产生持久变化的过程,具体是指人们在社会和生活实践中以语言文字为中介,有目的、有计划地掌握社会和个体经验的过程。

模块三 全面发展自我

## 课程思政

### 中国公学十八年级毕业赠言
#### 胡 适

诸位毕业同学：

你们现在要离开母校了，我没有什么礼物送给你们，只好送你们一句话罢。这一句话是："不要抛弃学问。"

以前的功课也许一大部分是为了这张文凭不得已而做的。从今以后，你们可以依自己的心愿去自由研究了。趁现在年富力强的时候，努力做一种专门学问。少年是一去不复返的，等到精力衰竭时，要做学问也来不及了。即为吃饭计，学问也绝不会辜负人的。吃饭而不求学问，三年五年之后，你们都要被后进少年淘汰的。到那时再想做点学问来补救，恐怕已太晚了。

有人说："出去做事之后，生活问题急需解决，哪有工夫去读书？即使要做学问，既没有图书馆，也没有实验室，哪能做学问？"

我要对你们说：凡是要等到有了图书馆方才读书的，有了图书馆也不肯读书；凡是要等到有了实验室方才做研究的，有了实验室也不肯做研究。你有了决心要研究一个问题，自然会撙衣节食去买书，自然会想出法子来设置仪器。

至于时间，更不成问题。达尔文一生多病，不能多做工，每天只能做一点钟的工作。你们看他的成绩！每天花一点时间看10页有用的书，每年可看3600多页，30年读11万页书。

诸位，11万页书足可以使你成为一个学者了。可是，每天看3种小报也得费你一点钟的工夫；4圈麻将也得费你一点钟的光阴。看小报呢？还是打麻将呢？还是努力做一个学者呢？全靠你们自己的选择！

易卜生说："你的最大责任是把你这块材料铸造成器。"学问便是铸器的工具。抛弃了学问便是毁了你自己。

再会了！你们的母校眼睁睁地要看你们10年之后成什么器。

21世纪是科技创新的时代。大学生作为时代的弄潮儿，更应该领会"学习"的深刻内涵，树立高度的责任感和使命感，在掌握知识的同时更注重实践的重要性，实现读书人自古以来"修身齐家治国平天下"的抱负和理想。大学生要将"学习"逐渐由一种外在行为变为内在意识，进而变为自己的一种潜意识，实现内在知识和外在行为的统一，即真正做到知行合一，从而将国家的发展与个人的发展有机结合，为实现中国梦而努力学习。

## 二、学习心理的相关理论

学习到底是如何形成的？学习中有哪些行为规律？在心理学中，很多学者对这些问题进行了深入的研究和探讨。影响较大的有联结理论、认知理论和人本主义理论等。

### （一）联结理论

学习的联结理论是20世纪初由美国心理学家桑代克首先提出来的，后经行为主义心理学家华生、赫尔、斯金纳等人的进一步发展，形成了较为完整且影响较大的学习理论。这一理论用刺激与反应的联结（即操作条件反射）来解释学习过程，它阐明了学习发生的原因及影响学习的主要因素。

巴甫洛夫是俄国著名生理学家，是最早提出经典性条件反射的人。他在研究消化现象时观察了狗的唾液分泌。在巴甫洛夫的实验中，每次给狗喂食的同时摇铃。狗见到食物自然会分泌唾液，但在铃声与食物配对反复出现后，狗听到铃声时即使不给食物，也会分泌唾液。巴甫洛夫把这种现象称为经典性条件反射。

巴甫洛夫认为，我们的一切培育、学习和训练，一切可能的习惯都是通过一系列的条件反射形成的。考试焦虑就是最常见的一种经典性条件反射的表现。学生如果有考试失败的体验从而害怕考试，在考前就会过分焦虑，就很可能影响其他考试成绩，这样的结果会让学生更加害怕考试，对考试越来越焦虑和恐惧。但是，如果学生在考前进行一些放松训练和模拟考试，让考试与放松体验行为之间形成条件反射，就可以减弱考试时看到试卷和产生焦虑情绪之间建立的条件反射，让自己慢慢适应考试、习惯考试。

### （二）认知理论

学习的认知理论以格式塔顿悟学习理论、托尔曼的符号学习理论、布鲁纳的发现学习理论等为代表。

沃尔夫冈·柯勒是德裔美国心理学家，格式塔心理学派创始人之一，也是认知心理学、实验心理学、灵长类行为研究的先驱。在1913—1920年，柯勒进行了有关顿悟的经典实验。柯勒为研究黑猩猩的学习，设计了六类不同的实验，其中最著名的是"接竿问题"。他将饥饿的黑猩猩关在笼中，笼外远处放置香蕉，并在笼与香蕉之间放置数根长短不同的竹竿，每根竹竿的长度均不能单独用来取到香蕉。黑猩猩必须解决的问题是：如何将两根竹竿接在一起，以取到香蕉？结果发现，黑猩猩面对该情境时，动作并不紊乱，在几次尝试用单根竹竿取香蕉失败后，突然显露出顿悟的样子，于是将两根竹竿接在一起而达到了目的。

柯勒称此种学习现象为顿悟学习。顿悟是指突然察觉到问题的解决方法，是通过学习者重新组织或重新构建有关事物的形式而实现的。格式塔顿悟学习理论强调顿悟在学习中的重要作用。这一理论认为,学习并非不断尝试的渐进过程,而是突然顿悟的结果。这种顿悟不是对个别刺激产生反应,而是对整个情景和对象间整体关系的理解的结果,表现为旧结构(格式塔)的突然解体与新结构的豁然形成。一定的经验积累是产生顿悟的前提。

### (三)人本主义理论

人本主义理论兴起于20世纪50年代的美国,罗杰斯是主要代表人物之一。罗杰斯的人本主义理论可以概括为以下几点:①学习是有意义的心理过程,学习应该包括人的情感,而非仅仅涉及知识;②学习是学习者内在潜能的发挥,是一种自发的、有目的的、有选择的学习过程;③学习的内容应该是对学习者有用的、有价值的经验;④最有用的学习是学会如何进行学习,要掌握学习方法,能够在学习过程中获得知识和经验。

## 任务二　大学生常见学习心理障碍

学习心理障碍是指学生在学习过程中心理活动受阻、心理调节和适应机制不良,从而导致不健康的心理表现和行为倾向。其原因是我们在学习活动中遇到各种挫折,学习目标达不到,需要得不到满足,困难又无法克服,受挫折后引发的反应不同,于是就形成了不同的学习心理障碍。目前大学生在学习上的心理障碍主要有以下几个方面。

### 一、学习动机不当

学习动机是激发个体进行学习活动,并使行为朝向一定学习目标前进的一种内在过程或心理状态。学习动机与学习活动可以互相激发,相互加强。学习动机一旦形成,就会自始至终贯穿于某一学习活动的全过程。因此,学习动机可以加强、促进学习活动,学习活动又可以激发、增强甚至巩固学习动机。

学习动机在大学生学习中所起的作用,比在中学生中的更大,这是因为大学生的学习比较复杂、更高级,同时也更具有自觉性和自立性,突出表现在大学生的学习活动具有较多的探索性和主动性上。

大学生学习动机不当包括学习动机不足和学习动机过强,两者都会影响大学生的学业效能感。影响大学生学习动机的因素很复杂,从学校来说,校园的环境、教学设施、师资水平、专业设置、教育教学方法等都会影响学生的学习动机。就大学生本身而言,自我意识不成熟、自我效能感缺乏、学习方法不当、学习毅力不强,以及对所学专业缺乏兴趣等都是造成学习动机缺乏的主要原因。此外,大学生的情绪、爱好、意志、经历、兴趣、健康状况等个体特征都会对大学生学习动机产生影响。

大学生学习动机不足的表现如下。

(1)学习认识偏差。部分大学生对学习缺乏正确的认识,认为学习不再是个人能力提高的途径,甚至产生不用学习的思想,导致厌倦学习或根本无心学习。

(2)学习目标模糊不清或完全缺乏。很多大学生进入大学后,由于环境的改变,没有清晰的学习目标,沉迷于学习之外的其他活动中。由于没有设定学习目标,也就没有明确的学习计划,因此导致学习动力不足。

(3)学习自我管理能力差。大学的自由性和自主性,让自制能力较差的大学生出现松懈,把时间大量花费在休闲娱乐上,完全沉溺其中。

学习动机太强,意味着学习的内在动机太强,超过正常强度,无法抑制。学习动机过强的主要表现为:成就动机过强,奖励动机过强,学习强度过大,过于刻苦勤奋,对自我要求过严。

大学生学习动机过强,大部分是因为个人对学业期望过高,自尊心强,过分强调成绩和荣誉,渴望得到外部的奖励和肯定。个人内部的期望水平太高,或者外部奖惩的激励太大,都会对大学生的学习造成极大的心理压力,导致学业效能感和自我效能感下降。学习动机太强,学生就会把注意力集中在自己身上,看重外在的奖惩,而不是专注于学习本身,这实际上阻碍了学习。

学习动机在促进和维持学习活动中起着一定的作用,但并不意味着学习动机的强度越大,学习效果越好。动机之所以能促进学习,是因为它能唤起、集中和保持学生的注意力,使他们能够专注于学习。学习动机对学习活动的影响存在一个最优的控制水平。心理学研究表明,中等强度的动机最有利于学习,因此,我们应该对自己的实际水平进行实际的评估,根据学习内容难易程度对学习和成就动机进行适当调节。

学习动机和学习效果之间有着相互制约的关系。一般情况下,动机水平增加,学习效果也会提高。但是,动机水平并不是越高越好,动机水平超过一定限度,学习效果反而更差。美国心理学家耶克斯和多德森认为,中等程度的动机水平最有利于学习效果的提高。同时,他们还发现,最佳的动机水平与任务难度密切相关:任务较容易,最佳动机水平较高;任务难易适中,最佳动机水平适中;任务越困难,最佳动机水平越低。这便是有名的耶克斯-多德森定律。

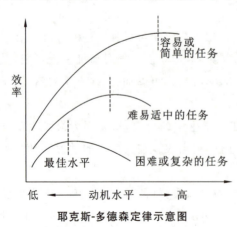

耶克斯-多德森定律示意图

模块三 全面发展自我

> **知识拓展**
>
> **德西效应**
>
> 当大学生对某门学科尚没有形成自发的学习动机时,学校从外界给予奖励刺激,以推动学生的学习活动,这种奖励是必要的和有效的。但是,如果学习活动本身已经使大学生感到很有兴趣,此时再给学生奖励,不仅显得多此一举,还有可能适得其反。一味奖励会使学生把奖励看成学习的目的,导致学习目标转移,从而只专注于当前的名次和奖赏。因此,高校要特别注意正确使用奖励的方法而不滥用奖励,避免"德西效应"。
>
> 德西在1971年做了专门的实验。他让大学生做被试者,在实验室里解有趣的智力难题。实验分三个阶段:第一阶段,所有的被试者都无奖励;第二阶段,将被试者分为两组,实验组的被试者完成一个难题可得到1美元的报酬,而控制组的被试者跟第一阶段相同,无报酬;第三阶段,为休息时间,让被试者在原地自由活动,并把他们是否继续解题作为喜爱这项活动的程度的指标。
>
> 结果发现,实验组(奖励组)被试者在第二阶段确实十分努力,而在第三阶段继续解题的人数很少,表明兴趣与努力的程度在减弱,而控制组(无奖励组)被试者有更多人愿意花更多的休息时间继续解题,表明兴趣与努力的程度在增强。
>
> 这个结果表明,进行一项愉快的活动(即内感报酬),如果提供外部的物质奖励(即外加报酬),反而会减小这项活动对参与者的吸引力。

## 二、学习效能感低

自我效能感是由美国著名心理学家班杜拉提出,指个体对自己在实践某一行为活动后对其效率或效果以及自己所拥有能力的一种主观判断或评价。而学习效能即学习效果或学习效率,是个体在付出学习成本后所达到的效果或者效率。学习效能感是个体对自己学习效率和效果的主观评价。可以说,学习效能感的高低,直接影响或决定个体对学习这一行为的选择和付出,以及对该行为的坚持和努力程度,也影响个体的思维模式和情绪体验。

### (一)学习效能感低下的表现

(1)学习客观效能感低。即大学生学习效果和效率欠佳,即使自己付出再多时间和努力,结果与其他同学仍然存在差距,导致自信心受挫,自我效能感低下。

(2)学习主观效能感低。主观上的效能感不足,完全是一种错误的自我认识,来源于大学生对自己学习能力和效果认识不足,学习期望过高,成就动机过于强烈,从而产生的自我效能感低下。这类大学生并不一定真的是学习效果较差,而是他们对自己的学习产生了一种过度期望,是以往自信的膨胀心理导致了自卑心理。

## (二)大学生学习效能感低下产生的原因

大学生学习效能感低下产生的原因包括以下几个方面。

(1)学习方式方法不正确,导致学习效率低和学习效果差。

(2)对学习成绩过分在意,学习计划性不强。虽然将几乎所有的时间都花在学习上,但是缺乏必要的休息和锻炼时间,导致注意力不集中,使得学习疲劳,效率低下,成绩不佳。这类学生学习付出的时间与学习效果完全不成正比,进而使学习效能感丧失,自我学习评价降低,心情低落。

(3)学习功底相对较弱的大学生自认为学习很努力,但仍然没有取得较好的效果,因而产生非理性的自我评价或自卑心理,无法自我悦纳。

## 三、认知失调

认知失调是指个体在面临矛盾或不一致的认知要素时所产生的心理不适感。认知失调在学习上的表现主要有以下几种。

### (一)自我认同危机

在互联网时代,面对多种价值观念的冲击,大学生在人生观的确立、人生道路的选择上会遇到很多困惑。他们时而认为高学历、高技术是互联网时代的敲门砖,因此必须拿到各种证书点缀自己的简历,时而觉得站在时代的风口才是成功的要诀。由此带来的迷茫与不确定感很容易使他们产生自我认同危机,进而导致认知失调。

### (二)思维方式片面

个体在认识自我时往往容易将自己的某一方面与周围人最突出的一面做比较,导致自我评价偏低,易产生认知失调。

### (三)情绪失调

情绪失调是指由片面的或错误的认知引起的自我否定、焦虑、恐惧、抑郁等不良情绪。通常来说,情绪失调在学习上的表现主要有以下三种。

#### 1. 学习冷漠症

学习冷漠症是指对学习毫无兴趣,缺乏学习动机,注意力不集中的一种情绪状态。患有学习冷漠症的大学生往往处于一种消极的情绪中,他们能意识到这种情绪是不健康的,但难以做出改变。

#### 2. 学习无助感

学习无助感是指个体在经历了一连串无法控制或无法预测结果的负面事件后,感到无力去应对或不知该如何应对类似情况的一种情绪状态。

学习无助感主要表现在那些学习能力较弱、学习基础较差或因学习方法不正确导致学习成绩不理想的学生身上。这些学生往往感到力不从心,认为自己难以提高学习成绩,这种失败感会导致他们内心的消极情绪不断扩散,进而产生自卑心理或厌学心理,还会出现无精打采、嗜睡等现象。

### 知识拓展

**习得性无助**

对于学生而言,"习得性无助"是一种适应不良的状态。如果一个学生一直很努力,却总是无法获得理想的结果,他就会出现"习得性无助",其中既包含对自身能力的否定,也包含对环境控制感的丧失。

20世纪60年代,心理学家塞利格曼在动物实验中发现了此类心理现象。在动物实验中,他把狗关在笼子里,只要蜂音器一响,就对狗进行电击。多次实验后,蜂音器一响,尽管在电击前把笼子门打开,狗也不会逃走,而是直接倒在地上开始呻吟和颤抖。塞利格曼将这种现象称为"习得性无助",是指通过学习形成的一种对现实的无望和无可奈何的行为与心理状态。

综观动物和人类的"习得性无助",其产生的关键在于屡次失败之后所形成的个体对外部世界的虚幻的知觉定式。人类与动物的不同之处在于,很多时候那个无法逃离的"笼子"存在于人类的头脑中。

正如实验中那条绝望的狗一样,如果一个人总是在一项工作上失败,他就会在这项工作上放弃努力,甚至还会对自身产生怀疑,觉得自己"这也不行,那也不行"。

#### 3. 学习焦虑

焦虑是个体不良情绪的一种反应,表现为个体主观心理上的担忧或认为某种不良后果出现而自己无力应对的一种负面情绪体验。焦虑毫无客观根据,程度上也可轻可重,轻者可以通过自身努力调节,而严重者会影响个体的正常学习和生活,还会表现在生理上,如厌食、困倦、乏力、神经衰弱、多汗、恶心、胃肠不适等症状。学习焦虑是指大学生在现实或预期的学习情境中感受到自尊心受到威胁而产生的一种紧张不安与恐惧的情绪状态。学习焦虑症是由学生以学习成绩的好坏作为自身价值评判的唯一标准而导致自信心不足的一种症状,主要体现为对学习过程的焦虑与对学习结果的焦虑。例如,有些学生虽然学习成绩较好,但特别害怕失败,总感到莫名其妙的焦虑,这就是因为其患有学习焦虑症。

大学生常见的学习焦虑的表现如下。

(1)考试焦虑。即大学生在考试前出现的一种紧张不安的情绪,认为考试准备不足,对考试结果过分在意,因而过度担心考试成绩不佳,或者是不适应考试环境和气氛,导致考前忧心忡忡,考试无法正常发挥,严重时可能带来其他心理问题。考试焦虑在大学新生中较为普遍。

焦虑的原因,从生理上来看,主要是由于考前睡眠时间缩短、过度疲劳、运动不足、身体素质差。从心理上来看,一是心理负担太重,学习动机太强。他们期望处于领先地位,害怕失败和落后,导致焦虑。二是考试知识准备不够。平时学习不认真,没有真正掌握知识,遇到考试容易产生焦虑。三是一些大学生的心理素质很差,容易产生考试焦虑。

(2)学习或考试强迫症。表现为如果不把时间用在学习上就会焦虑不安,即使将所有时间用在学习上,也会感觉自己学得不够,感到自己学习成绩不如他人。有特殊的物品或行为才能安心学习或考试,如必须有专门的考试用笔才会心安。还有的学生考完后觉得自己没有写名字、个人信息填错等,导致考后仍然惶恐不安。

导致大学生产生学习或考试强迫症的原因:其一,来自社会的期望让大学生唯恐自己辜负他们,因而学习压力大,容易焦虑。其二,大学生群体的相对优秀性,降低了部分学生的自信。许多大学生在高中时均是佼佼者,他们受老师关注,令同学羡慕,被学校认可,是家人的骄傲,然而进入大学后,身边同学都很优秀,自身优势无法凸显,自信和自尊遭到打击,从而在学习上产生过度的忧虑。

> **知识拓展**
>
> **考试焦虑的调控**
>
> 考试焦虑的调控包括认知调控和行为矫正。
>
> (1)认知调控。首先,坚决杜绝用"完了""我糟糕透了"等这种消极的语言暗示自己;其次,消除大脑中的错误信息,不要被一两次考试失败和一两科考试失误所"吓倒",不要以偏概全,认为自己不行而丧失信心;最后,适当减轻周围环境的压力,针对种种担忧,自己和自己辩论,用理性情绪疗法,纠正认知上的偏差。
>
> (2)行为矫正,进行放松训练。人在放松状态下的情绪,与焦虑是相互抵抗的,比如放松状态出现了,必然会抑制焦虑和紧张状态的出现。放松训练就是通过一定的方法,如呼吸法、暗示法、表象法和音乐法等,使人体的肌肉一步步放松,使大脑逐渐平静,从而调节中枢神经系统的兴奋水平,缓解紧张情绪,增强大脑对全身的控制支配能力。放松训练的原理是肌肉和大脑之间的双向传导,大脑可以支配肌肉放松,而肌肉的放松又可以反馈给大脑。

## 四、学习定式

学习定式也称学习定向,是指一个人进行学习活动时的心理准备状态。态度、思维方式、知识经验等共同构成一个人学习的心理准备状态,使后续的学习活动有一定的倾向性,朝一定的方向进行。学习定式的消极作用在大学生身上表现为学习方法不当、学习效率不高、注意力难以集中等。

产生学习定式的原因主要包括以下三点:第一,学习动机不足,学习目的不明确;第二,缺乏科学的学习指导,不知道学什么、怎么学;第三,自我控制能力差,不知道如何合理地安排学习时间。

**拓展阅读**

### 换个角度看问题

美国得克萨斯州有座很大的女神像,因年久失修,当地州政府决定将它推倒,只保留其他建筑。这座女神像历史悠久,许多人都很喜欢,常来参观、照相。推倒后,广场上留下了几百吨的废料,有碎渣、废钢筋、朽木块、烂水泥……既不能就地焚化,也不能挖坑深埋,只能装运到很远的垃圾场去。200多吨废料,如果一辆车装4吨,就需运50次,还要请装运工、清理工……至少得花25000美元。没有人愿意为了25000美元的劳务费而揽这份苦差事。

斯塔克独具慧眼,竟大胆将差事揽在自己头上。因为在他看来,这些"废物"正是无价之宝。他来到市政有关部门,说愿意承担这份苦差事,而且政府不必费25000美元,只需拿20000美元给他就行了。他可以完全按要求处理好这批垃圾。

合同当时就定下。斯塔克还得到一份书面保证:不管他如何处理这批废料,政府都不干涉。斯塔克请人将大块废料弄成小块,并进行分类处理:把废铜皮改铸成纪念币;把废铅、废铝做成纪念尺;把水泥做成小石碑;把神像帽子做成很好看的小物件,并标明这是神像的著名桂冠的某部分……最后将这些装在一个个十分精美而又便宜的小盒子里,甚至朽木、泥土也都用红绸垫上,装在小巧玲珑、透明的盒子里。

更为绝妙的是他雇了一批军人,将广场上这些废料收集起来,引来许多好奇的人围观。大家都盯着大木牌上写的字:"过几天这里将有一件奇妙的事情发生。"是什么奇妙的事?谁也不知道。有一天晚上,趁着士兵松懈,有一个人悄悄溜进去偷制成的纪念品,却被抓住了。这件事情立即传开,于是报纸、电台、广播纷纷报道,大肆渲染,立即就传遍了全美。斯塔克神秘的举动引起了人们极大的好奇心。

这时,斯塔克开始推出他的计划。他在纪念品的盒子上写了一句伤感的话:"美丽的女神已经去了。我只留下她这一块纪念物。我永远爱她。"斯塔克将这些纪念品一一出售,小的1美元,中等的2.5美元,大的10美元左右。卖得最贵的是神像的嘴唇、桂冠、眼睛、戒指等,150美元一个,都很快被抢购一空。

斯塔克的做法在全美形成了一股极其伤感的"女神像风潮",他从一堆废料中净赚了12.5万美元。

我们往往会遇到这样的情况:只从一个方向考虑问题,路会越走越窄,甚至还会走入死胡同。此时,我们不妨学学斯塔克,换个角度去思考或许会获得意想不到的收获。

## 任务三　大学生良好学习心理的培养

### 心理故事

#### 良好的学习心理

出身贫寒的庆辉进入大学以后,在这个大学生同伴群体中,他周围的许多同学不仅玩得开心,而且学得也比他好。为了在新的群体中确立他的地位,他加倍努力投入学习之中。然而尽管花费了大量的时间,甚至把假期都用上了,但成效都不显著。他也产生了疑问:难道自己真的比别人笨?一段时间下来,庆辉发现优秀与否的评定不只局限于理论知识和考试成绩,原来自己高中时的那套学习方法在大学多元化的评价标准面前已经不再适用。庆辉慢慢明白,在大学里要成为一名优秀的学生,首先要学会学习,要善于积极主动地寻求和利用各种校内教学资源。他开始逐渐学习如何利用学校图书馆查阅自己需要的资料,如何有选择性地聆听各种讲座,如何参加学校或院系举办的学术活动,如何与同学共享信息资源,探讨疑难问题。经过一年的努力,他的成绩开始有了提高。

**思考与分析:** 在这个案例中,我们可以从庆辉的学习过程中看到一些积极向上的品质,比如他认真的学习态度和顽强拼搏的学习精神。这些都是值得肯定的。庆辉最终找到了自己学习问题的根源是学习方法不当。高中时期的学习方法过于单一,机械记忆较多,忽略了理解与解决问题的思维的培养,大学阶段不再适用。不只是案例中的庆辉,我们周围还有很多同学因为不了解学习方法,而不能更轻松、更有效、更富有创新性地学习。在大学学习中找到适合自己的学习策略及方法,将对我们的学习终身有益。

大学里我们首先要提高学习的主动性,树立主动的学习意识,这是我们搞好学习的基础。只有增强学习的主动性,树立主动的学习意识,我们才能在具体的课程中有效地主动学习,并在这一过程中不断提高自己的主动学习能力。

### 一、明确学习目标,制订学习计划

学习目标是人们从事学习活动所要达到的标准和预期结果,它具有导向、启动、激励、调控、制约等心理作用。建立明确的学习目标,是大学生进行学习活动的战略前提,是提高学习积极性、自觉性和效率的关键。在学习活动中,不仅要有学习的需要,而且要有满足这种需要的学习目标。学习目标与学生的需要一起,成为学习动机的重要组成部分。

大学生要建立科学合理的学习目标。能否发挥个人才干的最大区别,就在于是否有明确的目标。1953年,调查人员曾对耶鲁大学的毕业生做过一次研究。当时那些毕业生被询问是否有清楚明确的目标以及实现目标的书面计划时,只有3％的学生有肯定答复。20年后,调查人员重新调查了一下当年接受访问的人,结果那些有实现目标的书面计划的学生,其财务状况远高于其他97％的学生。虽然这项调查只限于财务方面,但是根据调查人员的侧面观察,似乎那些3％的人在幸福及快乐的程度上,也高于其他人。这就是设定目标的力量。

很多情况下,大学生缺乏学习的积极性和主动性,是因为他们不知道学什么、为什么学和怎样学,即没有明确的学习目标。对于没有明确学习目标的大学生,在近期内确立一个切实可行的学习目标是可取的。目标的难度不应该太高或太低,宜通过适当的努力来实现,然后逐步提高目标的难度。这样可以避免因目标太难或失败而产生挫败感,有利于激发学习的动力。

## 拓 展 实 训

有一个人在工地上跟三个砌砖工人谈话。那人问工人:"你在干什么?"第一个工人回答:"我为拿工资而工作。"第二个工人回答:"我在砌砖。"但当他问第三个工人时,他热情洋溢地回答:"我在建一座教堂!"这三个人在做同一种工作,但只有第三个人不同,他看见了那幅"宏图",给他的工作增添了价值和快乐。

这段故事给你的启示是什么?

## 二、培养良好的意志力,学会管理时间

大学里,明确的学习目标是我们搞好学习的前提和必要条件,但要真正实现我们的学习目标,还需要培养良好的意志力,具有一定的自控力。自控力是指自我约束、自我控制,让自己朝着目标不懈努力的一种能力。我们要想顺利达成目标,就应该有意识地培养良好的意志力,提高自己的自控力,加强自我控制,严格进行时间管理。明确了学习目标并制订了具体的学习计划后,该做什么事就做什么事,不要让其他事情影响它,更不能将时间浪费在玩游戏等与目标、计划不相符的事情上。

时间是最公平的,时间不可以重来,不可以储蓄,却可以规划。对时间的规划方式不同造就了不同的人生。时间管理是指通过事先规划和运用一定的技巧、方法与工具实现对时间的灵活及有效运用,从而实现个人或组织的既定目标。

在时间管理策略上要掌握好三个总原则和五大法则。三个总原则是:统筹安排学习时间;高效利用最佳时间;灵活利用零碎时间。五大法则是:设立明确的目标;列一张计划总清单;用80％的时间来做20％最重要的事情;保证"不被干扰"时间;同一类的事情最好一次性做完。也就是说,在学习过程中我们一定要确定好学习任务的轻重。时间的机动性也要掌握好,除了安排好每天必需的上课时间、工作时间、自习时间和休息时间外,还要留有一定的休闲娱乐时间。

## 心理故事

### 优秀的小徐

小徐是一名即将毕业的学生,在校的三年对她来讲可以说是硕果累累,她不仅成绩名列前茅,多次获得"三好学生""优秀团干"称号和国家奖学金、企业奖学金等,还公开发表了两篇论文,参与了导师的一项省级课题。目前她正积极备考专升本考试,当别人问及她在大学学习的感受时,她是这样说的:"我的高考成绩并不是很理想,所以在进入大学后我开始重新审视自己,并给自己定位。当时我一直在考虑自己未来的毕业去向,受到父母的影响,我从小就很希望能够成为一名保护自然生态环境的'卫士',但这需要有过硬的科研能力和专业知识与技能,在学业上最好能不断深造,有机会的话最好能攻读学士、硕士,甚至是博士,所以为什么自己不提前做准备呢?大一的时候有很多社团我都想加入,但考虑到不能与学习时间冲突,再三权衡后,我只加入了两个社团,因为我认为这两个社团可以锻炼自己欠缺的能力。同时我也担任了班委,这样我既可以为班集体服务,又能很好地拉近我与班上同学的关系。为了使这些工作不与学习时间冲突,我每天都有自己的学习计划,并严格地按照计划行事,如果哪天有额外的工作耽误了我的学习,我在第二天也一定会挤出时间把功课补回来的。刚开始的时候我的确很累,但一旦工作上手了,我就能轻松地做到工作、学习两不误,前提是一开始你可能就要付出大量的精力。大二时,专业课非常多,还好我做了充分的准备,因为在大一时我就会经常到图书馆借一些专业书看,还经常与学姐学长聊天,吸取他们的学习经验,特别是老师重点推荐的书籍,我基本上都熟读了好几遍,所以上专业课我并不吃力。同期我加入了一个导师的省级课题,跟着他开始做研究,慢慢入了门道后又试着自己申请课题,如'攀登计划大学生科技创新培育项目'等,没想到申报成功了,后来发表了论文。从大二开始到现在快毕业了,我一直在学生会担任主席,学会了很多做人的道理。回想自己大学三年的学习生涯,我觉得学习本身并不重要,重要的是你如何安排自己的学习时间和学习计划。"

**思考与分析**:小徐之所以如此优秀,是因为她已掌握了大学学习的三个要点。第一,学习动机正确,即知道学习是为了实现自己的目标。第二,学习目标明确,时间安排合理,即不同的学习阶段有不同的学习目标,并能严格按照学习计划办事。第三,学习方法正确,即每次确定了学习目标后,都能提前做准备,并通过借鉴他人的经验来选择适合自己的学习方法。

### 拓展阅读

#### 帕累托原则

意大利经济学家帕累托提出了"帕累托原则",其核心内容是生活中80%的结果几乎源于20%的活动。比如,是那20%的客户给你带来了80%的业绩,可能创造了

80%的利润;世界上80%的财富是被20%的人掌握着。因此,要把注意力放在20%的关键事情上。

根据这一原则,我们应当分清要做的事情的轻重缓急,根据事情的重要性和紧急性将事情分成四个象限并进行如下排序。

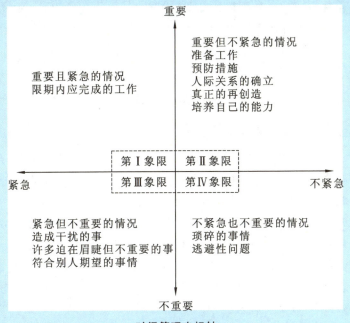

时间管理坐标轴

第一象限:重要且紧急的情况(比如明天就要交的论文等),必须立刻做。

第二象限:重要但不紧急的情况(比如为下学期要考的英语四六级做准备等),这个范围内的活动虽然不紧急,但十分重要,需要制订计划。

第三象限:紧急但不重要的情况(比如有人因为打游戏缺人而紧急约你、有人突然打电话请你吃饭等),只有在优先考虑了重要的事情后,再来考虑这类事。人们常犯的毛病是把"紧急"当成优先原则。其实,许多看似很紧急的事,拖一拖,甚至不办,也无关大局。

第四象限:既不紧急也不重要的情况(比如追偶像剧等),有闲工夫再说。

高效能的人总是能避免陷入第三和第四象限的情况,他们通常花费更多的时间在第二象限上来减少第一象限情况出现的次数。我们应该都能意识到第二象限的事情的重要性,需要认真对待,却少有充足的时间加以落实,原因就在于它不紧迫,所以我们就可能拖延或者没去做。因此,我们要认识到第二象限的重要性,并且积极主动去做,时间长了就会发现问题和危机都开始减少,因为我们做到了防患于未然,采取预防措施防止了危机的发生。

"凡事预则立，不预则废。"很多学生常常分不清任务的轻重缓急，学习缺乏条理，导致效率不高，甚至完不成任务。四象限法则能够帮助学生学会时间管理，在面对众多学习任务时分清主次，有效提高学习效能。当学生学会运用四象限法则去重新整理和安排学习之后，就会发现它的作用不仅仅是提高学习效能，还可以帮助我们收获更加高效、充实、健康和有意义的人生。

## 课程思政

### 学习没有捷径

伟大领袖毛泽东青少年求学时常常把书籍拿到闹市上去读，培养锻炼自己专心学习的意志力；伟大的革命导师列宁坐在理发店排队等候理发时都要阅读一会儿报纸；雷锋在汽车启动前都要读一会儿名人著作，并且坚持每天写日记；温家宝同志讲话时引经据典，妙语连珠，就是因为他在大学读书时把时间和精力都用在涉猎群书、广泛阅读上。托尔斯泰六七岁开始，就养成了写日记的好习惯，把每天有趣的事记下来。九岁的时候，他专门写了一本故事集，里面记满了外祖父打仗时的非凡经历和有趣故事。他还喜欢收集激励自己的名言警句，记了满满一本子，后来收集名言警句也成了他一生的习惯，逐渐发展到把自己关在书屋里，终日与书为伴，专心读书，最终开始自己创作。他的文学作品传到世界各地，感动了一代又一代人。

学习是没有捷径可走的。这正如鲁迅先生所说："伟大的成绩和辛勤的劳动是成正比例的，有一分劳动就有一分收获，日积月累，从少到多，奇迹就可以创造出来。"正所谓"书山有路勤为径，学海无涯苦作舟"，"学如逆水行舟，不进则退"。

## 三、运用记忆规律，提高记忆效率

记忆是人脑对感知过的事物、思考过的问题、体验过的情绪、做过的动作等经验的反映。记忆连接着人心理活动的过去和现在，是人在学习、工作和生活中的基本能力。与记忆相反的是遗忘，遗忘是指人们对识记过的内容不能回忆或错误的再认。记忆力是可以通过方法提高的，大学生需要有意识地通过学习实践摸索出适合自己的记忆方法，提高自己的记忆力。通常可以采用以下方法提高记忆力。

### （一）及时复习

德国心理学家艾宾浩斯对学习中的遗忘进行研究，编制出著名的艾宾浩斯遗忘曲线。他描述了人类遗忘的规律：遗忘在学习之后立刻开始，遗忘的过程是不平衡的，遗忘的进程是先快后慢，随着时间的推移，遗忘的速度减慢，遗忘的数量也逐渐减少。

我们应运用科学的记忆方法提高记忆效率，运用近因效应与首因效应，不断变换记

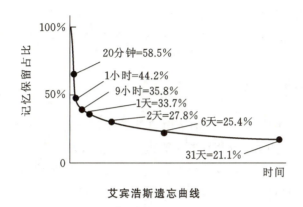

艾宾浩斯遗忘曲线

忆的起始位置;将知识总结归类,找出事物的内部规律,加深理解,加强记忆;运用听、说、读、写等多种方式进行记忆;排除记忆之间的相互干扰,保证记忆效果。

### (二)集中复习和分散复习

复习时间的正确分配对复习效果有很大影响。复习时间的分配一般有两种情况。一种是集中复习,就是集中一段时间一次重复学习许多次,如期末总复习。另一种是分散学习,就是每隔一段时间重复学习一次或几次,如作业和单元复习。对于大多数学生来说,分散复习的效果要优于集中复习。分散复习更有利于保持,尤其是对事实的学习。在考试前一天晚上,死记硬背可能有助于你通过考试,但这些信息并没有融入你的长期记忆中。分散复习可以大大加强所有信息和技能的长期保留,这是教师布置家庭作业的主要目的,让学生复习刚学的技能,加强对这些技能的保持。因此,大学生在学习过程中要注意使用分散复习。

### (三)尝试回忆

尝试回忆就是在学习的过程中自问自答及尝试背诵。当学习一篇材料时,阅读它,提问并自己回答,或者自己背诵。这样做的好处是根据你的答案或背诵来检查你的错误,这样你就可以在之后的学习中有针对性地分配你的学习时间和注意力。因此,通过这种方法学习的内容是令人印象深刻的,记忆是牢固的,学习效率也会有所提高。

### (四)利用系列位置效应

记忆中的系列位置效应是指材料的开始部分和最后部分的记忆效果优于中间部分,即首因效应和近因效应。产生首因效应的原因可能是我们把更多的注意力和心理上的努力放在首先呈现的项目上,记忆深刻。产生近因效应的原因可能是最后一个项目和测试没有其他信息的干扰,记忆效果好。根据首因效应和近因效应,在开始阶段和最后阶段学习的信息比其他阶段学习的信息更容易记住。因此,大学生在学习过程中,要充分考虑首因效应和近因效应,充分利用学习材料的系列位置效应,巧妙地安排材料的位置和序列,把学习的重点和难点放在最有利于记忆的位置和时间上,以保证这些材料的学习效果。教师要善于运用这一点,精心组织课堂内容,把最重要的知识点放在一堂课的开头,并在最后进行总结。

### (五)调动多种感官参与学习

学习的过程通过多种感官掌握学习内容是一种有效的学习策略。眼睛看到识记的内容,嘴巴读出识记的内容,手中的笔快速地书写出来,都比单一的学习感官记忆效果好。多种感官参与记忆的过程,注意力会高度集中,能有效增强记忆,提高学习效率。大学生在学习的过程中使用多种感官参与记忆过程,记忆效果会更好。

### (六)利用情境和心境的相似性提高复述效果

俗话说"触景生情""睹物思人"。在一定的情境下,人们可以回忆起在这种情况下发生的事情,如某人故地重游时,能回想起上次游玩时的情节,这说明情境的相似有助于回忆。因此,学习时的心境与回忆时的心境相似,也能提高学习成绩。当我们兴奋时,我们能回忆起许多愉快的事情;当我们心情不好时,我们能回忆起许多不愉快的事情。因此,在学习过程中,教师可以通过情境创设和情绪诱导的方式帮助学生记忆学习材料。大学生自己也要有意识地创设学习情境和回忆情境的相似性,帮助自己提高记忆效果。

### (七)抑制和促进

学习的内容前后是相互作用的。一些学习的内容前后相互干扰,影响记忆效果,效应是负面的,称为抑制。当先前学习的内容与类似的新内容混合时,先前学习的内容受到干扰,这种现象被称为倒摄抑制;当先前学习到的信息干扰后面学习的内容时,这种现象被称为前摄抑制。另外一些学习的内容前后相互促进,加深记忆效果,效应是正面的,称为促进。前面学习的内容有助于后面学习的内容,这种现象称为前摄促进;后面所学的内容有助于前面内容的学习,这种现象称为倒摄促进。大学生在学习的过程中要注意抑制与促进在记忆中的作用,扬长避短,增加记忆效果。

> **知识拓展**
>
> **迁移效应**
>
> 在学习心理学中,先行学习对后继学习的影响,称为"迁移效应"。它有三种效应方式:先行学习A促进了后继学习B的效应,称为正效应;先行学习A干扰和阻碍了后继学习B的效应,称为负效应;先行学习A对后继学习B无任何影响,称为零效应。

在日常生活和学习中,不注意有关迁移效应产生的条件,就会发生不必要的迁移现象。例如日本司机在美国开车,常遇到问题,甚至出现车祸。这主要是因为在日本是车靠左行驶、人靠右行走的,而美国却有所不同。当然,如果运用好迁移效应就可能产生较好的效果,如在棒球队员中选拔出高尔夫球的集训队员,让会英语的人去突击学习法语、德语、西班牙语等,一般都会取得较为理想的效果。

这一理论给学习的启示是:一是要注意发现概念、原理的相同和相通之处。二是注重学习方法的总结,即在学习过程中注意掌握那些具有规律性的解决问题的方式和方法。三是要广泛地积累各方面的学习经验。四是要注意防止在学习过程中,尤其是在解决问题的过程中产生学习定式。

## (八)过度学习

过度学习就是在已经识记的内容上继续识记,增加记忆的熟练程度。如我们识记单词时,10遍才能形成完整正确的记忆,那么这10遍就是我们的掌握水平。如果我们继续识记这些单词,记忆将得到加强,再认和回忆的准确率更高,这种策略称为过度学习。有人通过实验研究发现,超额学习的次数越多,保持的成绩越好,而且保持的时间也越长。不过,过度学习的时间分配是一个值得考虑的问题,大学生应该根据自己的学习内容、学习时间,有的放矢地安排自己的学习。

### 知识拓展

#### 反馈效应

反馈原来是物理学中的一个概念,是指把放大器的输出电路中的一部分能量送回输入电路中,以增强或减弱输入信号的效应。心理学借用这一概念,以说明学习者对自己学习结果的了解,而这种对结果的了解又起到了强化作用,促进了学习者更加努力学习,从而提高学习效率。这一心理现象被称为"反馈效应"。

下面是一个著名的反馈效应的心理实验。心理学家把一个班的学生分为三组,每天学习后就测验。第一组学习的结果每天都告诉学生,第二组学习的结果只每周告诉学生一次,第三组学习的结果则一次也不告诉。如此进行了8周教学。然后改变做法,第一组与第三组对调,第二组不变,也同样进行了8周教学。结果除第二组的学习成绩稳步前进外,第一组与第三组的情况大为转变:第一组的学习成绩逐步下降,而第三组的学习成绩突然上升。这说明及时知道自己的学习成果对学习有非常重要的促进作用,并且即时反馈比远时反馈效果更好。

> 反馈方式不同对学习的促进作用也不相同。一般来说,学生自己进行的主动反馈要优于教师的反馈。这给我们的启示是:一是在学习过程中,我们一定要及时地进行自我反馈,避免毫无目的的学习和不知道自己学习结果的学习方式。二是重视老师在作业或试卷上所写的评语,认真总结自己学习上存在的优缺点,从而明确自己的努力方向。三是正确对待自己的学习成绩,取得高分时不骄傲,仍坚持继续努力;成绩不理想时不要丧失信心,决心迎头赶上。

## 四、加强学习动机教育

学习动机是学习活动的推动力,又称"学习的动力",是促进学生学习活动的内在原因,也是激发和引导学生学习的强大动力。学习动机在大学生学习过程中具有重要的作用。它一方面唤起了大学生对学习的准备状态,促使一些非智力因素,如注意力、意志力、挫折的耐受力等非智力因素的形成和提高,间接地促进了学习;另一方面,学习动机又可以作为一种学习结果,强化学习行为本身,形成学习动机的良性循环。大学生在学习活动中要培养和激发自身的学习动机。

### (一)提高学习兴趣

孔子说过:"知之者不如好之者"。爱因斯坦也说:"兴趣是最好的老师。"兴趣对丰富知识、开发智力有重要意义。首先,大学生平时要留心观察一切事物,多对自己提出"为什么",经常与同学、老师一起讨论、研究学习中的问题,感受知识的魅力,不断实践、探索,培养学习兴趣。其次,大学生要培养对专业的学习兴趣。学习兴趣是在不断地探究之中培养起来的,如果大学生喜欢自己的专业,学习就会有内在的动力。大学生可以通过听讲座、阅读相关专业书籍、参与专业讨论,了解本专业在当今世界社会发展中的重要作用和发展水平,以及中国目前要达到该专业领域的世界水平需要做哪些努力;还可以参观专业对口的工厂、企业、研究所等,真正认识到专业学习的重要性,增强学习兴趣,激发学习动机。最后,学校要根据学生不同兴趣的特点,安排不同的教学内容,采用不同的教学方法,激发学生的学习兴趣,培养广泛、稳定、持久的学习动机。

### (二)改变不恰当的认知模式,进行正确的归因,体验成功

归因是解释或推测他人或自己学习结果的原因的过程。有相当一部分大学生由于失败和挫折后的错误归因而缺乏学习动机。只有建立正确的成败归因模型,才能激发学习动机,促进学习成绩的提高。很多大学生在学习过程中很容易产生一些不合理的信念,如"我付出了努力,就一定会取得成就""只要我成绩好,其他都无所谓""我学习总学不好,一定是自己太笨"等。如果总把学习的焦点放在结果而不是过程上,那必然会承受

不住失败的打击，从而产生退缩心理。大学生一定要摒弃学习上的一些不合理观念，做正确的归因。比如"我付出了努力，成功的概率就会大一些""我这次没有考好，可能是学习方法有待改进，下次一定要吸取教训"等。大学生要依据正确的认知模式进行合理的归因，才能保障学习的有效进行。

此外，体验学习成功感对于学习动机的激发有重要意义。从学生自身角度看，他们可以在学习过程中创造成功的机会，在自己的进步中体验成功的喜悦，从自己的变化中了解自己的能力。通过观察具有相似能力的人的成功行为，我们也可以激发自信，增强成功感。

> **知识拓展**
>
> **韦纳的归因理论**
>
> 根据美国心理学家伯纳德·韦纳的归因理论，人们行为成败的原因可归纳为六种因素：能力，评估个人对该项任务是否胜任；努力，个人反省、检讨在学习过程中是否尽力而为；学习难度，凭个人经验判定该项学习的困难程度；运气，个人自认为此次各种成败是否与运气有关；身心状况，学习过程中个人的身体及心情状况是否影响工作成效；其他，个人自觉此次成败因素中，除上述五项外，还有哪些其他人与事的影响因素(如别人帮助或评分不公平等)。以上六项因素是一般人对成败归因的解释，韦纳按各因素的性质总结了三个维度。①因素来源：指当事人自认影响其成败的因素的来源，可能是个人条件(内控)，抑或外在环境(外控)。能力、努力及身心状况三项属于内控，其他各项属于外控。②稳定性：指当事人自认影响其成败的因素在性质上是否稳定，是否在类似情境下具有一致性。在该维度上，六因素中能力与学习难度两项是不随情境改变的，是比较稳定的。其他各项均不稳定。③能控制性：指当事人自认影响其成败的因素在性质上是否能由个人意愿决定。在此维度上，六项因素中只有努力项是可以凭个人意愿控制的，其他各项均非个人所能控制的。
>
> 韦纳认为，人们对成功和失败的解释会对其以后的行为产生重大的影响。如果把考试失败归因为缺乏能力，那么以后的考试还会期望失败；如果把考试失败归因为运气不佳，那么以后的考试就不大可能期望失败。这两种不同的归因会对生活产生重大的影响。有成就需要的人会把成就归因于自己的努力，把失败归因于努力不够。不甘于失败，坚信再努力一下，便会取得成功。相信自己有能力应付，只要尽力而为，没有办不成的事。相反，成就需要不高的人认为努力与成就没有多大关系。他们把失败归因于其他因素，特别是归因于能力不足。成功则被看成是外在环境作用的结果，如任务难度不大、正好碰上运气等。

## 五、培养大学生创新能力

创新思维是一种具有开创意义的思维活动,它是以感知、记忆、思考、联想、理解等能力为基础,以综合性、探索性和求新性为主要特征的高级心理活动。创新思维是一种以思维的流畅性、新颖性和独特性为特征的思维风格和思维取向,是整个创新活动的核心,需要人们艰苦付出脑力劳动。

### (一)大学生要努力培养自己的创新意识

国际著名学术团体罗马俱乐部在《回答未来的挑战》中指出,学习有两种类型:一种是维持性学习,它的功能在于获得已有的知识、经验,以提高解决当前已经发生的问题的能力;另一种是创新性学习,它的功能在于通过学习提高一个人发现、吸收新信息和提出新问题的能力,以适应社会日新月异的变化。目前大多数学习都是维持性学习,以获得已有的知识、经验为主,这种单一的学习方式越来越不能满足社会对大学生的要求。因此,当前大学生不仅要有维持性学习,更要在学习过程中培养自己的创新意识,提高解决问题的能力。创新意识是指大学生本身具有探索、求新、求异的需要和动机,它会激励大学生勤于思考,发现并提出问题。所以,开发创新思维潜能的第一步,就在于树立创新意识。只有在强烈的创新意识的引导下,才可能产生强烈的创新动机,树立创新目标,充分发挥创造潜能。因此,大学生在课堂中要具有敏锐的洞察力和丰富的想象力,勇于突破思维定式的束缚,敢于提出问题,并在学习中坚持"不唯上,不唯书,只唯实",课后把学到的知识广泛地迁移到学习新知识的领域中去。

### (二)大学生要多参加社会实践,培养自己的创新人格

当代大学生个性鲜明,渴望成功,强烈希望拥有创新人格,因为这种创新人格能引导他们在现实面前勇于进取、开拓创新,实现自己的理想和追求,但创新人格是需要在社会实践的土壤上才能培养起来的。目前,各高校都在努力创办大学生创新实践活动基地,如大学生孵化中心、大学生创业基地等;一些学校也经常有计划地组织学生参加社会调查、访谈等活动,让学生学习课堂里学不到的知识;甚至有些高校借鉴国外实践的经验,组织大学生参加教研室的科研工作,或在寒暑假成立境外研习团,组织学生直接到国外去体验生活和学习。这些都为大学生创新人格的培养奠定了良好的基础,所以大学生一定要抓住这些实践机会,培养自己的创新意识。

21世纪需要的人才要有创新能力。大学生作为国家的栋梁,不仅要有知识的积累和智力的培养,更要在创新方面有更高的要求。

### (三)合理利用非智力因素

非智力因素是创新能力的基础,又称创造力倾向,指的是人的性格特征。它所包含

的情感和兴趣是创新活动的力量源泉,不仅能使主体管理自己的行为,而且能使主体增强或削弱自己的生理与心理能量,当行则行,当止则止,使其始终指向预定的目标。

研究表明,非智力因素与创新能力成正相关,要提高创新能力,不仅要提高智力水平,还要提高非智力水平。在非智力因素中,意志力非常重要。

### 拓展阅读

#### 在创新创业中成长的"00后"大学生

李晨是重庆电子科技职业大学的大二学生。20岁的他,一边学习深造,一边创新创业。

一个偶然的机会中,长期关注环保产业的李晨了解到目前国内锂电池废水处理常用的MVR(机械热泵浓缩技术)在控制流程中存在诸多问题。他决定结合自己所学的自动化智能控制技术专业知识在锂电池废水处理这个领域进行创新创业。

在家人和学校的支持下,李晨组建了创业团队,专门攻克MVR技术关键问题。在技术攻关中,李晨和他的团队不但将所学专业知识与技能应用到项目开发中,还在与学校老师、行业顶尖专家的交流咨询中不断拓宽视野、提高能力,最终研发出了锂电池废水处理MVR工艺智能控制系统。其产品质优价廉,受到市场欢迎,近一年时间,签订的销售合同金额就超过了900万元,并直接带动就业30余人,间接带动就业约150人。

在李晨和他的创业团队成员眼中,这次创业和科技创新是他们成长的"催化剂"。他们希望在未来的追梦之路上,继续保持创业的初心,不骄不躁,用环保的理念、智能的科技、精益求精的工匠精神保护绿水青山。

### 心理测试

#### 学习动机测试

你的学习动机如何?请对下面题目做出"是"或"否"的回答。

| 题目 | 是 | 否 |
| --- | --- | --- |
| 1. 如果别人不督促我,我就极少主动地学习。 | | |
| 2. 当我读书时,需要很长的时间才能提起精神来。 | | |
| 3. 我一读书就觉得疲劳与厌烦,只想睡觉。 | | |
| 4. 除了老师指定的作业外,我不想多看书。 | | |

续表

| 题目 | 是 | 否 |
|---|---|---|
| 5. 如果有不懂的地方,我根本不想弄懂它。 | | |
| 6. 我常想自己不用花太多的时间而成绩会超过别人。 | | |
| 7. 我迫切希望自己在短时间内就大幅度提高自己的学习成绩。 | | |
| 8. 我常为短时间内成绩没能提高而烦恼不已。 | | |
| 9. 为及时完成某项作业,我宁愿废寝忘食,通宵达旦。 | | |
| 10. 为了学好功课,我放弃了许多感兴趣的活动,如体育锻炼、看电影与郊游等。 | | |
| 11. 我觉得读书没有意思,想去找个工作做。 | | |
| 12. 我常认为课本上的基础知识没啥好学的。 | | |
| 13. 只在我喜欢的科目上下功夫,而对不喜欢的科目放任自流。 | | |
| 14. 我花在课外读物上的时间比花在教科书上的时间要多得多。 | | |
| 15. 我把自己的时间平均分配在各科上。 | | |
| 16. 我给自己定下的学习目标,多数因做不到而不得不放弃。 | | |
| 17. 我几乎毫不费力就能实现自己的学习目标。 | | |
| 18. 我总是同时为实现几个学习目标忙得焦头烂额。 | | |
| 19. 为了完成每天的学习任务,我已经感到力不从心了。 | | |
| 20. 为了实现一个大目标,我不再给自己制定循序渐进的小目标。 | | |

评分规则:选"是"记1分,选"否"记0分,将各题得分相加,你的总分是(　　)。

14～20分:说明学习动机上有严重问题和困扰,须调整。

6～13分:说明学习动机上有一定问题和困扰,可调整。

0～5分:说明学习动机上有少许问题,必要时可调整。

**注意**:该测试的目的是增加同学们的学习兴趣,开阔知识面。如有疑问或者想了解更多测评,请咨询专业老师。

## 拓展实训(一)

### 时间管理

目的:

1. 认识压力和时间管理的关系。
2. 学会时间管理技巧,提高效率,提升应对压力的能力。

时间:大约50分钟。

操作过程:准备铅笔、橡皮、A4纸。

**一、热身活动:撕纸条**

主持人把事先准备好的1厘米宽、100厘米长的纸条发给每位同学。

告诉大家,每个人手中的纸条代表时间,假如这个时间是一天,那就是24小时。每个人想一想:自己的一天是怎样度过的,睡觉用了多少时间;吃饭、看电视、玩游戏、踢足球、聊天发呆等又分别用了多少时间,把它们一一撕去,看看还剩多少时间是用来学习的,大家比一比谁留给学习的时间最多。

**二、主题活动**

1. 分享提高时间管理效率的具体措施,看看哪一种方式适合自己。

(1) 日历、日程软件、个人数码助理。

(2) 待做事情的清单。

(3) 将任务按照优先程度排序。

(4) 从同学那里得到提醒。

(5) 张贴通知或确认书。

(6) 向自己发通知或确认书。

(7) 在你的语音信箱里留言。

(8) 腾出足够的空间放文件。

(9) 将常用的东西放在附近。

(10) 将重要的东西放在特别的地方。

(11) 每天都留出做计划的时间。

(12) 随时携带录音设备。

(13) 做好每天、每周、每月、每年的计划。

(14) 将困难的任务分解成一个个小任务。

(15) 安排锻炼或放松的时间。

2. 发给每个人一张印有圆形图案的白纸,请大家想一想,假如这个圆表示一周的时间,你怎样进行管理,如何合理分配。请各位画出"时间管理饼图",画完后进行交流。

**三、交流分享**

1. 在生活中什么妨碍了你更好地进行时间管理?

2. 通过更好的时间管理,每天可帮你节省多少时间?

3. 在时间管理方面你有哪些好的建议和做法?

## 拓展实训（二）

### 科学的注意力训练——"舒尔特表"训练法

注意力训练的方法有很多种，"舒尔特表"训练法是国际上比较流行且最简单、最有效果的视觉定向搜索训练法。在一张有25个小方格的表中，将1—25的数字顺序打乱并填写在里面，然后以最快的速度从1数到25，要边读边指出来，同时计时。研究表明：7~8岁儿童按顺序找出每张图表上数字的时间是30~50秒，平均40~42秒；正常成年人是25~30秒，有些人可能会缩短到十几秒。可以自己多制作几张这样的训练表，每天训练一遍，相信你的注意力水平会逐步提高。

| 21 | 12 | 7  | 1  | 20 |
| -- | -- | -- | -- | -- |
| 6  | 15 | 17 | 3  | 18 |
| 19 | 4  | 8  | 25 | 13 |
| 24 | 2  | 22 | 10 | 5  |
| 9  | 14 | 11 | 23 | 16 |

## 拓展实训（三）

### 头脑风暴——"某样物品的用途"

头脑风暴法又称智力激励法(brainstorming)，1938年由美国奥斯本所创，即以创造性想法为手段，集体思考，使大家发挥出最大想象力。头脑风暴法从20世纪50年代开始流行，常用在决策的早期阶段，以解决组织中的新问题或重大问题。头脑风暴法一般只产生方案，而不进行决策。

操作过程：

1.随意选择一样物品，请参与者说出该物品有何用途，如一本书可以用来做什么。

2.在此过程中，要注意以下原则：

(1) 禁止批评他人的意见或想法。

(2) 尽量使每一个人的思想"自由奔放"。

(3) 所产生的意见愈多愈好，愈新奇愈佳(第一阶段先求量，不求质)。

(4) 集体的构想比个人的构想更能产生更多更好的想法。

(5) 利用别人的灵感刺激自己的灵感，或将多数人的想法结合成更完整的想法。

(6) 不要太早下定论。

(7) 讨论力求集中焦点,针对某一问题加以讨论。

(8) 破除阶级尊卑的观点,使大家无拘无束地一起讨论问题。

(9) 不要让小团体私自交谈,有意见要向大家提出来。

(10) 将个人的意见全部记录下来。

(11) 不要以个人意见冒充大家的意见,不要提出有碍新见解发表的言论。

(12) 大家提出的创意,到第二阶段讨论时才予以整理、评价、使用。

应用头脑风暴法的原则,可概括为四点:不批评(禁止判断);自由奔放,愈新奇愈好;多多益善;欢迎搭便车。

### 拓展阅读

**书籍分享**

《学习高手》,作者李柘远,北京联合出版社2020年版。

这是一本方法丰富、实用的工具书,分享了作者作为"因学习而受益的幸运儿"的成长经历。该书以课程的形式展现,能让读者更好地理解、学习和总结。在每一课中,作者首先就某个学习场景进行痛点与问题的剖析,接着逐一详述对应的学习方法,每个方法都搭配生动的案例。这些都是作者在不同求学阶段的亲身经历,不仅是对方法讲解的具象补充,还可为在学习中迷失方向的人提供帮助。

## 项目六 建立优良的人际关系

### 知识导入

人是社会性动物,任何人都必须和别人打交道。随着现代社会的发展,人与人之间的联系越来越密切,人际关系在人们生活中的地位愈加重要。人际交往就是人与人的交流和往来、人与人之间的相互作用,大学是人际关系走向社会化的一个重要转折时期。踏入大学,会遇到各方面的人际关系:师生之间、同学之间、舍友之间、恋人之间,以及个人与班级之间的关系,等等。面对如此众多的人际关系,有的同学因为处理不当,整日郁郁寡欢,心情沮丧;有的同学因为人际关系紧张、精神压力很大;而更多的同学则由于不知如何处理复杂的人际关系,而经常被苦闷、烦恼的情绪所困扰。不良的人际关系已越来越成为其心理障碍和心理疾病最重要的起因,不仅直接影响大学生在校期间的学习、生活和心理健康,而且对大学生的成长产生了很大的负面作用。可见,如何处理好人际关系,对于大学生的生活和未来事业的发展是至关重要的。

## 学习目标

### 素质目标
1. 培养社会主义核心价值观。
2. 具有和谐的人际关系,在人际交往中注意道德规范,树立君子意识,出言有尺、待人有度。
3. 养成学生的合作共赢意识和责任意识,培育宽容豁达的阳光心态。

### 知识目标
1. 认识人际交往和人际关系的相关概念。
2. 了解人际吸引定律,掌握人际交往中的心理效应。
3. 了解大学生人际交往存在的问题,掌握提升人际交往的方法。

### 技能目标
1. 能够运用人际吸引规律来提高自己的人际关系。
2. 能够融会贯通地利用心理效应以提升人际关系。
3. 熟练掌握人际交往的技巧,提升人际交往能力。

## 思维导图

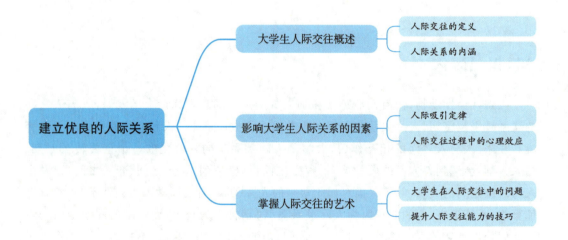

模块三 全面发展自我

## 任务一　大学生人际交往概述

### 心理故事

大一下学期刚开学,学校心理咨询师收到一封学生的邮件。

老师您好:

我是大一新生,来到大学半年了,心里一直被一个问题所困扰,我觉得我受到了宿舍同学的排挤,跟她们的关系不太亲密,她们好像也不太愿意跟我做朋友。我想跟辅导员申请换宿舍,辅导员又不同意,只是与我和室友分别谈了话,调解了一下,可是问题还是没有解决。我是一个有目标的人,也很自律,希望在大学学有所成,找到一份好工作。但我的舍友都很贪玩,经常在宿舍上网、看剧、追偶像、聊八卦,除了上课时间,就没见她们看过书,就算是要考试了,也多数是临时抱佛脚。对于自己的人生和未来,她们也没有什么想法和规划。所以,我们没有什么共同话题,作息时间也很不一样,我回到宿舍经常因为学习了一天很累,便早早洗漱后上床休息,但她们总是玩得很晚才回宿舍。回到宿舍也还不消停,毫无顾忌地聊天、打游戏、听音乐,就算看到我在睡觉也还是很大声喧哗,完全不顾及我的感受。第二天早上我早早起来去图书馆自习,她们又说我吵着她们睡觉。她们说我是怪人,一点也不合群,由于作息不一致导致了很多分歧,甚至发生过争吵。慢慢地,我就跟她们疏远了,我经常都是一个人去食堂吃饭,一个人去图书馆,一个人去教室上课,上课了也不坐一起,周末也是一个人看书,一个人溜达。在宿舍里,我们表面上看着没什么,但从不交心。

我很迷茫,不知道自己这样做对不对,是不是应该坚持自己的做法。我也很想交朋友,但这样的相处又不是自己想要的。心里很纠结,如果要融入她们,我的学业会受到影响,可能无法实现自己的理想,但如果坚持做自己,就会一直形单影只,感觉交朋友好难,心里很难受。老师,我该怎么办呢?

**思考与分析**:每个大学生都需要良好的人际关系,都希望自己生活在和谐的人际关系氛围中。良好的人际关系有利于锻炼大学生的沟通能力和交际水平,有利于大学生的身心健康和人格的形成,良好的人际关系是大学生踏入社会前的无形财富。因此在大学期间,如何提高个人魅力,如何营造良好的人际关系,是每个大学生值得思考的问题。

这是一例典型的大学新生人际关系问题。宿舍同学之间出现矛盾是很正常的,但是逃避解决不了任何问题,只能积极面对,推心置腹地交流、沟通,多学习一些人际交往的技巧,学会换位思考,学会心理调适,在包容、体谅和沟通中尝试去解决问题。

## 一、人际交往的定义

古希腊哲学家亚里士多德曾经说过,一个生活在社会之外的人,同人不发生关系的人,不是动物就是神。人际交往是社会生产的前提。著名的人际关系专家卡耐基也说,一个人的成功,只有15%归结于他的专业知识,而85%归结于人际关系和他的做事方式。进入大学之后,大学生们面临着新的生活环境、新的学习方式、新的交往对象,适应环境、处理好各种人际关系便成为他们新的生活内容。良好的人际关系不仅是大学生心理正常发展,个性保持健康,具有安全感、归属感、幸福感的必然要求,也是其提高社会适应能力的重要指标。

人际交往的过程就是建立人际关系的过程,是指个体运用语言或非语言符号传递信息、交流思想、交换意见、表达需要和沟通情感的心理互动过程,它是一种由表及里、由浅入深的渐进发展过程。

人与人在人际交往过程中所产生的心理因素包括认知、情感、动机、态度和行为等方面。

(1) 认知是人际交往的基础。这里的认知既包括对他人的认知,也包括对自己的认知。俗话说,"人贵有自知之明",首先要对自己有一个正确的自我评价,包括性格、兴趣、脾气等。自我评价过高,容易恃才傲物,孤芳自赏,人们避而远之;自我评价过低,容易轻视自己,交往过程中缺乏自信和主动性,导致人际交往上出现失败。只有对自己有着客观的认知,才能更好地了解他人,这是拥有良好人际关系的起点。

(2) 情感是人际关系的重要调节因素,是人对客观事物是否满足自己的需要而产生的态度体验。人们在交往过程中,总会伴随着情感体验,比如喜欢和讨厌、高兴与悲伤等,情感的好坏决定着交往双方的交往行为。

(3) 动机是人们产生交往行为的内在动力。个体在成长过程中,会主动用人际交往去认识世界,获得友情、爱情,满足自己精神和物质上的各种需求,希望被人接受、理解。因此交往动机是很迫切的,也是个体心理正常发展的必要条件。

(4) 态度具有一定的指向性。人们在人际互动中总是有意或无意地表达着某种态度,如歧视、偏爱,这种态度直接影响着人际关系的建立、形成和发展。

(5) 行为是人与人交往的结果和表现,如语言、手势、举止和表情等。

### 课程思政

**苏东坡与佛印的故事**

苏东坡是个大才子,佛印是个高僧,两人经常一起参禅、打坐。

一天,两人在一起打坐。苏东坡想起平日里和佛印较量时多是自己丢脸面,心里很不服气,他一心想找机会戏弄佛印。突然他灵光一现,计上心来。他召唤旁边正在参禅的佛印说:"你看看我像什么?"佛印睁开眼睛看着苏东坡,没有回答,却反问苏东坡:"你看我像什么?"苏东坡上下瞧了一下佛印,对他说:"禅师,我看你这样坐着就像牛粪。"佛印听到苏东坡的回答,丝毫没有发怒和责怪的意思,微微一笑对苏东坡说:"我看你就像一尊佛。"苏东坡很纳闷,但是他很高兴,因为自己终于赢了这和尚一回。

回到家里,苏轼就在苏小妹面前炫耀这件事。

苏小妹却不以为然地说:"哥哥,我看今天输的还是你。佛印因为心中有佛,所以才看你像佛;你说佛印像牛粪,想想你心里有什么吧!"苏东坡听了苏小妹的解释恍然大悟,沉思良久。

在某种意义上,一个人心中有什么,他看到的就是什么。其实,我们每个人看别人的行为,都是以自己的有色眼镜去看的。若我们戴上黄色的眼镜,那么我们看这个世界的人、事、物都是黄色的;若我们戴上黑色的眼镜,那么我们看这个世界的人、事、物全都是黑色的。所以关键就在于我们自己的心,是刻薄还是平和,对他人不尊重只会自取其辱。此外,在人际交往中,希望获得别人的尊重,首先应该尊重他人;希望获得他人的关心和爱护,我们也要对别人施以关心和爱护。

## 二、人际关系的内涵

人际关系是指人与人在交往过程中所形成的一种心理关系,表现为人与人之间的亲近、疏远、敌对和友好等心理距离,反映着人们寻求爱与归属等需要满足的心理状态。人际关系具有一定的心理特点。

首先,人际关系是以个体的需要为基础。每个人都有需要建立人际关系的动机,人际关系反映着人们在交往过程中需要能否被满足的心理状态。人际关系的友好、敌对或亲疏主要取决于人们的心理需要是否得到满足,若交往双方的需要得到了一定的满足,就会产生亲近、好感、喜欢等情绪反应,反之,则会产生憎恨、厌恶等负性情绪反应。因此,心理需要的满足是建立良好人际关系的心理基础。

其次,人际关系是以情感为纽带。人际关系总是带有情感色彩的,人们在相处中呈现出的疏远、冷漠、喜欢或厌恶等情绪都是人际关系好与坏的基本评价指标。人际交往所具有的情绪性,使得人与人之间的心理距离成为可直接观察的心理关系。

再次,人际关系反映着社会关系的一个侧面。人存在于复杂的社会关系之中。人的社会关系可分为两类:一类是人与人之间的心理关系,即人际关系;另一类则是社会的生产关系,以及由此建立的政治、经济与文化关系。其中,人际关系的实质是情感上的关系,如师生关系;社会的生产关系的实质则是社会角色间的关系,是不以人的意志为转移的客观关系,如学生会主席与干事之间以身份地位为基础而形成的关系。

最后,自我暴露是衡量人际关系深度的标志。所谓自我暴露,就是我们常说的"敞开心扉",即在人际互动过程中将自己的相关信息、思想和情感暴露给对方。良好的人际关系是在交往双方的自我暴露逐渐增加的过程中建立起来的。随着我们对一个人的接纳程度与信任感的增强,自我暴露也会越来越多,同时也要求别人越来越多地暴露他们自己。

> **知识拓展**
>
> **人际关系三维理论**
>
> 　　人际关系三维理论,舒茨于1958年提出人际需要的三维理论。舒茨认为,每一个个体在人际互动过程中,都有三种基本的需要,即包容需要、支配需要和情感需要。这三种基本的需要决定了个体在人际交往中所采用的行为,以及如何描述、解释和预测他人行为。三种基本需要的形成与个体的早期成长经历密切相关。
>
> 　　(1) 包容需要。包容需要指个体想要与人接触、交往、隶属于某个群体,与他人建立并维持一种满意的相互关系的需要。在个体的成长过程中,若是社会交往的经历过少,父母与孩子之间缺乏正常的交往,个体与同龄伙伴也缺乏适量的交往,那么,个体的包容需要就没有得到满足,他们就会与他人形成否定的相互关系,产生焦虑,于是就倾向于形成低社会行为,在行为表现上倾向于内部言语,倾向于摆脱相互作用而与人保持距离,拒绝参加群体活动。如果个体在早期的成长经历中社会交往过多,包容需要得到了过分的满足,他们又会形成超社会行为,在人际交往中,会过分地寻求与人接触、寻求他人的注意,过分地热衷于参加群体活动。如果个体在早期能够与父母或他人进行有效的、适当的交往,他们就不会产生焦虑,而是能够形成理想的社会行为。这样的个体会依照具体的情境来决定自己的行为,决定自己是否应该参加群体活动,形成适当的社会行为。
>
> 　　(2) 支配需要。支配需要指个体控制别人或被别人控制的需要,是个体在权力关系上与他人建立或维持满意人际关系的需要。个体在早期生活经历中,若是成长于既有要求又有自由的环境里,就会形成既乐于顺从又可以支配的行为倾向,他们能够顺利解决人际关系中与控制有关的问题,能够根据实际情况适当地确定自己的地位和权力范围。而如果个体早期生活在高度控制或控制不充分的环境里,他们就倾向于形成专制型的或是服从型的行为方式。专制型行为方式的个体,表现为倾向于控制别人,但绝对反对别人控制自己,他们喜欢拥有最高统治地位,喜欢为别人做出决定。服从型行为方式的个体,表现为过分顺从、依赖别人,完全拒绝支配别人,不愿意对任何事情或他人负责任,在与他人进行交往时,这种人甘愿当配角。
>
> 　　(3) 情感需要。情感需要指个体爱别人或被别人爱的需要,是个体在人际交往中建立并维持与他人亲密的情感联系的需要。当个体在早期经历中没有获得爱的

满足时,个体就会倾向于形成低个人行为,他们表面上对人友好,但在个人的情感世界深处,却与他人保持距离,总是避免亲密的人际关系。若个体在早期经历中,被过于溺爱,他们就会形成超个人行为,表现为强烈地寻求爱,并总是在任何方面都试图与他人建立和保持情感联系,过分希望自己与别人有亲密的关系。而在早期生活中经历了适当的关心和爱的个体,则能形成理想的个人行为,他们总能适当地对待自己和他人,能适量地表现自己的情感和接受别人的情感,又不会产生爱的缺失感,他们相信自己会讨人喜爱,而且能够依据具体情况与别人保持一定的距离,也可以与他人建立亲密的关系。

舒茨的人际关系三维理论在解释群体形成与群体分解中提出了群体整合原则。群体形成的过程一开始是包容,而后是控制,最后是情感,这种循环不断发生。群体分解则先是感情不和,继而难于包容,最后失控,导致群体分解。

基于以上内容,舒茨把人际关系取向分为6种形式,即主动包容式、被动包容式、主动支配式、被动支配式、主动情感式、被动情感式。

(1) 主动包容式。主动包容式人际关系取向的主要特征是交往一方主动与他人交往,并积极参与社会活动。例如,刘备为了请诸葛亮出山而三顾茅庐。

(2) 被动包容式。被动包容式人际关系取向的主要特征是交往一方期待他人接纳自己,而自己往往表现为退缩。持这种人际关系取向的人常陷入矛盾的怪圈中,一方面希望别人接纳自己;另一方面由于害怕不被别人接纳,而在人际交往活动中表现出退缩、不合群等特点。

(3) 主动支配式。主动支配式人际关系取向的主要特征是交往一方常常运用权力控制他人。例如,教师指导学生和家长教育子女时所建立的人际关系。

(4) 被动支配式。被动支配式人际关系取向的主要特征是交往一方期待他人引导,愿意追随他人。持这种人际关系取向的人大多表现出追随他人与受人支配的倾向,甚至表现出抗拒权威与忽视纪律的倾向。例如,部分青少年学生就倾向于追随他们的"头儿"而失去主见。

(5) 主动情感式。主动情感式人际关系取向的主要特征是交往一方表现出对他人的喜爱、友善、同情、亲密。例如,亲子之间在表达彼此关心、彼此尊重的过程中所形成的人际关系。

(6) 被动情感式。被动情感式人际关系取向的主要特征是交往一方对另一方显得冷淡,负面情绪较重,但内心期待另一方对自己亲密。例如,父母管教子女太严时,子女常常会产生这样的情感。一方面,由于严厉的管教,子女极力回避与父母沟通;另一方面,子女又渴望得到父母的肯定和理解。

## 任务二　影响大学生人际关系的因素

### 一、人际吸引定律

人际关系的重要基础是人际吸引。一个人如果毫无吸引力,就不能吸引别人的注意;如果两个人之间不能彼此吸引,也就无法建立亲密的人际关系。所谓人际吸引,是指人与人之间彼此注意、欣赏、倾慕,产生心理上的好感,进而彼此接近,以建立感情关系的心路历程。人与人之间关系的密切程度是不同的,人际关系的建立受各种人际吸引因素的影响,主要有以下几种。

**1. 相似性吸引律**

在人们的交往过程中,如果双方或几方在年龄、性别、职业、社会背景,尤其是在认识态度上具有某种一致性或相似性时,就容易相互吸引,成为"知己"。在相似性吸引中最大的吸引力是态度、价值观上的一致,如志趣相投、人格相似、学术观点一致的人,易相互结成良好的关系。

**2. 互补吸引律**

当双方的个性或需要及满足需要的途径正好形成互补关系时,就会产生强烈的互补吸引力。互补包括能力特长、人格特征、需要利益、思想观点四个方面。例如,性格外向、直率、脾气暴躁、愿意指挥他人的人与性格内向、耐心、脾气随和、习惯听从他人安排的人相互配合时,由于能互补其短,互扬其长,相得益彰,就越容易相互吸引,团结合作。

**3. 对等吸引律**

人们都有这样一种心理倾向,即喜欢那些同样喜欢自己的人。这是因为,人都愿意被人肯定、接纳和认可。一个人要被别人喜欢,首先要在感情上、思想上乃至行动上真正喜欢别人。对于不同的人来说,由他人的喜欢激发的反应并不完全相同。自尊心、自信心、独立性强的人,他人的喜欢和排斥对他的自我评价影响不大,即所谓"宠辱不惊"。自尊心弱,特别是受过挫折的人,对他人的喜欢或厌恶反应强烈而敏感。他们无法从自己那里获得尊重的满足,便非常需要他人尊重。同时,他们也会因为这种心理的满足或不满足而十分强烈地喜欢或厌恶对方。

**4. 个性吸引律**

个性特征与能力表现不凡的人容易与人交往。虽然人们十分重视外表形象,但其他个人素质,诸如个性特征、能力等往往比外表魅力更重要。人际交往中,诚恳、坦率、幽默、可信赖、明智、善良等都是人们欣赏的个性特征,人们也比较喜欢诚实、有才干、有见识和有能力的人。特别是在其他条件都相等时,一个人越有能力,人们就越喜爱他。但是,生活中人们都有一种倾向,即人们不太喜欢那些能力超群、竞争力太强的人。虽然我们喜欢周围都是很有能力的人,但是,某人能力非凡就会使我们感到不安,因为这种人看上去是不可接近的、远离我们的"超人",似乎会对我们造成威胁。

### 5. 时空接近吸引律

空间距离是影响人际关系的一个重要因素。俗话说,"远亲不如近邻",在其他因素稳定的情况下,空间距离越近,人与人之间就越容易形成亲密关系。美国社会心理学家费斯廷格等人曾做过一项研究,测试对象为住在同一幢宿舍楼的学生,他们彼此事先都不认识。研究发现,在学生住进这幢宿舍楼的几个月后,互相住在隔壁的学生,相互间成为好友的比例最大;其次是同一楼层的学生;比例最小的是处于不同楼层的学生。研究结果表明,个体交往的频次与空间距离呈负相关,也就是说,双方的空间距离越小,交往的频率就越高,而随着交往频次的增加,彼此间成为朋友的可能性则会越高。

时间因素对个体人际关系亦有影响。时间上的接近,如年龄相仿、同年入学、同年毕业等,也容易导致交往双方在情感上的相互接近和吸引。

## 二、人际交往过程中的心理效应

### (一) 首因效应

首因效应,也叫首次效应或第一印象效应。社会心理学中,首因效应是最初获得的信息比后来获得的信息影响更大的现象,第一印象作用最大,持续的时间也长。心理学研究发现,与一个人初次会面,45秒内就能对其产生第一印象。心理学家认为,第一印象主要是性别、年龄、衣着、姿势、面部表情等外部特征。一般情况下,一个人的体态、姿势、谈吐、衣着打扮等都在一定程度上反映出这个人的内在素养和其他个性特征。

正是因为首因效应是一种直观的感觉,所以形成的第一印象往往不太可靠。如果只因第一印象不佳就不屑与人交往,就会陷入人际交往的误区。但首因效应是一种客观存在的心理现象,是不可避免的,它对人的印象的形成通常起着决定性的作用,并且在很大程度上决定了交往是否继续,并会对以后的交往质量和交往结果产生影响。若初次见面给对方一个良好印象,这种印象往往会持续很长时间,会为以后的交往打下良好的基础;如果给对方一个不太好的第一印象,则往往需要经过长时间的努力才能挽回。第一印象很重要,它不仅为首次交往定下基调,甚至在双方交往很长时间后仍会起作用。

我们要重视人际交往中的首因效应,在交友、招聘、求职等社交活动中注意仪表,衣着整洁、得体,同时应注意自己的言谈举止,提高自己的交谈技巧,掌握恰当的社交礼仪。尽量给别人留下良好的第一印象,为日后的交流打下好的基础。

> **拓展阅读**
>
> **机智赢得一份工作**
>
> 　　有这样一个故事：一个新闻系的毕业生正急于寻找工作。一天，他到某报社对总编说："你们需要一个编辑吗？"
>
> 　　"不需要！"
>
> 　　"那么记者呢？"
>
> 　　"不需要！"
>
> 　　"那么排版工人、校对呢？"
>
> 　　"不，我们现在什么空缺也没有了。"
>
> 　　"那么，你们一定需要这个东西。"说着他从公文包中拿出一块精致的小牌子，上面写着"满额，暂不雇用"。总编看了看牌子，微笑着点了点头，说："如果你愿意，可以到我们的广告部工作。"这个大学生通过自己制作的牌子展示了自己的机智和乐观，给总编留下了美好的第一印象，从而为自己赢得了一份工作。

## （二）近因效应

　　近因效应是指在人际沟通过程中，最近给对方留下的印象，这往往也是最深刻的印象，心理学上把这种最近留下的印象叫作后摄作用。首因效应与近因效应不是对立的，而是一个问题的两个方面。

　　一般来说，在比较长期的交往中，相对于最初的印象，最近的印象更占优势，这是一种心理惯性。人们往往受这种心理惯性的影响，会以最近的印象对对方做出评价。从总的印象形成上来说，相较首因效应，最近获得的信息会比之前获得的信息影响更大。根据心理学的研究，首因效应在人与人的交往初期，也就是还比较生疏的阶段，所产生的影响比较重要。到了后期，彼此之间已经熟悉了，此时近因效应就会发挥比较大的影响。

　　近因效应提示我们，在人际交往过程中，要认真对待每一次交往，重视好的结尾，否则再好的第一印象也会"功亏一篑"。我们还可以利用近因效应来改变、提升自己的形象。例如，在分离的时候，主动向曾有过分歧或矛盾的对方表示歉意，并给予美好的祝福。这都有利于人际关系的缓和和进一步加深。

## （三）光环效应

　　光环效应是指人们在印象形成过程中产生偏见的一种心理现象，即判断者常从好或坏的局部印象出发，扩散性地得出全部好或全部坏的整体印象。就像晕轮一样，从一个中心点逐渐向外扩散成越来越大的圆圈，所以光环效应又被称为晕轮效应。在交往的过程中，人们往往会把对方的某个优点泛化到其他有关的方面，根据不全面的信息形成完整的印象，即根据少量的信息对别人做出全面的评论。

光环效应

光环效应实际上是个人主观推断泛化的结果，往往在日常生活中悄悄地影响着我们对别人的认知和评价。光环效应是一种以偏概全的主观心理臆测，其缺点在于以下几点。

（1）容易抓住事物的个别特征，习惯以个别推及一般，就像盲人摸象一样，以点代面。

（2）把并无内在联系的一些个性或外貌特征联系在一起，断定有这种特征必然会有另一种特征。

（3）说好就全部肯定，说坏就全部否定，这是一种受主观偏见支配的绝对化倾向。

在人际交往中我们可以利用光环效应，给对方留下好的印象，这有利于人际关系的建立和发展。然而在有些情况下，光环效应会使人产生"以偏概全"的错误观点，导致不正确的评价。所谓"当局者迷，旁观者清"，我们要学会倾听和接受他人的意见，尽量避免感情用事、以貌取人，学会理性地和人交往。

### （四）投射效应

投射效应往往也被称为自我投射效应，指个体将自己的特点（如情感、意志特征）投射到其他人身上的倾向，以己度人，自己有这样的特点，就认为他人也具有与自己相似的特性，结果对他人的意向、情感做出了错误的评价和判断，从而造成人际交往障碍。

投射效应有三种表现：一是相同投射，指在不知不觉中从自己出发做判断，如"有一种冷，叫妈妈觉得你冷"；二是愿望投射，指把自己的主观愿望强加给对方，如家长觉得学钢琴好，会认为孩子也很想学钢琴；三是情感投射，如"情人眼里出西施"，对自己喜欢的人，越看越觉得对方优点多。在投射效应的影响下，我们习惯性地用自己的标准去衡量别人，例如对别人有成见的人，总以为别人对自己怀有敌意，"以小人之心度君子之腹"就是典型的投射效应。

投射效应有时虽有利于人们相互理解，但在人际交往中，更多的是人们会因为主观猜测而造成许多误会和矛盾。所以在交往中要顾及他人的感受,学会辩证地、理性地分析问题,将看待自己和看待他人区别开来,尽量避免以自己的标准去评判他人。

### (五)刻板效应

刻板效应又称刻板印象、定性效应,是指对某人或某一类人产生的一种比较固定的、类化的看法,是在还没有进行实质性的交往时,就对某一类人产生了一种不易改变的、笼统而简单的评价。

有些人习惯于机械地将交往对象归于某一类人,不管他是否表现出该类人的特征,都认为他是该类人的代表,而总是将对该类人的评价强加于他,从而影响正确认知。刻板效应在人际交往中既有积极作用,又有消极作用。积极作用在于它简化了我们的认知过程,因为当我们知道某类人的特征时,常根据该人所属的人群特征来推测他的典型特征。但刻板效应更多地带来的是消极作用。它常使人以点代面,容易产生判断上的偏差和认识上的错觉,像"无商不奸"等。所以在与人交往过程中不应以对方的性格、地位等为出发点,不要戴着有色眼镜去看人。

## 任务三 掌握人际交往的艺术

### 心理故事

#### 人际交往

中午1点20分,实习生小王在工位上边吃东西边用手机听音乐。正在午休的小陈被吵醒,对小王说:"大家都在午休,一会儿还要上班,能不能把声音关小点。"小王却不予理睬,继续用手机放音乐。小陈又说:"你能不能自觉点?吵到我都睡不着了!"这时小王回了一句:"那为什么别人都能睡着,就你事多。"小陈气得站起来说:"你怎么这么说话!自己做得不对还理直气壮,歪理一大堆。"小王回了句:"我想怎么样就怎么样,你管不着!"两人为此吵得不可开交,差点就打了起来。后经其他同事劝阻,虽未酿成大祸,但两人关系从此变得非常冷淡,经常发生口角,团队工作上也因此多次出现失误。

**思考与分析**:小王显然过于以自我为中心,只在乎自己的想法,只关心自己的兴趣和需要,而忽视别人的处境和利益,没有站在别人的立场为他人着想,导致职场人际关系的紧张,产生了很多的误解和矛盾。这也是我们许多大学生易犯的错误。这个案例给我们提出了一个普遍性的话题,职场工作需要合作,也会有竞争。长时间的相处、交往中难免会产生一些误会和矛盾,如何才能处理好职场的人际关系?在大学校园里,人际关系良好的学生能够与同学在生活上相互照顾,学习上相互帮助,生活中相互支持,情感上相互交流,社会实践活动中相互支持。在职场中,良好的人际关系可以提升工作效率,提升团队凝聚力,增加个人和集体的荣誉感及归属感。一个人如果不善交际,又不愿做出改变,缩在自己的舒适圈里,在自己与社会、他人之间筑起一道心理屏障,个人的发展,甚至自己的人生都会因此受到影响。因此,大学生要努力把握人际交往的特点、人际交往的基本原则,不断提高自己的人际交往能力,促使自己健康成长,更快更好地适应未来的职场需要。

## 一、大学生在人际交往中的问题

大学生十分常见的一类心理问题就是人际交往问题,这也是影响大学生心理健康的主要因素之一。有专家学者对北京、山东等地一千多名大学生进行孤独心理及其影响因素调查,结果显示:有41%的同学对"你认为自己是个孤独的人"这个描述表示认同;对于"你当前存在的主要的心理问题是什么"这个问题,被选择得最多的答案是人际关系苦恼,其次是学习上的焦虑,最后是情绪情感问题及其他问题;大学生最渴望的是"友谊"和"成功"。由此可见,大学生在人际交往方面是有很强的需求的,他们渴望建立亲密关系,渴望有成功的人际关系,渴望能被爱与被尊重,渴望被接受、被理解。

### (一)缺乏主动性

进入大学校园,大学生的学习环境和生活环境有了很大变化,对友情、爱情的需要日益强烈,几乎所有的大学生都认同人际关系非常重要。如埃里克森在心理社会发展理论中表述的,大学生正处于成人前期,这个阶段是处于获得亲密感、避免孤独感的阶段,如果不能与他人分享快乐与痛苦,不能进行思想情感的交流、相互关心与帮助,就会陷入孤独寂寞之中。大学生渴望与周围人建立良好的关系。但是,这种对人际交往的迫切需求,并没有化为相应的行动,缺乏社交的主动性成了制约他们人际关系的重要因素,他们常常观望、等待,总是希望别人主动与自己交往。尤其是大一新生,迫切需要人际交往但又总是被动等待这一点在他们身上表现得最为突出。刚进校园的新生,面临的首要问题就是适应环境,而其中人际关系适应最重要,他们迫切需要结交几位好友以获得进入新环境后生活、学习及心理上的支持力量。但进行交往时,他们总是免不了有一种心理上的防卫,相互之间缺乏信任感,同时又担心付出与收获不成正比,最后变成无效社交。他们一方面渴望了解别人,另一方面封闭自己,把自己隐藏得很深,不愿吐露自己的心声,最终使彼此的交往只能停留在浅层。

### (二)缺少知心朋友

许多大学生总是感慨:"我最好的朋友是我中学同学,在大学再也找不到像中学时期那样的知己了!"一方面渴望真诚、深厚的友谊,另一方面又觉得缺少能对其掏心掏肺的朋友,这是多数大学生人际交往的特点。造成这种状况的原因是多方面的,除了防卫心理和自我封闭之外,常见的还有严重的自我中心、自卑、虚伪、自负等,这些都是不容忽视的因素。其中,自我中心是大学生普遍存在的问题,他们中的许多人我行我素,缺乏谦让,把自身利益放在所有人之前,不懂得换位思考,不懂得体谅、宽容他人,又要求别人尊重他、理解他,处处顺从他,希望别人待他好,自己又不愿意为建立彼此和谐的关系付出相应的努力。另外,自负是人际交往之大忌。自负的人喜欢抬高自己,贬低别人,认为自己说得都对,看别人总是能挑出非常多的毛病,不屑与其为友。而当看到别人比自己强时,又会嫉恨别人,甚至诬陷、诽谤别人,把别人贬得一钱不值,以此获得病态的心理满足。

### (三)交往范围小

家庭—宿舍—课室"三点一线",大学生的交往对象主要是其身边的同龄人,如同学、舍友、老乡等。相对简单的交往对象,对于提高大学生的人际交往能力来说,有着很大的局限性。虽说大学是个微型社会,但大学校园与真正的社会还是有较大差异,大部分学生主观上乐于交流,但交往能力不足,不懂得交流技巧,在交谈时容易忽略对象、场合、语气、措辞等重要细节,谈话时经常造成尴尬局面。无法借助自身的言语、表情和动作准确地表达出自己的认识和想法,由此造成交往双方的误解。适应校园环境并不意味着适应社会,许多在校园里人际关系不错的大学生到了社会上可能会不知所措。因此,缺少必要的社会经验是大学生人际交往的最大弊端。

### (四)异性交往困扰

上大学之前,无论是出于升学的考虑,还是出于安全的需要,家长和教师都或多或少地限制甚至阻拦学生与异性的接触,这种需求一直被压抑。步入大学校门后,与异性交往成了许多大学生的强烈愿望。一方面,由于此前与异性接触太少,导致不知道应该如何与异性建立关系;另一方面,由于之前过度压抑,可能会导致操之过急的状态出现,甚至是盲目交往,使男女大学生之间许多本该怒放的友谊之花过早地凋零乃至被践踏。

### (五)社交恐惧

对于多数大学生来说,他们都能做到与周围人正常交往,建立和谐的人际关系并能融入群体之中。但也有少数大学生由于成长经历、性格、自身能力等原因,形成了一定程度的社交恐惧。他们在人际交往中可能会感到胆怯、害羞、紧张、心慌、恐惧、焦虑,甚至担心人际交往的结局不能如自己所愿,害怕失败,索性逃避社交而不与人交往。

### (六)交往目的复杂化

文化上的差异对当前大学生的价值观影响极大,一些大学生在交往对象的选择上存在功利心理。比如,一些大学生抱着"唯利是图、大利多交、小利少交、无利不交"的交往目的,排斥弱势群体,轻视家庭困难、性格内向、来自偏远地区的同学,致使这些群体产生自卑心理;还有一些大学生在交往过程中把个人利益看得很重,最好荣誉、成绩都属于自己,别人都不如自己,导致同学之间的不和谐。这种功利性的人际关系并不是靠真情实感维系的,不仅使人际交往失去了最初的意义,反而会造成大学生情感上的冷漠,彼此之间缺乏关心、理解和尊重,缺乏安全感,在感情上缺乏归属感,在性格上也会形成敏感多疑的个性,使他们的身心健康发展受阻。

模块三 全面发展自我

**知识拓展**

### 健康的人际交往模式

我们都希望用一定的方式证明自我价值的存在,适度的自我价值感也是良好人际关系的基础。自我价值感来源于对自己作为一个独特的个体存在的固有价值的认识。任何一个个体都是无法完全被取代的,都有其独特性,有其独特的创造性潜能。伴随这种价值感的是对他人的独特性价值的理解以及对他人的尊重。是否具有这种适度的自我价值感直接影响到人际交往的模式。美国著名心理学家爱利克·伯奈依据个体对自己和他人所采取的基本生活态度,提出了四种人际交往模式:①我不好—你好,我不行—你行(自卑、恐慌);②我不好—你也不好,我不行—你也不行(不喜欢自己,也不喜欢别人);③我好—你不好,我行—你不行(骄傲自大,自以为是);④我好—你也好,我行—你也行(理性、理解、宽容、接纳)。第四种交往模式是一种成熟的、健康的心理模式,具有这种心态的人能充分体会到自己的能力,相信自己也相信他人,爱自己也爱他人。这种人不是十全十美的人,却能客观地悦纳自己和他人,正视现实,并努力去改变自己能改变的事物,善于发现自己、别人和外部世界的光明面,从而使自己保持一种积极的、乐观的、进取的、和谐的精神状态。

## 二、提升人际交往能力的技巧

生活中,人们的绝大部分时间都花在直接或间接的人际交往上。如果一个人被别人抛弃或被拒绝于团体之外,可能会产生孤独感,精神会压抑,严重的还会产生无助、绝望的情绪,甚至走上自杀的道路。可见,人际关系对大学生身心正常发展和生活幸福感体验,具有不可替代的作用。因此,如何改善大学生不良人际关系,不仅是高校大学生心理健康工作的重要内容,也是大学生自我完善、自我成长、追求高品质大学生活的重要举措。

### (一)语言艺术

语言是一门艺术,同样的意思,用不同的语言表达,可能效果千差万别。所谓"良言一句三冬暖,恶语伤人六月寒",意思就是如果我们语言运用得好,就可以让对方很愉快,如果不注意语言表达的方式,就可能伤害别人,影响人际关系的建立。那么如何才能运用好语言这门艺术呢?

(1)注意礼貌。在与别人交往的时候首先要注意礼貌,特别是初次见面,一定要用尊称,这样不仅显得自己有涵养,也形成了良好的交往氛围。有了一定交往之后,即使关系比较亲密了,最好也用比较得体的称呼,更不要因为关系好而给别人起带有侮辱性的外号。别人虽然嘴上可能不说,但心理上已经疏远你了。

（2）语言准确。与人交流的过程中要简洁明了地表达自己的意思，少用方言，以免让人误解。如果对方正在说话，不要轻易打断、纠正、补充对方的谈话，以示礼貌。有时可以适当地展现出一些幽默感，这样可以增加自己的人格魅力。

（3）表达方式。在与人交流的过程中要非常注意自己的表达方式，有的话是有歧义的，如"他才来，许多人还不认识"就很难让人理解。在交往中，最容易影响交往关系的就是拒绝。直接的拒绝确实很难让人接受，影响人际关系，但是如果我们以一种比较温和的表达方式去拒绝，对人际关系的影响就很小，比如：

也许你说的有道理，不过我想尝试一下自己的想法。

我觉得这样挺好，请你别为我担心。

你觉得那样对我真的公平吗？如果我们互换角色，你会怎么做呢？

我的想法好像跟你不一样，你可以先听听吗？

你这样说，不觉得有一点武断吗？

你这样做，叫我说什么好呢？

实在抱歉，我无法说服我自己。

抱歉，现在不行，以后再说好吗？

对不起，我需要用这本书，请尽快还给我吧。

不好意思，我知道你有点失望，可是我真的做不到。

（4）学会赞美。心理学研究发现，人们总是倾向于喜欢那些在心理上能给自己带来快乐的人。我们要得到他人的认同，首先必须学会鼓励和赞赏他人。

著名的心理学家赫洛克曾做过一个实验，他设置了4组接受不同的诱因的被试者。一是激励组，组员每次完成工作都会获得鼓励和赞扬；二是受训组，组员每次工作后都会因其工作中的问题而受到严厉批评和训斥；三是被忽视组，组员不会收到任何评价，只是安静地坐在一旁听其他两组被试者受表扬或批评；四是控制组，组员同样不会收到任何评价，而且与前三组保持一定距离，不会产生交流。最后实验结果表明，激励组与受训组的成绩明显比忽视组高，而且激励组的成绩不断上升，控制组的成绩最差。这说明了如果能够对工作的结果给予及时评价，可以强化工作动机，并对工作成效起到促进作用。恰当的表扬比批评的效果好，批评又比不给任何评价好，这就是著名的"赫洛克效应"。

生活中很多人喜欢对人对事横加批评与指责，很少有人会去主动赞美别人，却不知指责与批评不仅不会给自己带来任何好处，还会伤害他人。美国著名心理学家威廉·詹姆斯指出，人性深处最大的欲望，莫过于受到外界的认可与赞美。赞美意味着被认同、被接纳、被欣赏，能让人看到自己的价值。相反，一个人做什么、说什么，身边的人都熟视无睹，没有人能肯定他、赞美他，那么，这个人会失去信心。俗话说："赠人玫瑰，手有余香。"如果我们能够对人多一份善意，多一份欣赏，包容别人的缺点，发现别人的优点，适当、真诚、恰如其分地说出对他人的赞美，就会慢慢发现，喜欢你的人越来越多，朋友也会越来越多。

## 拓展阅读

### 书籍分享

《非暴力沟通》,马歇尔·卢森堡著,阮胤华译,华夏出版社2009年版。

作为一个遵纪守法的好人,也许我们从来没有想过和"暴力"扯上关系。不过如果稍微留意一下现实生活中的谈话方式,并且用心体会各种谈话方式给我们的不同感受,我们一定会发现,有时他人言语上的指责、嘲讽、否定、说教,以及任意打断、拒不回应、随意出口的评价和结论,给我们所带来的情感和精神上的创伤,甚至比肉体的伤害更令人痛苦。这些无心或有意的语言暴力让人与人之间变得冷漠、隔阂、敌视……

非暴力沟通是一种旨在促进人与人之间和谐相处的沟通方式,它由著名的马歇尔·卢森堡博士提出。这种方式强调在谈话和聆听时,应诚实清晰地表达自己的观点、感受和愿望,同时尊重并倾听他人。非暴力沟通的核心在于帮助我们转变沟通模式,从无意识的反应转变为有意识的、基于尊重和理解的交流。这种方法不仅教会人们如何使个人生活更加和谐美好,同时又能解决众多世界范围内的冲突和争端。

非暴力沟通的实践包括四个关键要素。

观察:表达所看到的事实,避免对情况进行评判。

感受:用具体的语言描述自己的感受,让对方清楚理解你的情感体验。

需要:探索并明确自己的需求和期待,理解自己行为的动机。

请求:明确向对方提出具体的请求,描述你希望他们如何行动,而不是避免做什么。

通过这些步骤,非暴力沟通帮助我们在沟通中建立尊重、关注和爱,从而减少冲突和误解,增进人际关系的和谐。它不仅适用于个人关系的建立,也适用于工作场所和其他社交场合,是一种提高沟通质量、增强人际关系的重要工具。

### (二)非语言艺术

我们除了用语言传递信息外,肢体语言也包含着丰富的交往信息,对人际交往的影响也很大。

(1)表情动作。一个人的面部表情、眼神、手势、姿态、社交距离等都会传递人们内心的态度和情感。比如在人际交往中,我们会看到对方露出各种不同的表情,如笑、皱眉、发怒,根据这些表情我们会判断是应该继续还是结束这场谈话。

(2)学会倾听。人际关系学者认为,倾听是维持人际关系的有效法宝。倾听不是被动的接收,而是有反馈的引导和鼓励。

在交谈的过程中,要认真听对方说话,体会对方的意思,把对方表达的含义用你自己的语言复述一下,常常是有效的鼓励技巧之一。

可以用"嗯""是这样啊""还有呢""接下来呢"之类的话表达你的确是在用心听。

通过言语和表情告诉对方你能理解对方的描述和感受,并且对他所说的内容很感兴趣,可以使对方受到鼓舞。

一个善于倾听的人很容易被人接受,也更容易受欢迎,这是因为倾诉者在倾听者的眼里看到了尊重,他们愿意把更多的事情拿出来与倾听者分享。

### (三)注意细节

在交往中,还要注意一些细节。

(1) 真诚的微笑。
(2) 初次交往就记住对方的名字。
(3) 多给别人鼓励和表扬,尽量避免批评、指责和抱怨,不要逼别人认错。
(4) 跟别人说话的时候尽量看着对方的眼睛,不管你是在说还是在听。
(5) 很多人在一起,当你与其中某个人交谈时,请不要无视其他人的存在。
(6) 以谦卑的姿态面对身边的每一个人。
(7) 尽可能用"建议"取代"命令"。
(8) 不要轻易做出承诺,承诺的事情就一定要尽可能做到。

> **拓展阅读**
>
> **怎样才能变成一个自己愉悦,也能带给别人快乐的人**
>
> 一个少年去拜访一位年长的智者。少年问:"怎样才能变成一个自己愉悦,也能带给别人快乐的人?"
>
> 智者送给少年四句话:第一句话,把自己当成别人。在你感到痛苦、忧伤的时候,把自己当成别人,心态就会变得平和一些。第二句话,把别人当自己。真正同情别人的不幸,理解别人的需要,而且在别人需要帮助的时候给予恰当的帮助。第三句话,把别人当成别人。充分尊重每个人的独立性,在任何情况下都不能侵犯他人的核心领地。第四句话,把自己当成自己。因为你爱别人,所以你要爱自己。
>
> 少年问:"这四句话之间有许多自相矛盾之处,我怎样才能把它们统一起来?"智者说:"很简单,用一生的时间去体会。"
>
> 少年沉默了很久,然后叩首告别。后来,少年变成了中年人,又变成了老人。在他离开这个世界很久以后,人们还时时提到他的名字,都说他是一位智者。
>
> 把自己当成别人,能让我们心态平和;把别人当成自己,能让我们学会怜悯;把别人当成别人,能让我们懂得尊重;把自己当成自己,能让我们懂得自爱。这样的人生,将是美好的人生。

## 心理测试

**大学生人际关系测试**

这是一份人际关系测试表,共 28 个问题,请你在每个问题上,选"是"的打"√",选"非"的打"×"。请你认真完成,然后根据评分标准计算总分。测验结果的解释与建议仅供参考。

(1) 关于自己的烦恼有口难言。

(2) 和生人见面感觉不自然。

(3) 过分羡慕和妒忌别人。

(4) 与异性交往太少。

(5) 对连续不断的会谈感到困窘。

(6) 在社交场合感到紧张。

(7) 时常伤害别人。

(8) 与异性来往感觉不自然。

(9) 与一大群朋友在一起常感到孤寂或失落。

(10) 极易受窘。

(11) 与别人不能和睦相处。

(12) 不知道与异性相处如何适可而止。

(13) 当不熟悉的人对自己倾诉他的生平遭遇以求同情时,自己常感到不自在。

(14) 担心别人对自己有什么坏印象。

(15) 总是尽力使别人赏识自己。

(16) 暗自思慕异性。

(17) 时常避免表达自己的感受。

(18) 对自己的仪表(容貌)缺乏信心。

(19) 讨厌某人或被某人所讨厌。

(20) 瞧不起异性。

(21) 不能专注于倾听。

(22) 自己的烦恼无人可诉。

(23) 受别人排斥。

(24) 被异性瞧不起。

(25) 不能广泛地听取各种意见、看法。

(26) 自己常因受伤害而暗自伤心。

(27) 常被别人谈论、愚弄。

(28) 与异性交往时不知如何更好地相处。

1. 评分标准:打"√"的给 1 分,打"×"的给 0 分。

2. 测验结果的解释与建议:

如果你得到的总分是 0~8 分,那么说明你在与朋友相处上的困扰较少。你善于交谈,性格比较开朗,主动关心别人,你对周围的朋友都比较好,愿意和他们在一起,他们也都喜欢你,你们相处得不错。而且,你能够从与朋友的相处中得到许多乐趣。你的生活是比较充实而且丰富多彩的,你与异性朋友也相处得很好。一句话,你不存在或较少存在交友方面的困扰,你善于与朋友相处,人缘很好,能获得许多人的好感与赞同。

如果你得到的总分是 9~14 分,那么,你与朋友相处存在一定程度的困扰。你的人缘很一般,换句话说,你和朋友的关系并不牢固,时好时坏,经常处在一种起伏波动的状态之中。

如果你得到的总分是 15~20 分,表明你与朋友相处存在较严重的困扰。分数超过 20 分,表明你的人际关系紧张,而且你出现了较为明显的心理障碍。可能你不善交谈,也可能你是一个性格孤僻、不开朗的人,或者你有明显的自负、讨人嫌的行为。

大学生在人际关系上存在的一些心理健康问题主要表现为自我中心、多疑、害羞、孤僻、自卑、嫉妒、社交恐惧症等。一些研究表明,人际关系不和谐的大学生,其个人的成才及其未来的成就会因此受到严重的影响。及时诊断并采取必要的措施进行治疗,是消除大学生人际关系方面心理障碍的较好方法。

## 拓展实训

### 一、戴高帽子(优点大轰炸)

1. 目的:学会发现并欣赏别人的优点,促进彼此相互肯定与接纳。

2. 操作及要求(40 分钟):

(1) 5~8 人一组围成一个圈。请一位成员坐或站在团体中心,戴上纸糊的高帽子。其他人轮流说出他(她)的优点及欣赏之处(如性格、相貌等)。

(2) 被称赞的成员说明哪些优点是自己以前就知道的,哪些是以前不知道的。

(3) 每个成员到团体中心戴一次高帽。

(4) 规则是必须说优点,态度要真诚,努力去发现他人的长处,不能毫无根据地吹捧。

(5) 参加者要注意体验被人称赞时的感受,思考怎样用心去发现他人的长处,怎样做一个乐于欣赏他人的人。

(6) 小组交流,并派代表在团体内进行总结。

## 二、我说你画

1. 目的:

(1) 让学生学会全局思维、清晰表述、准确回应。

(2) 让学生学会多角度找原因,主动承担责任。

(3) 体验有效的信息沟通要素,包括准确表达、用心聆听、思考、质疑、澄清等。

2. 时间:45分钟。

3. 物品准备:两张样图,每人一张16开的白纸和一支笔。

4. 操作:

(1) 第一轮请一名自愿者上台担任"传达者",其余人员都作为"倾听者"。"传达者"看样图一两分钟,背对全体"倾听者",下达画图指令。

(2) "倾听者"根据"传达者"的指令画出样图上的图形,"倾听者"不许提问。

(3) 根据"倾听者"的图,"传达者"和"倾听者"谈自己的感受。

(4) 第二轮再请一名自愿者上台,看着另一张样图,面对"倾听者"传达画图指令,允许"倾听者"不断提问,看看这一轮的结果如何。

(5) 请"传达者"和"倾听者"谈自己的感受,并比较两轮过程与结果的差异。

5. 注意事项:

(1) 第一轮与第二轮两张样图构成的基本图形一致,但位置关系有所区别。

(2) 两轮中的"传达者"可以为同一人,也可以为不同人。

(3) 邀请"倾听者"谈感受时要选择有代表性的,如画得较准确的和画得特别离谱的,这样便于分析造成不同结果的多种因素,从而找到改进的方法。

## 三、交往形象训练

1. 目的:

通过训练提高自己对人际交往的认识,从不同的方面去揭示人生的由来,看到人性的本质特征,从而认识人际交往的复杂性,并不断提高人际交往的能力。

2. 具体操作:

(1) 每人准备若干张白纸,相熟的人分成4~5人的小组。

(2) 每人先用一些时间思考自己人际交往的心理特点,写在第一张纸上。如:善解人意等。

(3) 请思考同学眼中的你,他们会选用人际交往的哪些词来形容你?写在第二张纸上。

(4) 再思考师长眼中的你,他们会选用哪些词来描述你与人相处的特点?写在第三张纸上。

(5) 在小组讨论中,把大家的描述放在一起(不写自己的姓名),每人轮流抽出一张来读,请大家猜猜写的是谁,像不像,像在什么地方,哪里不像。

(6) 对于自己不满意的人际交往形象,请组员讨论如何帮你克服。对于写得较准确、组员认同率高(如针对三张纸上的内容,组员都猜中是谁)的人,要给予鼓励,请他谈谈自己此时此刻的感受。

## 拓展阅读

**书籍分享**

《5分钟打动人心：善用赞美的13种方法》，作者鞠远华，北京大学出版社2009年版。

在繁忙的工作与生活中，你是否会有这样的烦恼：得不到领导的信任和下属的尊重，朋友交流减少，夫妻吵架频繁，亲子关系紧张……也许你会自问："我的沟通哪里出了问题？"该书找到了症结所在——指责和抱怨阻碍了你的事业，扰乱了你的生活，其结果往往事与愿违，而换一种沟通方式，发现对方的优点，表达赞美之词，往往能达到甚至超越你的沟通意愿。

# 项目七　建立亲密关系

## 知识导入

爱情是个古老而又永恒的话题，也一直是大学校园里一道亮丽的风景线。恰当的爱情可以促进双方的学业，但不要过度沉溺在爱情的世界里，不要在热恋中迷失自己的前进方向，毕竟大学阶段是我们学习专业技能的黄金时期，是决定我们未来方向的关键阶段，不能为了一时的快乐而把一生的幸福都抛弃了。对于爱情，我们要始终保持一种平常心，不能为了一时的不快而做出令自身、对方、家人和社会都伤心的行为。爱情是神圣、美好、令人向往的，建立正确的爱情观、人生观也是大学生对自己、对社会应尽的责任。无论如何，请以纯洁善良的心灵对待爱你的人和你爱的人，真诚才是爱情的根本。大学生拥有正确的恋爱观将对他们认识自我、完善自我、发展自我、超越自我起到积极的作用。但是，大学生正面临学习、就业压力，其自身责任感不强、经济能力不足，他们的恋爱观仍存在很多问题。因此，要学会理性处理因爱情而引起的一系列矛盾与选择。只有拥有正确的恋爱观，合理恋爱，才能使自己的大学生活因爱情而锦上添花。

## 学习目标

### ✌ 素质目标

1. 树立正确的恋爱观与择偶观。
2. 在恋爱过程中做到自尊自爱，体会到包容与沟通的重要性。

# 模块三 全面发展自我

## 知识目标

1. 认识爱情的本质和特征。
2. 了解大学生的恋爱动机、倾向，分析其恋爱观以及存在的问题。
3. 认识常见的大学生恋爱心理问题。
4. 认识性心理的定义、健康标准以及大学生性心理的特点。

## 技能目标

1. 能够找出自己或他人恋爱的心理问题并能够及时调整。
2. 能够及时发现自身的性心理问题并及时调整。

## 思维导图

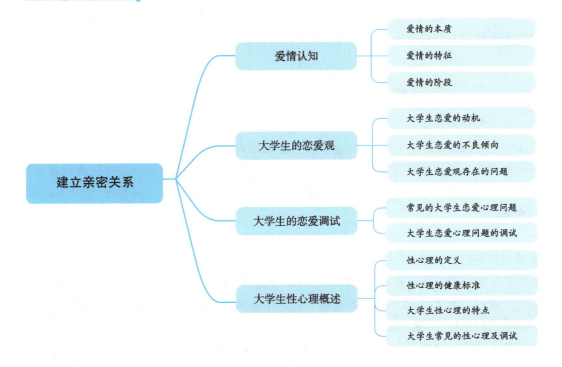

## 任务一　爱情认知

### 心理故事

**爱的代价**

19岁的女孩丹妮大一刚入学的时候认识了大二的学长小吴，彼此的印象都还不错。

于是,两人很快确立了恋爱关系。恋爱总是有苦有甜,渐渐地,两人总会因为感情不和而发生争吵。丹妮逐渐发现两人不合适,再加上学习的压力较大,她想把精力放在学业上,于是便准备结束这段感情,向小吴提出分手。可是小吴不同意。一开始,丹妮好言相劝,可谁知小吴竟用语言威胁她,丹妮无奈下只好删除了小吴的联系方式,不予理睬。

一周后,丹妮的同学突然打电话过来,说是在学校的贴吧里看到了丹妮的不雅照和视频,还有言语侮辱。丹妮这才明白小吴将自己的照片和视频发到了学校贴吧、微博以及QQ群等网络平台。丹妮一下子就懵了,情绪几乎处于崩溃的状态。曾经最信任、最亲密的人,却公开自己最私密的一面。小吴的做法,使得丹妮陷入了绝望之中,她每天把自己封锁起来,不与外界联系。

丹妮最后选择了报警。虽然小吴受到了法律的制裁,但小吴恶劣的行为已经给丹妮带来了严重的身体和精神伤害。

**思考与分析**:大学生该不该谈恋爱?如果恋爱了,该怎么处理恋爱中发生的各种问题?故事中丹妮在恋爱前期应该注意什么,才不会造成这样不良的后果呢?

## 一、爱情的本质

关于爱情的本质,不同的学者有不同的理解。在日常生活中,我们把爱情定义为男女个体间存在的基于一定生理、情感和社会基础的内心活动和高级情感。爱情是男女个体在生理和心理双重作用下产生的对异性个体爱慕、依恋和珍惜等的心理情绪和情感,是依托于一定的生理、情感和社会基础而实现的。因此,爱情需要生理基础、情感基础和社会基础。

爱情与人的身体发育有着重要的关系,通常情况下生理成熟的男女双方才会产生强烈的肉体和精神的相互仰慕及相互结合的强烈愿望。因此,可以说男女个体生理成熟是爱情产生的基础。情感基础是爱情产生的心理基础,既包括具有审美能力的男女双方产生的心理吸引和情感,也包括人类生活中的高于性欲的精神性情感需求。可见爱情是一种高级的情感体验,健康的爱情会使人身心愉悦,产生美好的心理感知。而社会基础主要是指爱情受社会的影响和约束。爱情是一种社会现象,因此在日常生活中爱情基于社会环境的不同而具有不同的展现形式,受社会大环境的影响和约束。如不同的社会道德、社会文化和法律法规等对爱情具有不同的制约,也影响着男女个体爱情的产生和表达。

### (一)爱情三角理论

美国耶鲁大学社会心理学家罗伯特·斯腾伯格提出的爱情三角理论认为,爱情由三个元素组成:亲密、激情和承诺。

亲密指在爱情关系中能促进亲近、连属、结合等体验的情感,是两人之间亲近、温馨的感觉,能引起一种温暖的感觉体验。它包括对爱人的赞赏、照顾爱人的愿望、自我的展露和内心的沟通。

激情指驱动力,是爱情关系中能引起激情体验的各种动机性的唤醒源以及其他形式的唤醒源。激情是爱情中的性欲、情绪的表现,是情绪上的着迷,是恋爱中的浪漫、身体吸引力、性完善等的驱动力。个人外表和内在魅力是影响激情的重要因素。

承诺主要指个人内心或口头对爱的预期,是爱情中最理性的部分。它由两方面组成:短期的和长期的。短期方面就是要做出爱不爱一个人的决定;长期方面则是做出维护这一爱情关系的承诺,包括对爱情的忠诚、责任心。

这三种元素被形象地比喻为爱情三角形的顶点,每个成分居于三角的一角。它们的各种组合可形成八种形态的爱的关系。

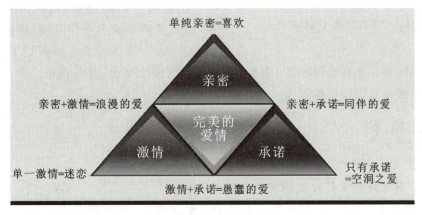

**爱情三角理论**

(1) 喜欢:只有亲密,有相同的兴趣爱好,有共同话题,在一起感觉很舒服,但是缺少激情,也不一定愿意厮守终生,如同友谊。友情不等同于爱情,喜欢不等同于爱,但友情还是有可能发展为爱情的。

(2) 迷恋:只有激情体验,如一见钟情,被对方的某些外在特质所吸引,除此之外,对对方了解不多,也没有想过将来,这是一种受到本能牵引和导向的青涩爱情,随着时间的累积和了解的深入,双方有可能渐行渐远。

(3) 空洞之爱:只有承诺,没有亲密和激情,如"父母之命媒妁之言"的包办婚姻,虽有一纸婚书的承诺,却缺乏实质的爱情根基。

(4) 浪漫的爱:有亲密关系和激情,但没有承诺。许多大学生的恋爱属于这种状态,由于大学生还非常年轻,没有踏入社会,其就业及未来发展充满变数,他们更多的是享受当下的甜蜜美好。

(5) 同伴的爱:有亲密和承诺,但缺乏激情。常见于"老夫老妻"状态的爱情,恋爱时间久了,激情逐渐褪去,四平八稳的婚姻里,更多的是权利和义务,激情越来越少。

(6) 愚蠢式爱情:只有激情和承诺,没有亲密关系。没有亲密的激情,最多是生理上的冲动,而没有亲密的承诺不过是"空头支票"。

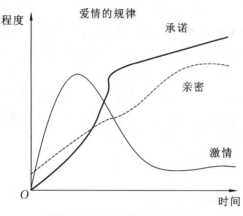

爱情三元素随时间发生的变化

(7) 完美的爱情：同时具备三种元素，包含激情、承诺和亲密。只有在这一种关系中我们才能看到爱情的庐山真面目。

(8) 无爱：三个因素都不具备。

有三种元素的完美爱情是非常理想的，那么是不是同时拥有了激情、亲密和承诺，爱情就永恒不变了吗？实际上，爱情是一种复杂的体验，爱情的三种元素也会随着时间发生变化。

恋爱最开始的时候，贡献最大的是激情，同时亲密感也在慢慢发展；等激情开始消退的时候，亲密感就比较强烈了，此时恋爱关系确认，承诺也在慢慢增长；随着时间推移，激情会变少，但是亲密感和承诺会占上风，所以爱情才可以继续下去。

> **知识拓展**
>
> **喜欢与爱的区别**
>
> **一、喜欢是想吸引对方，爱是会心疼对方**
>
> 喜欢一个人的时候，你会控制不住自己的表现欲，想尽各种办法去吸引对方的注意力，让对方看见你。而爱一个人，你会为他的欢喜而欢喜，为他的忧愁而忧愁。
>
> 所以，如果你只是单纯地希望对方注意到你，那么你只是喜欢对方；如果对方的一举一动都会牵动着你的心，那么你是爱着对方的。
>
> **二、喜欢是乍见之欢，爱是久处不厌**
>
> 当你看到一个人，突然觉得心动不已，没有办法呼吸，那么你一定是喜欢上对方了。这种喜欢，倘若没有随着时间的流逝而消失，在你更了解对方后，反而更喜欢了，那这就是爱了。
>
> 喜欢是刹那的感觉，未必长久，但爱不是。爱一个人，是不管过了多久，不管他有多少缺点，你依旧对这个人心心念念，想要和这个人在一起。
>
> **三、喜欢是心里想想，爱是一定会有所行动**
>
> 喜欢一个人，就是当你在做其他事情时，会突然想起他/她，想的时候会很开心，但是这种想念很快就过去了，你又开始做别的事情。而爱是抑制不住的思念，让你根本没有办法不去想他/她。当你想起他/她，你就没有办法再去认真地做其他事情，你会抑制不住自己的冲动，想赶紧联系他/她，甚至直接冲到他/她的面前。

### 四、喜欢是占有现在，爱是计划将来

喜欢一个人时，你对他/她会有非常强烈的占有欲，会想要跟他/她亲密接触。而爱一个人，你也会想要拥有对方，但是你更会想着计划将来。

喜欢一个人，未必意味着你爱着这个人，但是爱一个人，肯定包含你喜欢这个人。

## 二、爱情的特征

爱情是基于一定生理、心理和社会需求等的情感表达。因此，爱情具有生理性、心理性和社会性等特征，真正的爱情既不是柏拉图之恋，也不是纯粹的男女个体之间的相互吸引。我们通常所说的爱情具有以下特征。

### （一）爱情具有异性相吸的特性

爱情是相互吸引、爱慕，以及钦佩的男女双方之间的心理情绪和情感表达，是成熟的男女个体之间生理和精神的升华。在恋爱双方从最初的异性之间的好奇、好感，到相互爱慕、吸引，到最终想要成为彼此终身伴侣的过程中，爱情从感性上升到理性，从肤浅到深入，最终到达相互肯定、相互融合的层面。因此，可以说爱情具有明显的异性相吸的特征。

### （二）爱情具有相容性和排他性

爱情一旦产生，恋爱双方将相互吸引、相互接纳、相互融合，最终成为彼此生活和感情的支撑者。可见，爱情具有相容性。但在爱情产生的同时，爱情又具有排他性，主要体现在爱情的专一性和忠诚度上。爱情产生时，恋爱双方在心理上仅接受彼此的存在，而对其他爱情竞争者产生排斥心理，拒绝第三者插入双方的爱情中，同时不允许恋爱的任何一方涉足他人的爱情，与他人建立超出朋友范围的友谊。因此，我们说爱情既具有相容性，又具有排他性。

### （三）爱情具有平等性和自主性

爱情作为一种生理、心理和社会需求的情感表达，体现在恋爱双方相互吸引、相互尊重、相互扶持和相互信任等的基础上。强权的、占有的、依附的爱情并不是真正的爱情，而是病态的、扭曲的恋爱心理和情感表达。真正的爱情应该是建立在恋爱双方平等自愿的基础上，符合双方共同愿望，是恋爱双方平等、自由和主观接受的感情关系。这既包括生理和物质层面的平等，也包括精神层面的平等。此外，爱情应该是恋爱双方相互吸引、相互信任、相互融合的结果，而不是其他外力因素干预的结果。恋爱双方具有自主的爱情选择权和情感表达权,具有自主的主观情感认知和表达能力,是否继续建立爱情关系也完全是自主的,由恋爱双方选择。因此,我们可以说爱情具有平等性和自主的特性。

#### (四)爱情具有创造性和能力性

爱情这个历久弥新的话题,既是人们微妙而复杂的情感表达,也是人类生活中创造和力量的源泉。爱情可以让恋爱双方对生活充满美的认知和感受,能够在分享快乐和表达情感的过程中,产生一种独特而神奇的力量,并使恋爱双方对生活充满积极的创造能力。此外,爱情在给恋爱双方带来美的享受的同时,也带来了一份责任。这份责任要求恋爱双方要足够成熟,要有承担爱情的担当和能力,要有关心和爱护对方的责任意识和能力。因此,作为一种生理、心理和社会需求的统一,爱情要求恋爱双方既要共同承担相应的社会责任和义务,又要遵循社会道德要求。

### 三、爱情的阶段

一个成熟的称得上真爱的恋情必须经过四个阶段,即共存、反依赖、独立、共生。

(1)共存阶段。此阶段,恋爱双方刚刚陷入爱河(热恋时期),如胶似漆,不论何时何地总希望能腻在一起,一日不见如隔三秋。彼此充满兴趣,渴望着更进一步了解对方和让对方了解自己。

(2)反依赖阶段。此时,情感已大致稳定,至少会有一方想要有一点属于自己的时间和空间(包括心理空间),会将部分注意力转回自身。这时如果另一方还处于第一阶段,就会感到被冷落。这一阶段需要两个人积极沟通,要知道爱情不是同步进行的,一个人可能走得快一点,另一个人可能走得慢一点,所以更要彼此信任、互相帮助。

(3)独立阶段。这是第二个阶段的延续,感情已趋于平静,彼此会要求更多的独立自主的时间,也会更加理性地对待对方和自己的需要。

(4)共生阶段。如果两人能度过二、三阶段,那么此时新的相处模式已经成形,两人已经成为彼此最亲的人,相互扶持,相濡以沫,共同承诺。两人在一起不会互相牵绊,而是会互相成长。

> **拓展阅读**
>
> **周恩来和邓颖超:爱情最好的模样**
>
> 你见过最让人羡慕的爱情是什么样子的?
>
> 1954年5月4日,周恩来正在参加日内瓦会议,邓颖超写信告诉他:"我从报上、

《参考消息》上、收音机上,及时地知道了会议的情况和你们的活动……为你能够得到国际活动的锻炼及直接向苏联同志学习的机会而欢欣……我要去参加今晚中山公园的五四运动三十五周年纪念大会,并和北京市的青年们一起欢度这个节日游园一番……"

寄信的同时,邓颖超还把在郊区的山坡上、泉水边采摘的野花和在院子里采的几朵他们最喜欢的海棠花,一并随信寄去,写道:"给你的紧张生活,加上一些点缀和情趣。"

6月13日,周恩来在百忙之中回信:"你还是那样热情和理智交织着,真是老而弥坚,我愧不及你。来日内瓦已整整7个星期了,实在太忙,睡眠常感不足,每星期只能争取一两天睡足8小时。所幸并未失眠,身体精神均好,望你放心。"并在信中附上他在日内瓦采集的芍药花和蝴蝶花,"聊寄远念"。

书信里的情话和家常,让我们看到了一位开国总理的温柔与浪漫。他们一同为革命事业奋斗,彼此有同志间的关心、叮嘱,也有夫妻间的情感交流,共同走过风风雨雨。

那个年代没有鲜花和钻戒,寥寥几字,却承载了生命的全部重量。

**一、要做革命伴侣**

"他长得真漂亮。"这是邓颖超初见周恩来时,心底的话。

第一次见面,正是在师范学校的礼堂,邓颖超站在台前,谈青年的命运,谈家国,谈理想,经天纬地,慷慨激昂。

多年后,邓颖超回忆他们的初次见面:"彼此都有印象,是很淡淡的……我们建立起来的友情,是非常纯正的。"她不知道,她的才华、英姿和满腔热情,已在台下的周恩来的心里,激起了一圈涟漪。

后来,因为话剧,他们又见过几次。邓颖超在女子学校,没有男生,她就穿长袍马褂,戴礼帽,扮演男新闻记者,自有一种与众不同的风度。周恩来指导她们演话剧,面对年长6岁有余的他,邓颖超一直相信,他只将自己视作小妹。那年,她15岁。

一年后,周恩来前往巴黎,赴法勤工俭学,邓颖超则去做了教员。两人鸿雁往来,聊革命,聊战争,聊自由,通过250多封信。每一封信,都是一场思想的碰撞,灵魂的共鸣。

直到1923年,邓颖超突然收到周恩来从法国寄来的一张明信片,印有革命家卡尔·李卜克内西和罗莎·卢森堡的画像。背面,是周恩来刚劲有力的笔迹:"希望我们将来,也像他们两人一样,一同上断头台。"直到那一刻,邓颖超才读懂周恩来的深情。

在周恩来眼里,和他一起坚持革命的邓颖超,拥有更加广阔的精神世界,心系家国,以天下为己任,像男性般英勇,是终身伴侣的最佳人选。

### 二、情真意切穿越时光

作为生死不渝的革命伴侣,他们一起走过了两万五千里的长征路,也共同经历了令人惋惜的丧子之痛。

此后,周恩来和邓颖超收养了不少烈士遗孤,被孩子们亲切地称为"周爸爸""邓妈妈"。

1976年1月8日,周总理在北京逝世,享年78岁。邓颖超颤抖的双手摸着周恩来的面颊,轻轻地吻了一下他的额头,无限哀伤地哭着:"恩来,你走了……"在给周总理的花圈上,邓颖超写道:悼念恩来战友。

12年后,北京中南海西花厅海棠盛开,邓颖超写下了《西花厅的海棠花又开了》一文。

"春天到了,百花竞放,西花厅的海棠花又盛开了。看花的主人已经走了,走了12年了,离开了我们,他不再回来了。

你不是喜爱海棠花吗?解放初期你偶然看到这个海棠花盛开的院落,就爱上了海棠花,也就爱上了这个院落,选定这个院落,到这个盛开着海棠花的院落来居住。你住了整整26年,我比你住得还长,到现在已经是38年了。"

一纸"情真意切"穿越时光。

周恩来,英俊潇洒、日理万机,一辈子忠于自己的婚姻,和结发妻子邓颖超不离不弃地共度一生。在他们的书信里,我们看到了爱情最美的模样:有共同的理想追求,历经无数磨难与诱惑,对彼此却更加眷恋。

几十年后,他们的爱情故事,依然感动着你我……

(资料来源:搜狐网)

## 任务二　大学生的恋爱观

### 心理故事

#### 一见钟情的爱情难以长久吗?

某专业的小宁是个漂亮的女孩子,她大多数的舍友在大一的时候就找到了对象。小宁比较内向,在大一的时候也就没有去想恋爱这方面的事情;到了大二下学期的时候,小宁的朋友都觉得她应该找个男朋友,就都想着要给她介绍一个。起初,小宁是不愿意的,后来小宁想了一下,自己也没有谈过恋爱,再过两年就毕业了,整个大学如果不谈一次恋爱也挺遗憾的,现在也该是谈恋爱的时候了,试试看吧,反正大家都说在大学期间一定要谈一次恋爱。

后来室友向小宁介绍小康,并安排两个人见面。两个人一见钟情,没多久就在一起了。随着时间的推移,小宁却慢慢发现小康始终不懂自己,自己也无法理解他的心思,自己喜欢安静,不爱说话,喜欢把心事隐藏,只对特别亲近的人倾诉,而小康朋友多,喜欢疯玩,喜欢和大家一起聚会、吃饭、玩游戏,陪自己的时间很少,相处起来真的太累了。两个人经常争吵,最初一见钟情的好感逐渐消耗殆尽。

**思考与分析**:小宁和小康的恋爱为什么谈着谈着就没有了当初的新鲜感?一见钟情的爱情真的难以长久吗?

## 一、大学生的恋爱动机

### (一)好奇心理

大学生群体年龄阶段主要处于18~22岁。该阶段群体随着生理的成熟,表现出相应的恋爱心理需求。在这个开放的年代,网络上有许多关于恋爱的小说和电视剧,甚至还包括一些不健康的影视,使大学生倍感好奇。大学生都会遐想恋爱,以至于对恋爱产生了较强的好奇心理,对异性产生较强的关注欲望。这种好奇心理是大学生群体在生理成熟过程中正常的生理和心理需求的表现,也是大学生恋爱的动力所在。

### (二)从众心理

或许有的人会说:"没有一场轰轰烈烈的恋爱的大学生涯,是不完整的人生!"进入大学后,大学生似乎得到了某种"恋爱自由"的许可证。没有"早恋"帽子的恋爱生长得更加肆意。许多学生在看到室友或同学都在谈恋爱后,自己不甘寂寞,于是也加入了浩浩荡荡的恋爱大军中去,甚至觉得不谈恋爱就是没人要,就好像大学生一定得"脱单"才是正常现象。从众心理极大地扩大了大学生恋爱人数,这也是大学生恋爱的心理之一。

### (三)虚荣心理

有的同学喜欢攀比,虚荣心特别强,认为谈恋爱、交朋友,或被异性追求是有本领、有魅力的表现,是他人对自己的认可;反之,则认为是无能、落后、跟不上时代的潮流。如果一个寝室的大部分人都谈恋爱了,那么被剩下的人就很没面子,被称作"剩男""剩女"。即使没有恋爱的打算,他们也被这残酷的现实刺激了一下,不免产生了想恋爱的心理。殊不知,这些人已经被自己的虚荣心绑架了。

### (四)依赖心理

进入大学后的大学生,学习压力缓解了,课余闲暇时间更多了,远离父母和家庭,独自在外求学。过去可以依赖父母和老师,但大学是一个独立的世界,父母不在身边,也不大可能依赖老师,因而大学生时常会感到空虚寂寞。他们想通过谈恋爱来获得依赖感,并收获关爱、关怀,于是寻觅恋爱对象来抚慰心灵、寄托感情、排遣寂寞、填补内心空白,由此便形成了恋爱心理。

## 拓展实训

**给自己的恋爱心理会诊**

你认为自己的恋爱心理受哪些因素影响?想象一下你是一名心理医生,面对最熟悉的自己,你觉得自己的恋爱心理受哪些方面的影响呢?

目的:了解自己的恋爱心理,明确自己的恋爱心理影响因素。

步骤:

(1)请你列出五项你选择恋人最在乎的要素,可以用词组、形容词或句子具体描述。

第一项:＿＿＿＿＿＿＿＿＿＿＿＿＿＿＿＿＿＿＿＿＿＿＿＿＿＿＿＿＿＿＿＿

第二项:＿＿＿＿＿＿＿＿＿＿＿＿＿＿＿＿＿＿＿＿＿＿＿＿＿＿＿＿＿＿＿＿

第三项:＿＿＿＿＿＿＿＿＿＿＿＿＿＿＿＿＿＿＿＿＿＿＿＿＿＿＿＿＿＿＿＿

第四项:＿＿＿＿＿＿＿＿＿＿＿＿＿＿＿＿＿＿＿＿＿＿＿＿＿＿＿＿＿＿＿＿

第五项:＿＿＿＿＿＿＿＿＿＿＿＿＿＿＿＿＿＿＿＿＿＿＿＿＿＿＿＿＿＿＿＿

(2)请你列出你选择以上要素时可能考虑到的影响因素,按重要性进行排序。

(3)请你客观地总结步骤(1)中的要素,并与步骤(2)中列出的影响因素进行对比。

(4)参考本书中提到的大学生恋爱心理影响因素,想一想自己的恋爱心理是否存在需要改善的地方。

## 二、大学生恋爱的不良倾向

### (一)恋爱简单化

大学生的恋爱是简单的、快速的。随着社会节奏加快,大学生的恋爱也开始简单化,思想上没有了以前固有的"审时度势",恋爱观变得简单了起来。男生想爱就爱、想恨就恨,嘴上不明说,行为却很直接,遇到心仪的女孩,他们就会很快表达自己的爱意,追求的手段也逐渐丰富起来。女孩也敞开心扉,当感觉对方还不错的时候,便开始了恋情。

### (二)恋爱片面化

大学生谈恋爱时,考虑的问题往往都比较片面,只考虑两个人在一起时的事情以及如何让彼此的感情得到升华,而没有考虑到家庭、社会、周围事物的影响。他们往往在乎爱情的过程而不考虑结果,将爱情与婚姻割裂开来,在一时的冲动下,不顾及后果。有的大学生认为学习不紧张、空闲时间多,就找个伴玩玩;有的大学生看到周围的同学都有属于自己的爱情,羡慕不已,于是自己也想寻求一份爱情。这些想法都是片面的,都表现出这部分大学生思想上的不成熟、做事不计后果的心态。

### (三)恋爱浪漫化

学生时期的恋爱更多注重的是感情上的愉悦,追求现实的快乐。两个人在交往期间,往往把每个节日都排成时刻表,互相送礼物是稀松平常的事情。校园里经常能看到男生跪在女生的面前,手捧鲜花求爱;有的在情人节及恋人生日等时候更是劳师动众,精心准备。

### (四)恋爱理想化

许多大学生在其心理上总有一种理想的恋爱模式,在思想上表现出理想化,在恋爱上按照自己的理想模式去寻找对象,在交往的过程中也按照自己的理想模式去进行交往,如果有一点与自己的模式不相符合,恋爱便宣告失败。由于这类大学生的恋爱观不成熟,过于理想化,忽视了现实情况,最终导致不符合实际的恋爱产生。

## 三、大学生恋爱观存在的问题

大学生的恋爱观是在其性心理和性生理成熟的基础上,在其世界观、人生观、价值观成熟的同时形成的。但同时,性心理上的不成熟、不恰当的恋爱观也出现在了大学生的恋爱过程中,表现出思想上的波动、排他、冲动、幻想。同时,大学生还时常受到外界环境的影响。

### (一)用爱情转移思想上的空虚

大学生在经历高中紧张的学习之后,进入了一个全新的环境里。大学生在新的理想尚未建立起来的时候,出现了理想的空白区,表现出混日子、得过且过的状态。有的学生进入大学以后,思想很消极,终日无精打采,人生仿佛没有了一点意义,头脑一片空白,失去奋斗目标和前进动力。他们常将消极心理转移到谈情说爱上,以此消磨时光,寻求快乐。所以在恋爱观上表现出不当的动机,产生错误的心态。

### (二)恋爱观上表现出择偶动机不纯

有的大学生在选择对象的时候,往往考虑的不是对方适不适合自己,而更多考虑的是他(她)能不能在学习期间、生活上、将来的就业和发展上为自己提供帮助。如果发现他(她)有利用价值,就会采取一切措施进行追求。同时有的大学生也利用自己家庭和社会的地位去寻找爱情,还有的人同时与多个异性交往,却不建立固定的恋爱关系。

### (三) 思想上不成熟、不稳定，出现矛盾冲突

两个人确立恋爱关系以后，经常会出现争吵的现象，这是由于双方的互相猜疑和不理解、不包容所导致。现在的大学生多为独生子女，从小受到关心和宠爱，不能容忍自己被忽视，两个人在一起的时候，思想上往往更多的是索取。当对方的语言或是行为有不当之处时，就会很不适应、很不舒服，甚至可能引发毫无顾忌地争吵，这是恋爱观不成熟的表现，同时也是对自己的不负责任。

### (四) 好奇心较重，存在试一试的想法

大学生处于青春期后期，生理机能基本成熟，心理机能趋于成熟，精力充沛，主体意识发展迅速。他们渴望与异性交往，想试一试并探究异性之间的秘密，这是正常的，但是少数人在恋爱观上表现出不负责任的态度，仅仅停留在对爱情表层的好奇与渴望方面，没有考虑到恋爱之后的后果和将来的发展。

### (五) 只在乎爱的过程

"只在乎曾经拥有，不在乎天长地久"，很多大学生的心里都存在着这样的想法，带着这样的心理与异性进行交往，把恋爱当成"爱的初体验"，只是想"充实大学生活"，而不是为了将来的婚姻而组建家庭。两个人在一起想的是如何浪漫度过每一天。一些大学生在毕业之前，很坦然地提出分手，理由自然也是相当简单——"我对你已经没有感觉了""我们俩不合适"等，对方也表现得极为平静。这就是越来越被当下大学生接受的一种新型的恋爱观——只在乎爱的过程，不重视爱的结果。

### (六) 道德观念淡化

大学生接受新思想的速度极快，开放的思想对大学生"性"及婚姻观念产生了影响，大学生在理智与情感方面处于矛盾的旋涡。性的观念逐渐开放起来，而忽视了结果和道德，加之生理和心理的原因，许多大学生做出了对"性"的好奇、大胆的尝试，但尝试之后往往面对的是尴尬和无尽的悔恨。

### (七) 认为爱情与学业不相冲突

面对爱情和学业的时候，不少人把爱情放在首位，认为只要有爱情，一切都是没有问题的。还有的人认为，爱情与学业就其内涵而言毫不相关，爱情与学业没有关系，互不影响。

### (八) 把物质条件看成爱情的基础

功利性、权力性的恋爱是建立在对方的家庭、社会地位上，或者以自己的条件优越为背景作为双方感情的基础。目前校园爱情中功利性、权力性的色彩明显增强，一些人试图把自己的将来寄托在对方身上。当然，这种功利性、权力性的恋爱观的形成也与社会

就业压力、个人主观心理上的不成熟有关。

### (九)认为爱情本身是一场游戏

随着互联网的普及,网恋也成为一种新的恋爱方式。网络中可以隐瞒自己的年龄、性别、地点、长相,这种隐蔽而又可以解放自己情感的方式,吸引了无数的青少年。网恋在某种程度上成了一种时尚的活动,也逐渐将恋爱的场所网络化。刚刚进入大学校园的大学生们,往往由于自控能力较差而陷入网恋不能自拔。大学自由时间多,上网方便,许多大学生对这样的恋爱方式趋之若鹜。大学生网恋主要包括游戏型、感情寄托型、追求浪漫型、表现自我型、追求时尚型、随波逐流型等恋爱模式。这些恋爱模式都有着共同的特点:把恋爱当成一种网络游戏,在游戏中进行情感交流,可以把社会道德统统抛在脑后,以模糊的性别和身份,把所有的事情视为游戏。

### 知识拓展

#### 罗密欧与朱丽叶效应

莎士比亚的名剧《罗密欧与朱丽叶》描写了一个爱情悲剧:罗密欧与朱丽叶相爱很深,但由于两家是世仇,他们的感情无法得到双方家庭的认可。在双方家长的百般阻挠下,他们的感情却越来越深,最终双双殉情而死。

罗密欧与朱丽叶

在现实生活中这种现象也是存在的。父母的干涉非但不能减弱恋人之间的爱情,反而使他们的感情进一步加强。父母干涉越多,反对越强烈,恋人相爱就越深,这种现象被心理学家称为"罗密欧与朱丽叶效应"。

## 任务三　大学生的恋爱调试

### 心理故事

**毕业了,我也放弃了爱情**

大一军训站军姿时,小宝看到自己前面的女生晕倒了,没有教官的指令,他迅速抱住女孩,没有让她栽倒,然后抱起她就跑向医务室,又去小卖部买红牛、巧克力,等她醒来。女孩为了感激他,请他吃饭,他知道女孩子叫岚岚。两个人一来二去,单纯的校园爱情就这样开始了。因为不是一个专业的,所以小宝没课的时候总是在岚岚教室外等着她放学,然后一起去食堂吃饭,岚岚没课时会做些手工送给小宝当作惊喜。校园里处处都有他们的足迹,城市里飘荡着他们的欢声笑语!小宝和岚岚都单纯地以为他们会这样一辈子,从校园走向婚姻的殿堂。

毕业时小宝和岚岚想留在省会城市,一起打拼。然而事情并不是很顺利,两个人的工资也只勉强够交房租和基本生活开销。无奈之下,岚岚回到了自己的家乡,接受了家长的工作安排。小宝也想跟过去,无奈小地方的工作机会更少,工资低了看不上,工资高的自己又竞聘不上。找了三个月,小宝最终还是选择暂时留在省会城市。于是他们之间的争吵也就多了起来,甚至对着手机,一边开着视频电话,一边恶语相向。渐渐地,他们之间的电话越来越少,最终两个人和平分手。

**思考与分析**:毕业等于失恋?这是很多大学情侣毕业后面临的第一个难题。故事中的小宝和岚岚好像验证了这个说法。毕业就失恋看起来是一个普遍存在的现象,其中原因也有很多,包括情感基础浅薄、生活职业规划不一致、距离问题、人际圈变化,以及缺乏相互理解等。但这些是不是校园情侣都必须面对的问题呢?

### 一、常见的大学生恋爱心理问题

#### (一)单恋

单恋可以分为有感单恋和无感单恋。有感单恋是一方单方面地喜欢另一方,在另一方知晓且不回应的情况下,仍然爱着对方。无感单恋,也就是俗称的暗恋,是不轻易向另一方表露心声的恋爱心理。单恋,从心理层面分析,可以将之归为不正常的恋爱心理,因为它会对单恋的一方造成较大的心理压力和负担,使其因为单恋而患得患失、心神不宁和失眠等,严重影响其正常的生活及学习。有感单恋者一般是以自我为中心,过于"自作多情",对单恋对象穷追猛打,往往给对方的生活和学习带来很多困扰,更有甚者因为恋爱心理未被满足,可能会做出伤害对方的行为。无感单恋者一般具有自卑心理,且将恋爱对象过于美化,不敢靠近单恋对象表露爱意,从而容易陷入痛苦、压抑、纠结和焦虑等负面情绪中。

### (二) 失恋

大学生恋爱观不明确、自身不成熟等,使得一些大学生经历了失恋的痛苦,在心灵上留下较深的伤痕,甚至对自我和人生产生否定和怀疑心理,一蹶不振。从心理学角度,可以把失恋归为大学生经历的最严重的挫折之一。失恋的原因有很多,主要包括以下几点。

(1) 性格不合。在深入了解和交往中,一方对另一方因性格不合产生不满心理从而中断恋爱,双方分手。

(2) 缺乏双方的爱。一方只是被动地对待恋爱,对恋爱关系感觉不到快乐,当其找到自己恋爱的目标时,就会结束这段恋爱;或者一方对待恋爱的态度随意或动机不纯,容易见异思迁、移情别恋。

(3) 对爱的执着不够。大学生的恋爱可能因为对未来的生活缺乏正确的认知和规划,当面临社会偏见、父母反对、毕业分离时,对爱的坚持不够而最终分手。

然而不管是什么原因导致的失恋,失恋者总会经历情感上的挫折和打击,产生负面的情绪,如愤怒、悲伤、自轻自贱等,产生非理性的心理,如认为"生活没有意义""天下男人/女人一般黑"等,更有甚者可能会出现自残或者伤害他人的行为。

### (三) 不会拒绝

生活中很容易见到这样的人:对于自己不喜欢做的事,满腹牢骚却不会拒绝;对于自己不喜欢的人,极其不耐烦也不会直接拒绝。这样的人,不一定是故意拖着不放,还有可能是真的不懂如何拒绝,才只能一拖再拖。很多人担心拒绝会带来伤害,于是为了避免自己和对方受伤,用不直接拒绝的方式来保全彼此。但当伤害一定会产生的时候,不拒绝,才是最伤人的处理方式:不拒绝,会给别人无望的希望。来自不喜欢的追求者的追求,对于不擅长拒绝的人来说这是一种困扰,且容易使其产生烦躁、压抑等心理压力。

### (四) 恋爱完美倾向

有些大学生表示自己渴望开展大学恋爱,但是又找不到心仪的恋爱对象。这表明他们具有较强的比较心理,对自己的恋爱对象有着较为理想化的要求。当他们具有较强的比较心理时,总是期望符合他们所有要求的恋人出现,在这种心理下,他们会放弃部分符合他们恋人要求的对象,继续等待下一个人的到来。在恋爱中,这种心理使得他们一次又一次地错过合适的恋人。事实上,这个世界并不存在十全十美的人,脱离实际的择偶标准会使恋爱心理无法满足,且容易造成心理落差,加重心理负担。

## 二、大学生恋爱心理问题的调适

### (一) 爱情观指导

建立在恋爱双方相互理解、相互尊重、相互信任基础上的爱情才是真正的爱情。大学生恋爱要学会理解爱情。爱情不仅仅是花前月下的浪漫情怀,更是尊重、奉献、分享和担当。如果在爱情里掺杂其他功利思想、虚荣心理和游戏心理,那就会让真正的爱情荡然无存。大学生恋爱既是对自身情感的表达和释放,也是对自己成熟、有担当的证明。因此,要学会理解爱情,理解爱情可以同甘也可以共苦,是享受也是责任。而要正确认知爱情、理解爱情,一定要学会爱自己,学会爱他人。只有会爱自己的人,才会在恋爱中正视自我,不在热恋中迷失自我,不成为恋人的附庸,明确恋爱中应该做的事和不应该做的事。爱自己才会珍视自己的感情,才会对自己负责,可见,爱自己是爱他人的基础。而爱他人是一种艺术,因为只有学会爱他人才有可能认真对待爱情。爱他人首先需要全面了解对方,看到对方的优点和缺点,这样才能为自己的恋爱做好准备。爱他人还要懂得尊重他人,对爱的人负责。因为爱不是约束而是两个人的共鸣,不是一味地索取,也要有同等的付出。不懂得尊重的人不可能获得他人的尊重,不负责任的人不可能承担起爱情的责任。只有理解爱情,明白爱情的内涵,爱自己,爱他人,才能树立正确的恋爱观,才能摘取真正的爱情。

### (二) 恋爱观指导

爱情是在理解、信任、尊重、分享和奉献的基础上,选择志同道合的恋人,当思想认知、事业理想和生活爱好在同一水平线时,爱情可以更好地发展和持续下去。再者,要摆正恋爱的态度。当恋爱关系确定后,要全心全意爱护对方,享受恋爱幸福的同时也要担起恋爱的义务。而真诚、专一的恋爱态度会塑造独立的人格,增添个人魅力,让恋人对自己更加信任和尊重,从而有利于增进彼此的情感。此外,还要有健康纯洁的恋爱动机。恋爱并不是为了满足虚荣心理,也不是为了排解心中的寂寞,更不是为了性欲的满足,而是为了寻求心灵的伴侣,寻找携手到老的终身恋人。纯洁健康的恋爱动机关系着爱情能否长久,关系着是否能够建立美满的家庭。纯洁高尚的恋爱动机能够让爱情经得起风雨,经得起磨难,能够在生活中与恋人同甘共苦,患难与共。

### (三) 恋爱行为指导

文明的恋爱行为是个人修养和心理成熟的表现,是恋爱顺利进行的保障因素,而不当的恋爱行为往往会导致恋爱失败。大学生在恋爱的过程中,需要注重以下几个方面。首先,恋爱行为要大方、文雅,注重场合。恋爱中,无污言秽语,不装腔作势,不夸夸其谈,不卖弄风骚,言谈文雅,举止大方,可以彰显个人的人格魅力,赢得恋人和他人的尊重和好感,有利于促进情感的发展。当恋爱进展到亲昵程度时,一定要避免不雅的动作。粗俗的动作会引起厌恶心理,可能导致情感淡薄,最终两人分离。尤其值得注意的是,恋爱行为要分清场合,注意周围环境,公共场所不当的亲昵行为可能会令人感到尴尬,觉得对方很轻佻,从而引来不必要的麻烦和纠纷。其次,要忠诚于对方,平等相待。在恋爱过程中,不欺骗对方的感情,把握好同其他异性交往的尺度,避免令人误会的行为,更不能玩弄对方情感,"脚踏两只船",这既会伤害恋人,也会让自己遭到鄙视。在恋爱中要尊重对方,平等相待,不拿别人的优点与恋人缺点相比,不要设法考验对方,这样既会伤害对方的尊严,也有损双方的情感。最后,要谨慎对待婚前性行为。恋爱中要注意克制和调节性冲动,将恋爱行为控制在社会规范的范围内。过早或随意的性行为,容易使原本浓厚的感情变质,进入两难境地,引发恋爱悲剧。因此,要正视婚前性行为,多参加文娱活动等升华爱情,享受爱情中其他美好的东西,让爱情在健康的道路上稳步前行。

### (四)培养爱的能力

爱的能力是指和他人建立亲密关系的能力,它对人的一生发展有着重要的意义。具备了爱的能力会引导一个人去真正地爱他人,也真正地爱自己,能真正体验到爱给人带来的快乐和幸福。恋爱的过程也是培养爱的能力的过程。爱的能力实际上是一种综合素质。

#### 1. 表达爱的能力

当你爱上一个人时,能否用恰当的方式和语言向对方表达呢?爱需要表达,无论是亲情、友情还是爱情,一个微笑、一个拥抱、一句"我爱你",都是爱的表达方式。不善于表达爱的人,可能会错失许多美好的情感关系。相反,善于表达爱的人,能够更好地维系和建立情感联系,使生活更加丰富多彩。表达爱需要勇气,需要信心。在感情里,每个人都渴望被爱,被爱能让人觉得安心和满足,让人有和对方一直走下去的力量和信心。很多人的感情之所以中断,其中一部分原因就是感受不到伴侣对自己的爱,内心对这段感情很失望,丧失了和另一半一起走下去的信心。所以向另一半表达爱意很重要。只有具备了表达爱的能力,两个人的感情里才可能有爱的流动,才有可能收获幸福。

#### 2. 接受爱的能力

当期望的爱来到身边,能否勇敢地接受也是爱的能力的表现。有的大学生在别人向自己示爱后,内心挺高兴,但又不敢接受别人的爱,或者对爱缺乏心理准备,或者觉得自己不配、不值得爱,因此而失去发展爱的机会。一部分人对于伴侣表现出来的爱的行为,例如下雨绕道去接自己,往往考虑对方是否麻烦或者后期要还"人情"而拒绝。这类行为看似考虑到了身边大部分人的感受,但反而会让别人觉得有距离感。坦然地接受别人的爱,相信自己是值得被爱的那个人,才会有力量去爱别人。

#### 3. 拒绝爱的能力

有爱的能力的人不是对爱来者不拒,或者将不愿接受的爱简单地拒之千里。当别人向自己示爱时,也有些大学生表现得优柔寡断,既怕伤害对方,又怕对方误会。拒绝爱的能力,首先表现为对他人的尊重,要感谢对方对自己的欣赏和感情;其次要态度明确,表达清楚,即和对方说明你们之间的关系;最后,行动与语言要一致。可能有些同学怕对方受伤害,虽然语言上拒绝了对方,但是行动上还与对方有较亲密的接触,如一起去看电影、吃饭等,容易使对方产生误解,认为还有机会,还纠缠在与自己的情感中。

#### 4. 鉴别爱的能力

鉴别爱是指能较好地分清什么是好感、喜欢和爱情。有鉴别爱的能力的人,是自信的人,也是尊重别人的人。有鉴别爱的能力的人,会自然地与别人交往,主动扩展交往的范围,珍惜友谊,会尽量多地体会他人的感受。过于自我孤立,只站在自我角度考虑问题,对他人和自我感受的认识往往会产生偏离。

#### 5. 解决爱的冲突的能力

爱的冲突一方面来自日常生活中的不一致,或不协调,另一方面可能来自性格的差异。相爱的人不是寻求两人的完全一致,而是两人如何协调、合作。爱需要包容、理解、体谅,要会用各种方式解决冲突。其中沟通是非常有效的方式。恋人间需要有效的沟通,清楚表达自己的思想、感受。争吵或者冷战都不利于问题的解决。

#### 6. 面对失恋的心理承受力

失恋

失恋是人生中一大挫折,考验的是人的耐受挫折能力。失去爱会使人感到一种重要关系的丧失、一种身份的丧失,需要一定的时间去面对和适应。应该正确认识失恋:失恋只是一种选择的结果,一个人不选择自己不等于自我就全面失败了,一无是处。每个人在爱的关系中的心理需要不同,看重的关键点不同。每个人都有可爱的一面,只是其他人欣赏的角度不同。在失恋中学习,把失恋作为一种人生的财富。也许失恋给人带来的强烈的内心冲击是其他事件所不能代替的,这个过程中所体会到的情感,那份挣扎与痛苦,实为一笔人生财富,使人有了更多的人生体验,人才会在失恋中变得更加成熟。失恋给人再恋爱的机会,一次失恋不等于整个爱情生命的结束,人还可以再恋爱,再体验美好的爱情,只要用心去体验、去建设、去学习和感受。

#### 7. 保持爱情长久的能力

保持爱情长久的能力,其实需要上述多种能力的综合。爱需要两个人真正地关心对方,走进对方的内心世界,以对方的快乐为自己的快乐。要保持爱情的常新,需要智慧、耐力、持之以恒、付出心血,同时又要有自己的个性,有自己的追求与发展。学新的东西,善于交流,欣赏对方,才是爱的重要源泉。

(1)有爱的能力的人,是独立的人,有自己独立的价值观,有自己的生活空间。有爱的能力的人不排斥对方,懂得尊重他人、关心他人,会尊重对方的选择,尊重对方的个人的隐私,尊重对方的发展。

（2）保持爱情的长久，要处理好恋爱与学业的关系、其他人际交往关系等，将爱情作为自身发展的动力。

（3）爱需要学习和培养，每个人都有爱的能力。

> **知识拓展**
>
> **正确处理失恋的方法**
>
> （1）正视现实。放弃也是一种美丽。失恋分手，可以有很多理由，就算不能接受也要面对。每个人都会犯错，虽然我有缺点，但我还有我的尊严。
>
> （2）丢弃自卑。失恋并非羞辱之事，失恋并不等于自己不行。
>
> （3）合理宣泄。向亲密朋友或家人倾诉内心的痛苦与悲伤，也可以找心理老师咨询。
>
> （4）寄情于山水之间。可以外出旅游，体验大自然之神奇与伟大。
>
> （5）避免触景生情，应放眼未来。可以采取一些方式来充实自己的生活，着眼未来，开始新的生活，新的幸福。如可以多参加集体活动，多和别人在一起，主动与老友叙旧等。
>
> （6）不要急于开始新的恋情。最好冷静下来分析自己的喜好；他（她）究竟什么地方吸引了我，我们的性格是否合适。

## 课程思政

### 执子之手，与子偕老

"这个世界，什么都古老，只有爱情，却永远年轻"，爱情是老生常谈的话题。大学生在恋爱过程中要树立正确的恋爱观。

**一、恋爱要真诚相待，感情专一，追求真、善、美**

爱情是利他的，而非自私功利的。恋爱不是儿戏，只有相互为对方付出真诚的爱才可能长久和幸福。无论世事如何变迁，人类对真、善、美的追求是永恒的，任何心猿意马、三心二意，搞三角恋爱和多角恋爱的行为都是不道德的。

**二、提倡志同道合的爱情**

爱情不是树荫下的甜言，不是桃花源中的蜜语，不是轻绵的眼泪，更不是死硬的强迫，而是建立在共同基础上的志同道合。因此，在恋人的选择上最重要的条件应该是两个人在思想品德、事业理想和生活情趣等方面的大体一致。也正因为如此，马克思和燕妮的崇高爱情才经受住了艰难困苦的考验，成为广为流传的佳话。

**三、要懂得爱是一种责任和奉献**

爱不仅是得到，更重要的是一种责任和奉献。双方一旦坠入爱河，就必须具有强烈的责任感和奉献精神,这样才能获得真正的爱情。

#### 四、要多一些理解、信任和宽容,互相尊重

世界上没有十全十美的人,也没有十全十美的爱情。两个人在一起不是简单的"1+1=2"的组合,而是相互的谦让和彼此的信任与尊重。爱他(她),就要理解他(她),宽容他(她),接受他(她)的一切,包括缺点。

#### 五、正确处理爱情与学业之间的关系

没有学业的爱情犹如在沙漠中播种,缺乏坚实的根基和水源,迟早会枯萎。因此,大学生应把学业放在首位,摆正爱情与学业之间的关系,其爱情之花才会开得更加鲜艳芬芳。

## 任务四　大学生性心理概述

### 心理故事

**苦恼的小丽**

小军和小丽是高中同学,在同一城市上大学。两人在上大学半年以后的一次同学聚会中再次相遇了。他们见面之后聊起高中时候的事情,一起回忆以前班级上的一些事,并介绍了各自在学校的一些情况。两个人聊得很高兴,慢慢地也亲近了很多。同学聚会结束后,小军经常给小丽打电话,聊一些学校里的事,两人关系越来越亲密,两个月后,两人正式成为男女朋友。刚开始的时候,两人的感情进展很快,感情也很热切,一到周末两人就在一起。相处半年之后,小军主动提出想要跟小丽同居。小丽觉得他们才开始谈恋爱,不想这么快就开始同居生活。为此,两人大吵一架,在之后的日子里,他们经常为同居的事情吵架。小丽为这事头疼不已,不知道到底应不应该这么早就同居。

**思考与分析**:在如今的大学校园里,未婚的校园情侣越来越多,大学生同居现象也开始增多,是什么心理导致该现象日益普遍化?

### 一、性心理的定义

性是以性器官和性特征为主要标志,以繁衍后代为原始意义的一种客观现象。从生物学角度来说,性是人的自然本能,是人类繁衍生息的基础。从社会性角度来说,社会赋予了性以精神和文化内涵。人类的性与其他动物的性的区别就在于它的社会性。

所谓性心理,是指随着性生理和脑发育的逐渐成熟,个体在特定社会环境、文化背景的影响下形成的对性及性活动的认知、体验、观念、情感等心理活动。包括与异性有关的如男女交往、婚恋等心理。性心理涉及与性有关的一切心理活动,如性的认识、性的情绪体验、对性行为的控制等。

## 知识拓展

**性心理发展阶段**

弗洛伊德认为,性欲是指人追求快乐的欲望,性本能冲动是人心理活动的内在动力,当这种能量(弗洛伊德称之为"力比多")积聚到一定程度就会造成机体的紧张,机体就要寻求途径释放能量。弗洛伊德将人的性心理发展划分为5个阶段。

| 阶段 | 年龄段 | 主要表现 |
| --- | --- | --- |
| 口唇期（婴儿期） | 0～1岁 | 快感满足和安全主要通过吸吮母亲的乳房而获得,当然这一行为也是为了满足对事物的需要 |
| 肛门期（儿童早期） | 1～3岁 | 快感区转移到肛门区,获得满足所需的肌肉动作从吸吮变为了排便 |
| 性器官期（学前期） | 3～5岁 | 性别认同开始形成,对自己和他人的生殖器格外好奇,一方面喜欢展示自己的裸体,另一方面对别人的生殖器产生好奇,对两性差异兴趣浓厚 |
| 潜伏期（学龄期） | 6～12岁 | 兴趣开始转移到学校、游戏同伴、体育运动等方面,在以上活动中变得勤奋,具有乐于学习、富有好奇心、有坚强的毅力等特征 |
| 生殖期（青少年期） | 12～20岁 | 对性产生依赖和独立的矛盾冲突,性别角色和性别认同的矛盾冲突迅速膨胀,可能产生一种惊慌失措的情绪体验 |

## 二、性心理的健康标准

1974年,世界卫生组织在一次关于性问题的研究会上,对性心理健康的概念做了如下论述:性心理健康融合了有关性的生理面、情绪面、知识面及社会面,可以促进人格发展,提升人际沟通和爱的能力等。根据性心理健康的内涵,性心理健康的标准应符合以下几点。

（1）正确认识和接纳自己的性别。一个性心理健康的人能正视自己的性生理发育、性心理变化,能在所处的社会环境中正确评估自己,能客观地评价自己和他人,并乐于承担相应的性别角色。

（2）具有正常的性欲。随着性生理的成熟,大学生会出现正常的性欲,这是个体发展的基本规律之一。性欲的对象要指向成熟的个体。

（3）性心理和性行为符合年龄特征,即性生理和性心理发展要保持统一。在生命发展的不同年龄阶段,人的心理发展表现出不同的特征,性心理的发展同样呈现出阶段性的特点。

(4) 正确地对待性变化。个体在生长和发育过程中,性心理因素、性生理因素和性社会因素是交互呈现的,个体在这其中要建立自我同一性才能保持三者的和谐状态。这就要求个体能够正确对待性生理成熟所带来的一系列身心变化,在出现性冲动后,能够正确释放、控制、调节性冲动,使之符合社会规范。

(5) 对于性没有恐惧感。能够把性作为生活的一部分且科学对待,既不过分强调,也不必谈"性"色变。

(6) 和异性保持和谐的人际关系。在交往过程中,保持独立而完整的人格,做到互相尊重,互相信任。

(7) 选择正当、健康的性行为方式,符合社会伦理道德规范。我国性社会学家提出的"性爱三原则"——自愿、成人、私密。性行为的发生应该建立在自愿并且不伤害他人的前提下。大学生应在两性交往中遵守社会规范的约束,学会尊重他人,有责任心,在对性的正确认识和正确的爱情观的基础上,面对自己的性欲能对自己的行为进行有效调节和控制,能正确认识和处理自己的性行为带来的后果,且应有社会道德和社会责任感。

## 三、大学生性心理的特点

### (一)性心理的本能性和朦胧性

大学生特别是低年级大学生对性的认识不足,只是出于本能进行感知,其性心理缺乏深刻的社会认知。在本能的驱动下,大学生对异性感兴趣、有好感,并出现追求、示爱的行为。他们认为性具有很强的神秘感,往往怀着强大的好奇心去探求性知识。这种在生理驱动下的性探索还披着一层朦胧的面纱,是性意识的觉醒和萌动。然而,就是在这样的生理基础上,在朦胧、纷乱的心理变化中,性意识逐渐强烈和成熟起来。

### (二)性心理的强烈性和表现上的掩饰性

大学生随着性生理的成熟,性激素大量释放,性欲及性冲动表现得更为强烈,更加渴望性体验,这是身体发展中的正常现象。但是,大学生受到传统观念的影响,不愿意展露自己真实的感受和内心想法。一方面,他们对异性和与性相关的事物具有极大的好奇心,渴望了解异性心理和性知识、性行为等;另一方面,即使其对异性的接近极其渴望,他们却不愿他人知晓自己的内心想法,将自我紧紧封闭,表面上显得拘谨、羞涩或态度冷漠等。这就导致了大学生性心理表现上的掩饰性,使得大学生内心真正的性心理无法展现,在人际交往特别是异性交往中不能坦然相对,由此产生的心理矛盾会引发大学生的种种心理冲突和苦恼。

### (三)性心理动荡性和压抑性

大学生正处于青春期后期,性能量在这时达到顶峰,在性激素的激发下,会产生强烈的生理感应和心理体验。此时,大学生尚未形成成熟的性道德观与恋爱观,自控能力较弱,容易受外界不良信息的影响。现在互联网上具有丰富多彩、五花八门的性信息,将个别大学生的性意识引向错误的方向,使其沉溺在谈情说爱和对性的过多关注与探索中,甚至走向性过失、性犯罪。

同时,一部分大学生的性能量为社会规范和个人理智所约束、抑制,得不到合理的疏导、升华,这种性的生物性与社会性之间的冲突使许多大学生产生了性压抑,还可能以扭曲的方式、不良的甚至变态的行为表现出来。

> **知识拓展**
>
> **恋母情结和恋父情结**
>
> 奥地利精神分析学家弗洛伊德,是精神分析学的创始人,其著作有《梦的解析》《精神分析引论》等。他认为人类男性天生具有恋母情结,女性天生具有恋父情结。
>
> 恋母情结(Oedipus complex)指有跟父亲作对以竞争母亲的倾向,同时又因为道德伦理的压力,而有自我毁灭以解除痛苦的倾向,是精神分析学派的一个概念。在古希腊神话中有这么一个预言:底比斯国王的新生儿(也就是俄狄浦斯),有一天将会杀死他的父亲而与他的母亲结婚。底比斯国王对这个预言感到震惊万分,于是下令把婴儿丢弃在山上。但是有个牧羊人发现了他,把他送给邻国的国王当儿子。俄狄浦斯并不知道自己真正的父母是谁。长大后他做了许多英雄事迹,娶伊俄卡斯忒女王为妻。后来国家瘟疫流行,他才知道,多年前他杀掉的一个旅行者是他的父亲,而现在和自己同床共枕的是自己的亲生母亲。俄狄浦斯羞怒不已,他弄瞎了双眼,离开底比斯,独自流浪去了。
>
> 恋父情结(Electra complex)也是精神分析学派的一个概念。弗洛伊德认为恋父情结是女孩在3~5岁时具有的一种无意识欲望,其内容是对父亲的爱以及对母亲的轻视与敌视,这一情结持续时间长,不易升华。厄勒克特拉为古希腊神话中的人物,曾帮助她的弟弟俄瑞斯忒斯杀母为父报仇。这是古希腊神话中一段有名的悲剧。厄勒克特拉是希腊联军统帅阿伽门农和王后克吕泰涅斯特拉的女儿。特洛伊战争结束之后,阿伽门农回国,但被王后和她的姘夫杀害。厄勒克特拉就鼓舞她的弟弟俄瑞斯忒斯入宫,杀死她的母亲和姘夫。精神分析学派就把这段女儿为了报父仇杀害母亲的故事,比喻为女孩在心性上发展的恋父情结。

## 四、大学生常见的性心理问题及调适

有研究表明,性意识作为一种困扰,引起大多数男性和女性出现不同程度的心理冲突,表现为焦虑、烦躁、厌恶及内心不安、恐惧、自责等。少部分受严重困扰的学生出现了失眠、注意力不集中、情绪抑郁、不愿与同学(尤其是异性)交往等情况,并常陷入焦虑、矛盾、困惑和苦闷之中,从而影响其学习、生活等,甚至会干扰其自身的正常发展。帮助大学生正确认识性、解答有关性的困惑、形成正确的性心理对大学生的心理健康十分重要。

### (一)性别焦虑与调适

性别焦虑包括对与自己性别相关的形体特征的焦虑,对自己的心理行为是否与性别角色相吻合的忧虑,对自己性功能是否正常的焦虑。这种焦虑主要来源于大学生对自己第二性征的关注,并将自身的情况与相应的性别标准和社会期待的形象进行对比。面对自身情况与自己理想的形象、社会期待的形象之间的差异,大学生要摆正自己的心态。

性别焦虑还包括性取向的焦虑。性少数群体是指在性倾向、性别认同、性身份或性行为等方面上与社会上大多数人不同的群体。同性恋、双性恋、无性恋、跨性别、间性人等都属于性少数群体。尽管在世界范围内,性少数群体平权运动正在逐渐兴起,但是性少数群体在工作、学习、生活中比他人更容易遭受暴力和不公正对待。面对社会种种压力,性少数群体的身心健康更容易出现问题。

关于性别焦虑,可以通过以下方式进行调节:

(1)通过科学的方法管理自己的形象。

(2)对于一些无法改变或很难改变的事物,要摆正心态,树立健康的审美观,同时接受自身现实,不怨天尤人,注意扬长避短。

(3)如果自我理想的形象与他人、社会的期待有较大的出入,并且自己十分坚持自己的想法,就要做好承受巨大社会压力和失去一定择偶优势的准备。如果无法消除自身的性生理焦虑,应及时寻求咨询和帮助。

### (二)性需求困惑与调适

受性自由、性开放思想的影响,一些人认为人们应该遵从本性,尊重性需求,满足本能的需要,享受身体的快乐。这种思想夸大了性自由和性开放的内容,过于强调性需求的本能性,而忽视了人是社会的人,容易陷入为了性而性的误区,进而进行不道德、不文明的性行为。

对性需求有错误认知的大学生,可以从以下两个方面加以改正。

(1)学习性生理、性心理的有关知识,了解性意识的发展规律,树立科学与健康的性观念。

(2)放任自身不合理的性需求会对自己的身心健康带来不利影响。对于不合理的性需求应采取疏导的方式加以控制。

### (三)性行为异常及治疗

性行为异常是指偏离社会规范且可能伤害自己或他人的性行为。可把性行为异常分为三种类型:一是性行为对象异常,如恋物癖;二是性行为方式异常,如窥阴癖;三是性行为违反社会规范,并违反生物学意义,如恋童癖等。

性行为异常已属于心理疾病范畴,需去正规的医院进行诊断治疗。根据国内外研究和临床实践经验,最佳治疗方案是综合性治疗方法,即在临床上用药物控制异常的性冲动并改善情绪,在控制异常性冲动之后采取心理治疗、家庭治疗、行为矫正等方式,必要的时候还以封闭式管理进行辅助治疗。放松疗法和系统脱敏法是性行为异常常用的治疗方法。对于违反社会规范的行为,将受到法律的惩罚。

### (四)性病及其预防

性病,全名为性传播疾病。性病是由性接触而传播的传染病。原卫生部制定的《性病防治管理办法》中所指定的性病包括艾滋病、淋病、梅毒等。性病主要是由病毒、细菌和寄生虫引起,是在世界范围内广泛流行的一组常见传染病,并呈现流行范围扩大、发病年龄降低、耐药菌株增多的趋势,尤其是艾滋病的流行已成为严重的公共健康问题。

性病对人体健康的损害是多方面的。感染性病后如果不能及时发现并彻底治疗,不仅会损害人的生殖器官,导致不育,有些性病还会损害心脏、脑等人体的重要器官,甚至导致死亡。有些性病一旦染上是难以治愈的,如尖锐湿疣、生殖器疱疹。

大学时期是学生身体、生理、心理、意识、世界观、人生观、价值观等方面发生巨大变化的时期,是各方面成熟转变的关键时期,也是性心理健康教育的关键时期。大学生性成熟后,在体内性激素的驱动下,都要体验"神秘的"性意识的萌动。从性成熟、性萌动到性行为的自然需求,一般需要 10～15 年。在这段漫长的时间里,长期处在性朦胧、性神秘、性冲动和性困惑之中,这是每个学生都必须经历的正常性生理和性心理现象,它会产生强大的"内驱力",促使大学生去探索"性知识",但若处理不当,有的大学生也可能误入歧途。因此,大学生需要及时学习性生理、性心理健康教育,提高自我保护能力,使自己的性生理、性心理、性意识、性观念、世界观、人生观、价值观等方面健康发展,顺利度过青春期,走向健康人生。

> **知识拓展**
>
> **知艾防艾,大学生应该知道的那些事儿**
>
> **一、世界艾滋病日——"12·1"**
>
> 2023 年 12 月 1 日是第 36 个世界艾滋病日。1988 年,世界卫生组织将每年的 12 月 1 日确定为世界艾滋病日,号召世界各国和国际组织在这一天举办相关活动,宣传和普及预防艾滋病的知识。它的标志是红丝带,象征着全世界各国人民携手同心,共同与艾滋病做斗争。确立世界艾滋病日,足以说明这一疾病已经严重威胁到全人类的命运,引起了全世界的广泛关注。艾滋病究竟是什么?艾滋病真的有那么可怕吗?大学生与预防艾滋病又有什么关联呢?面对艾滋病的威胁,大学生又该如何自我保护?
>
>
>
> 世界艾滋病日

## 二、艾滋病(ADIS)及其危害

获得性免疫缺陷综合征(Acquired Immune Deficiency Syndrome,ADIS),简称艾滋病。它是由HIV(人类免疫缺陷病毒)感染而引起的致死率极高的严重传染疾病。如果HIV侵入人体,将会破坏人体内的免疫功能,使人体发生难以治愈的感染和肿瘤,最终导致死亡。到目前为止,还没有发现治愈艾滋病的方法,全世界仍无预防HIV感染的疫苗问世。感染艾滋病会给生活带来巨大影响,需要终身规律服药,精神压力增大。

## 三、艾滋病的传染途径

HIV通过性接触、血液和母婴三种途径传播,具有很强的传染性。

(1)性接触是艾滋病最主要的传播途径。HIV可通过性交(阴道交、口交、肛交)的方式在男女之间、男男之间、女女之间传播。HIV感染者的精液或阴道分泌物中有大量的病毒,在性活动时,HIV就会乘虚而入,进入健康人的体内。值得一提的是,由于直肠的肠壁较阴道壁的黏膜更容易破损,所以男男性行为危险性更大。

(2)血液传播是HIV感染的另一种途径。随着《献血法》的落实,医院一次性医疗用品普及后,这种传播途径基本得到了控制。但注射式吸毒仍可能增加感染HIV的机会。

(3)如果母亲是HIV感染者,那么她很有可能会在怀孕、分娩过程,或是通过母乳喂养使她的孩子受到感染。

## 四、大学生如何知艾防艾

HIV感染有四个阶段:急性发作期(窗口期)、无症状期(潜伏期)、艾滋病前期、典型艾滋病期。也就是说很多HIV感染者并不知道或者根本没有意识到自己感染了HIV,在没有任何防护措施的情况下,将HIV传染给了他人。大学生群体已成为受艾滋病影响的新型重点人群。青年大学生要对危险性行为说"不"。

(1)学习HIV感染及艾滋病的相关知识,了解并熟悉HIV的传播途径。学会正确识别健康的性知识,不看色情书刊和低级网站,自尊、自爱、珍惜生命,培养健康的性意识和良好的性道德。

(2)树立正确、健康的恋爱观和性观念。青少年属于性活跃时期,对性充满好奇,但获得性知识一定要有正确的途径,如发生性关系,一定要坚持每次都要正确使用安全套,拒绝多性伴等高危性行为。

(3)远离毒品,不与他人共用静脉注射器。服用毒品会降低人的风险意识,导致不安全的性行为发生,间接增大HIV感染和性病传染的风险。

(4)洁身自爱,培养健康的生活方式,养成良好的行为习惯。慎重交友,不去非法采血站卖血,不涉足色情场所和不良网站,在任何场合都要保持强烈的预防艾滋病的意识,不要存有好奇和侥幸心理。

(5) 不与他人共享剃须刀、牙刷等,尽量避免接触他人体液、血液,对被他人污染过的物品要及时消毒。

(6) 生病时要到正规的诊所、医院求治。注意输血安全,不到医疗器械消毒不合规的医疗单位,特别是私人诊所打针、拔牙、针灸、手术。不用未消毒的器具穿耳洞、文身、美容。

(7) 怀疑自己患有性病时,要尽早检查、及时治疗,争取治愈,还要动员与自己有性接触的人接受检查和治疗。

(8) 发生暴露后,比如破损手指沾染艾滋病患者的血液、同 HIV 感染者发生了无保护的性行为,可以使用暴露后预防用药。72 小时内使用暴露后预防用药可减少 HIV 感染的风险,时间越早,保护效果越好。

**五、科学看待艾滋病,理智防艾**

(1) HIV 离开人体后,对外界环境的抵抗力较弱,日常生活接触不会传播 HIV。

(2) 艾滋病不会经马桶圈、电话机、餐饮具、卧具、游泳池或浴池等公共设施传播。

(3) 咳嗽和打喷嚏不传播艾滋病。

(4) 蚊虫叮咬不会感染艾滋病。

艾滋病固然可怕,但只要青年大学生洁身自爱,科学防护,就一定能远离艾滋病。

## 心理测试

### 成人依恋量表(AAS)(修订版)

请阅读下列语句,并衡量你对情感关系的感受程度。请考虑你的所有关系(过去的和现在的)并回答你在这些关系中的感受。如果你从来没有卷入情感关系中,请按你认为的情感会是怎样的来回答。

请在量表的每一题之后勾选与你的感受一致的数字。

| 题 目 | 完全不符合 | 较不符合 | 不能确定 | 较符合 | 完全符合 |
| --- | --- | --- | --- | --- | --- |
| 1. 我发现与人亲近比较容易。 | 1 | 2 | 3 | 4 | 5 |

续表

| 题 目 | 完全不符合 | 较不符合 | 不能确定 | 较符合 | 完全符合 |
|---|---|---|---|---|---|
| 2. 我发现要我去依赖别人很困难。 | 1 | 2 | 3 | 4 | 5 |
| 3. 我时常担心情侣并不真心爱我。 | 1 | 2 | 3 | 4 | 5 |
| 4. 我发现别人并不愿像我希望的那样亲近我。 | 1 | 2 | 3 | 4 | 5 |
| 5. 能依赖别人让我感到很舒服。 | 1 | 2 | 3 | 4 | 5 |
| 6. 我不在乎别人太亲近我。 | 1 | 2 | 3 | 4 | 5 |
| 7. 我发现当我需要别人帮助时,没人会帮我。 | 1 | 2 | 3 | 4 | 5 |
| 8. 和别人亲近使我感到有些不舒服。 | 1 | 2 | 3 | 4 | 5 |
| 9. 我时常担心情侣不想和我在一起。 | 1 | 2 | 3 | 4 | 5 |
| 10. 当我对别人表达我的情感时,我害怕他们与我的感觉会不一样。 | 1 | 2 | 3 | 4 | 5 |
| 11. 我时常怀疑情侣是否真正关心我。 | 1 | 2 | 3 | 4 | 5 |
| 12. 我对别人建立亲密的关系感到很舒服。 | 1 | 2 | 3 | 4 | 5 |
| 13. 当别人在情感上太亲近我时,我感到不舒服。 | 1 | 2 | 3 | 4 | 5 |
| 14. 我知道当我需要别人帮助时,总有人会帮我。 | 1 | 2 | 3 | 4 | 5 |
| 15. 我想与人亲近,但担心自己会受到伤害。 | 1 | 2 | 3 | 4 | 5 |
| 16. 我发现我很难完全信赖别人。 | 1 | 2 | 3 | 4 | 5 |
| 17. 情侣想要我在情感上更亲近一些,这常使我感到不舒服。 | 1 | 2 | 3 | 4 | 5 |
| 18. 我不能肯定在我需要时总找得到可以依赖的人。 | 1 | 2 | 3 | 4 | 5 |

**计分标准:**

本量表包括3个分量表,分别是亲近、依赖和焦虑分量表,每个分量表由6个条目组成,共18个条目。本量表采用五级评分法,选什么数字就得几分。其中,2、7、8、13、16、17、18题为反向计分条目,在评分时须进行反向计分转换(选1=5分,选2=4分,以此类推)。先计算3个分量表的平均分数,再将亲近分量表和依赖分量表合并,产生亲近依赖均分。

## 模块三 全面发展自我

| | | | | | | | |
|---|---|---|---|---|---|---|---|
| 亲近分量表 | 题号 | 1 | 6 | 8 | 12 | 13 | 17 | 平均分 |
| | 得分 | | | | | | | |
| 依赖分量表 | 题号 | 2 | 5 | 7 | 14 | 16 | 18 | 平均分 |
| | 得分 | | | | | | | |
| 焦虑分量表 | 题号 | 3 | 4 | 9 | 10 | 11 | 15 | 平均分 |
| | 得分 | | | | | | | |

亲近依赖均分计算方法：亲近依赖均分＝（亲近分量表总分＋依赖分量表总分）/12。依恋类型的划分结果如下。

安全型：亲近依赖均分＞3，且焦虑均分＜3；
先占型：亲近依赖均分＞3，且焦虑均分＞3；
拒绝型：亲近依赖均分＜3，且焦虑均分＜3；
恐惧型：亲近依赖均分＜3，且焦虑均分＞3。

## 拓展实训

### 我理想中的爱情

操作过程：

1. 给成员发卡片，成员在卡片上写下自己理想的爱情，要求条理清晰。
2. 在这个活动中，你有什么感受，请你与大家分享成功走向爱情应具备哪些心理条件。请4～5位同学发言。

心理引导：

其一，不过分痴情，不咄咄逼人，不公开表现自己的爱情占有欲，能充分尊重对方，美满的爱情要求人把爱情视为生活的一部分而非全部。在开拓自己人生的同时，重视对方，不干涉对方的活动，但不是漠不关心，而是要为双方留有个人空间。其二，爱情不是索取而是奉献，是以对方的幸福为满足，即要有无私奉献精神。其三，美满的爱情是彼此双方独立个性的结合。即恋爱双方应不作为对方的依附而存在，而是让双方都有发展自己个性的余地。其四，寻找和珍惜双方心理上的共鸣，美满的爱情在于精神上的和谐、心灵上的沟通。

# 模块四　积极调适自我

## 项目八　有效管理压力和应对挫折

### 知识导入

　　草地上有一个蛹,被小朋友发现并带回了家。过了几天,蛹上出现了一道小裂缝,里面的蝴蝶挣扎了好长时间,身子似乎被卡住了,一直出不来。天真的小孩看到蛹中的蝴蝶痛苦挣扎的样子,十分不忍,于是就拿起小剪刀把蛹壳剪开,帮助蝴蝶脱蛹而出。然而好景不长,最后小蝴蝶一动不动死掉了。

　　蝴蝶为什么会过早死去?因为蝴蝶失去了成长的必要过程。蝴蝶必须在蛹中经过痛苦的挣扎后,直到它的翅膀强壮了,才会破蛹而出。否则,它很快就会被环境所吞噬。

### 学习目标

**素质目标**

1. 培养坚韧不拔、百折不挠的心理品质。
2. 培育自强不息的品格和以爱国主义为核心的民族精神。

**知识目标**

1. 了解压力、挫折的概念和内涵。
2. 掌握影响压力的因素,认识挫折的形成过程。

**技能目标**

1. 学会管理压力,化压力为动力。
2. 学会有效应对挫折。

模块四 积极调适自我

## 思维导图

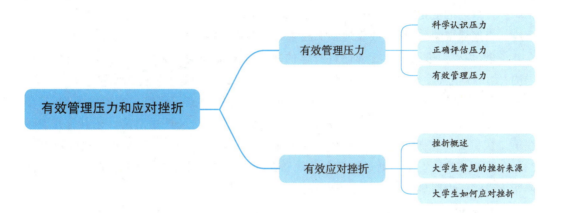

## 任务一　有效管理压力

### 课堂活动

当你听到压力这个词的时候，你脑海中出现了什么样的场景？_____
内心会有什么样的情绪？_____

### 一、科学认识压力

#### （一）压力的定义

什么是压力？

压力有三重含义：第一层含义是指导致机体产生紧张反应的刺激；第二层含义是指机体对刺激的紧张性反应；第三层含义是指由于机体与环境之间的"失衡"而产生的一种身心紧张状态。

在心理学视角下，压力是指个体在面对外部环境要求或内部心理冲突时，产生的一种心理和生理上的紧张状态。

#### （二）压力的反应

想象如下情境：深夜你一个人独自走在黑暗的小巷里，在巷子的中间，你发现一个高大魁梧的身影,手里提着一根大棒拦住了你的去路,而你又没有退路可走。你除了想"我真倒霉"之外,你的身体内部又会发生什么变化?

你的心脏剧烈跳动,心跳开始加速;呼吸加快,似乎不能自控;开始出汗;肌肉紧张……一系列的变化在你体内发生。沃尔特·坎农将这些压力反应定义为"或战或逃"反应。当遭遇威胁的时候,或就地参加战斗或逃跑,你的身体都会为之做好充分的准备。在巷子里,你要为进一步的行动而将身体的每一部分都调动起来,所以这些反应都是必须的;然而你很快发现,当持续地面临这样的反应时,我们的健康将受到威胁。

"压力之父",加拿大内分泌学家汉斯·薛利在对压力进行研究的实验中发现,给予老鼠压力源,这些实验中的老鼠纷纷出现了胃黏膜和十二指肠严重溃疡。还有研究发现在第二次世界大战期间德国营地的战俘只有1%死在释放前;而日本营地的战俘却有33%在释放前就死亡了。通过把营养条件和在押时间控制为常量,研究发现日本营地战俘所承受的压力明显高于德国营地的战俘所承受的压力。

总的来说,人在面对压力时,会产生一系列复杂的身心反应,这些反应是人类进化过程中形成的应对机制,旨在帮助个体应对威胁或挑战。这些反应可以分为短期(即时)反应和长期(慢性)反应。

### 1. 短期(即时)反应

(1)生理反应。

自主神经系统激活:面对压力源,人体的"或战或逃"(fight or flight)机制会被触发,导致肾上腺素和皮质醇等激素水平上升,引发心跳加速、血压升高、呼吸急促等。

能量释放:血糖水平上升,为肌肉提供即时能量,准备快速行动。

感官警觉:瞳孔扩大,视觉和听觉敏感度增加,以便更好地感知周围环境。

(2)心理反应。

情绪波动:可能会感到焦虑、害怕、愤怒或烦躁。

集中注意力:对压力源高度关注,可能忽略其他信息。

思维模式变化:思维可能变得更加狭窄,专注于眼前的问题,有时会出现"思维僵化"。

### 2. 长期(慢性)反应

(1)生理影响。

免疫系统抑制:长期压力会削弱免疫系统,使人更容易感染疾病。

心血管疾病风险增加:高血压、心脏病和中风的风险增加。

消化问题:可能出现胃痛、消化不良或食欲改变。

睡眠障碍:压力会影响睡眠质量,导致入睡困难或睡眠中断。

(2)心理影响。

情绪问题:长期压力可能导致抑郁症、焦虑症或其他心理健康问题。

认知功能受损:注意力、记忆力和决策能力可能受到影响。

行为变化:可能表现为逃避行为、过度依赖物质(如酒精、药物)或从事风险行为。

(3) 社会影响。

人际冲突:长期压力可能导致情绪不稳定,影响与家人、朋友的关系。

工作表现下降:工作效率和创造力可能受影响,进一步增加工作压力。

需要注意的是,我们应认识到这些反应是正常的生理和心理机制,但长期或过度的压力对健康有害。

### (三)压力源的分类

压力源可以分为几个主要类别,它们从不同角度影响个体的心理和生理状态,具体包括以下几种。

(1)生物性压力源(biological stressors):这类压力源直接威胁个体的健康和生存,包括疾病、疼痛、感染、身体创伤、饥饿、性剥夺、睡眠剥夺、噪声、气温变化、光线过强或过弱等。

(2)精神性压力源(psychological stressors):包括内在的和外在的事件,这些事件损害个体的精神健康。例如,错误的认知结构(如消极思维模式)、个体不良经验(如创伤后应激障碍)、道德冲突、生活经历造成的长期不良个性及心理(如自卑、焦虑倾向)、情绪困扰(如持续的焦虑、抑郁)等。

(3)社会环境性压力源(social environmental stressors):直接影响个体在社会中的需求的满足,包括社会结构变化(如重大社会变革、经济衰退)、人际关系问题(如家庭冲突、重要关系破裂)、工作环境(如工作压力、职场竞争、失业)、社会地位改变(如移民、社会排斥),以及由个人状况导致的社交适应问题(如精神障碍患者的社交障碍)。

(4)文化性压力源(cultural stressors):指个体在适应不同文化背景或文化快速变化时遇到的挑战,如价值观冲突、语言障碍、习俗差异、身份认同困惑等。

(5)其他分类:①物理性压力源,如极端气候条件、环境污染、居住或工作环境的不舒适;②经济压力源,如财务困难、就业不稳定、生活成本高;③个人发展压力源,如教育压力、职业规划、个人成长的挑战。

了解生活中的压力源有助于个体识别自己面临的压力类型,并采取相应措施进行管理和缓解。

#### 知识拓展

**如何与压力做朋友**

健康心理学家凯利·麦格尼格尔在她的TED演讲《如何与压力做朋友》中,颠覆了人们通常认为压力纯粹是有害的传统观念。

麦格尼格尔首先坦言道,作为一名健康心理学家,她的使命原本是帮助人们减轻压力以促进健康,但她后来发现,对压力的看法本身可能比压力本身更有影响力,关键在于如何看待和解释自身的压力反应。她引用了一项研究,该研究跟踪调查了

3万名美国人。在长达8年的调查中,他们发现并非压力本身导致健康问题,而是认为压力对健康有害的信念增加了死亡风险。换言之,那些经历高压但不认为压力有害的人,实际上比那些压力较小但视压力为负面的人更健康。

麦格尼格尔解释了当我们感到压力时,身体释放的激素如肾上腺素其实是在帮助我们准备应对挑战。例如,它使心脏泵血更快,给大脑提供更多氧气,同时释放催产素,这种激素不仅能减少焦虑感,还能促进社交互动和彼此信任,增强我们面对压力时的社会支持感。她鼓励人们重新建构压力感受,将其视为身体帮助我们应对挑战的自然机制。拥抱压力意味着接受身体的反应,视之为资源,而非敌人。例如,心跳加速可以被理解为身体为你提供的能量,让你准备好行动。

此外,麦格尼格尔强调,当我们处于压力之下时,与他人建立联系尤为重要。催产素的释放促使我们寻求帮助和提供支持,这种社会互动可以转化为压力的积极结果,帮助我们更好地应对生活中的困难。

最后,麦格尼格尔鼓励大家改变对压力的态度,将之视为一种可以被利用的资源。通过改变我们对压力的看法,我们可以将其转变为增强韧性和促进成长的力量,真正与压力做朋友。

## 二、正确评估压力

大学生面临的压力具有多元化且来源广泛,涵盖了学习、生活与未来的多个维度。初入大学的新生,其压力主要源于对校园生活的适应难题,包括独立生活、学习方式改变及社交网络的重建。而步入大二、大三年级的青年大学生,则可能遭遇更为复杂的挑战,如恋爱关系、人际交往以及学习压力。临近毕业之际,就业压力、个人未来规划等问题往往也成为困扰大学生的突出问题。

适度的压力如同催化剂,能够激活个体的潜在能量,从而高效率地完成任务。当然,如果压力超出了承受限度,就会影响身心健康。正确地评估压力是有效管理压力的基础,我们可以通过紧张松弛测试表了解自己的压力程度。

### 拓展阅读

**压力有多重**

一次心理培训中,老师拿起了一杯水对着台下的听众问道:"你们觉得这杯水有多重?"台下的听众纷纷开始猜测。有的说20克,有的说500克。最后大家都在等待着老师告诉他们正确答案,老师说道:"这杯水的重量并不重要,重要的是你能用一只手平举多久?举一分钟,各位一定都觉得没问题;举一个小时,可能觉得手有些酸;举一天,可能得叫救护车了。其实这杯水的重量是一样的。你举得越久,就觉得越沉重。我们必须做的是放下这杯水。休息一下后再拿起这杯水,如此我们才能拿得更久。就像我们要将承担的压力在一段时间后适时地放下并好好地休息一下,然后再重新拿起来一样,如此才可承担得更久。"

如果我们在生活中一直把压力放在心里(就像把一瓶500毫升的矿泉水一直举在手上一样),不管一开始是否能够承受,到最后我们都会觉得压力越来越大而无法承担。但如果我们能够学会管理压力,及时疏导压力,就能将压力控制在我们的掌握范围内。

## 三、有效管理压力

### (一)了解压力的积极作用,重塑认知评价

心理学家拉扎勒斯提出的压力交互理论认为,压力的产生会经历两阶段的认知评价过程:初级评价中,个体考察自身所面临的情景对自己的重要性,如跟自己有无关系、对自己有何影响等;在次级评价中,个体考察自身所具备的资源、策略能否解决当前所遇到的问题。若个体所做的评价为"应对压力所使用的资源超出了自己所具备的范围",这时心理压力才会产生。因此,我们需要科学认识压力的积极作用,重塑认知评价。

> **知识拓展**
>
> **压力与绩效——耶基斯-多德森定律**
>
> 压力与绩效之间的关系在心理学中被广泛研究,呈现出一种倒U形曲线,即耶基斯-多德森定律(Yerkes-Dodson Law)。这一理论指出,压力水平与绩效之间存在最佳点,在这个点上,人们的绩效达到最优状态。当压力水平过低或过高时,绩效都会下降。
>
>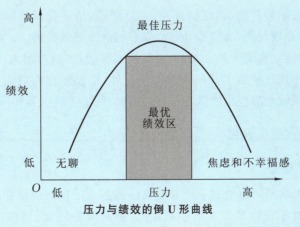
>
> 压力与绩效的倒U形曲线

> **1. 低压力水平**
>
> 当个体处于放松状态,缺乏足够的激励或紧迫感时,可能会导致动力不足、注意力分散,工作效率较低。这是因为过于轻松的环境可能不足以激发个体的最佳表现。
>
> **2. 最佳压力水平**
>
> 当压力适中时,它能激发个体的警觉性、注意力和动力,促进信息加工速度和决策效率的提升,从而达到最高工作效率。这时,个体处于挑战与能力相匹配的状态,能够最有效地调动资源应对任务。
>
> **3. 高压力水平**
>
> 当压力超过某个阈值后,过高的压力就会产生负面影响。它可能导致认知功能受损,注意力狭窄,记忆力和创造力下降,甚至引起焦虑、疲劳等健康问题,严重时还可能引发"过劳"。在这样的状态下,个体的工作效率和判断力显著降低。
>
> 综上所述,压力与绩效之间的关系复杂而微妙,关键在于找到适合个体的最佳压力水平,通过有效的压力管理技巧和策略,如时间管理、冥想、目标设定和积极的心理学实践等,来优化个人表现。

### (二)构建社会支持系统,增进交流

在战争中,不断有新兵加入,士兵们经常从一个地方转移到另一个地方,这些因素使得士兵之间存在陌生感,缺乏信任感。由于战争的压力,他们当中罹患溃疡的概率非常高,而当团体相对稳定,成员间建立起信任和亲密感,会使他们免于受到与压力相关问题的折磨。这个故事告诉我们有效的社会支持系统能帮助个体应对生活压力,减少心理困扰。

心理学中的社会支持系统,是一个综合性的概念,指的是个人在其社会关系网络中所能获得的来自他人的物质和精神上的帮助与支持。这个概念强调了人际关系在个体应对生活挑战、维持心理健康和促进个人发展中的重要性。社会支持可分为两类:一类是直接支持,包括实际的帮助,如经济援助、生活照顾、信息提供等;另一类是间接支持,更多体现在情感和心理层面,如鼓励、倾听、安慰和认同感的提供。

大学生应主动建立和维护社会关系,参与校园活动,加强与家人、朋友的沟通。在沟通方式上,除了利用现代通信工具经常保持联系外,也要注重面对面交流的质量。将来进入职场,在专业领域也应注重团队合作,建立良好的上下级关系和同事关系。

### (三)学会自我放松训练

#### 1. 一般身心放松法

当压力出现时,我们可以通过一些身心放松的方式让我们的精神和身体由紧张状态转向松弛状态,这对于缓解日常生活中的压力、提高睡眠质量、增强注意力等方面非常有益。

## 模块四 积极调适自我

身心放松

身体放松的常用的方式有散步、慢跑、游泳、瑜伽、太极拳、温水浴等;精神放松常用的方法有读书、写日记、听音乐、自然疗愈等。

### 知识拓展

**公园20分钟效应**
——当代人的精神"快充"

"公园20分钟效应"这一理论来自一篇发布在《国际环境健康研究杂志》上的研究。该研究认为,即使不做任何运动,在公园里待20分钟,也能带来更好的状态。

根据密歇根大学的最新研究,无论是散步还是坐着,只要与大自然亲密接触20分钟以上,便能显著降低体内压力激素水平(stress hormone levels);阿拉巴马大学伯明翰分校(UAB)研究人员在另一项研究中发现,到当地城市公园游玩的人会感到更快乐;同时,英国伦敦国王学院研究人员在另一项研究中发现,户外活动、观赏树木、聆听鸟鸣、仰望天空以及亲近自然,都能改善个人的心理健康状况。在某些情况下,这种积极影响甚至可以持续七小时……多项研究表明,大自然对于改善人类心理健康十分有益。

那么,公园为何如此神奇?以下是"公园20分钟效应"存在的一些关键原理。

(1) 自然环境的治愈力:自然界的元素,如绿植、水流声、鸟鸣和花香,能直接作用于人的感官,激发人内在的平静,使其放松。这些自然体验能够减轻心理紧张感,降低应激激素(如皮质醇)水平,从而产生对抗压力的累积效应。

(2) 认知评价的转移:置身自然中,人们的注意力从日常生活的压力源转移到周围环境的美好事物上,这是一种认知转移。这种转移有助于减少对负面情绪的关注,提升情绪状态。

（3）冥想效应：与冥想类似，"公园20分钟效应"鼓励个体通过五感（视觉、听觉、嗅觉、触觉、味觉）与自然互动，活在当下，从而达到一种心灵的净化和放松状态。这种状态有助于减轻焦虑，提高情绪稳定性。

（4）生理机制：自然环境下的放松不仅影响心理状态，也直接影响生理机能，比如减缓心跳、降低血压、改善免疫功能等，这些都是通过神经系统和内分泌系统的调节实现的。

（5）归属感和社会连接感：公园通常是人们聚集、社交的场所，即使是在不直接与他人互动的情况下，仅仅是观察他人的活动，也能增强个体的归属感和社会连接感，这对心理健康同样重要。

（6）促进身体活动：虽然"公园20分钟效应"不强制要求运动，但在公园中散步或轻度活动，可以进一步促进内啡肽的分泌，这是一种自然的化学物质，能够提升幸福感。

综上所述，"公园20分钟效应"通过心理和生理机制共同作用，为人们提供了一个快速而有效的压力缓解方式，体现了生态文明对人类心理健康的重要贡献。

### 2. 松弛反应训练

松弛反应训练，也称放松反应训练或放松技巧训练，是一种通过身心练习来减轻压力、焦虑和紧张的心理干预方法，包括深呼吸（腹式呼吸）练习、冥想训练、渐进性肌肉放松训练等。这种方法旨在激活身体的自然放松反应，以对抗长期处于"或战或逃"状态所带来的负面影响。松弛反应训练可以帮助改善睡眠质量、降低血压、缓解疼痛、提高情绪管理能力等。进行松弛反应训练时，重要的是找到适合自己的方法，并将其作为日常习惯持续练习。初期可能需要在专业人士的指导下进行，以确保掌握正确的技巧并最大化获益。下面，我们一起来了解一些常见的松弛反应训练方法。

（1）深呼吸练习。

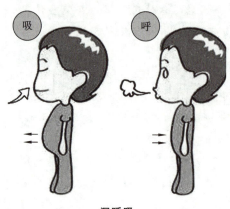

深呼吸

我们大部分人在呼吸时只利用肺的一部分。为了起到减压作用，我们必须学会让整个肺部参与到呼吸中来，学会怎样从下至上使肺充满。具体步骤如下：①找一个安静的地方，尽量排除其他干预；②躺下或者坐下，先调整呼吸，想象看到了自己的肺；③慢慢吸气，在呼气时提胃；④让肋骨伸展，肩膀抬起，让空气充盈肺部，默数10秒钟或者更长时间；⑤呼气时肩膀放下，肋骨收回，以腹部肌肉慢慢将胃拉回，将肺部底端的所有气体排出；⑥重复这一活动3～5分钟，每天坚持做几次。

模块四 积极调适自我

（2）冥想训练。

冥想有许多方式,一种比较容易学习的冥想方式是放松反应。放松反应需要安静的环境、精神的准备、被动的态度、舒适的姿势。①安静的环境。你可以在任何地方进行冥想,你可以在户外冥想,如草地上、小溪边或者森林里,你也可以在室内冥想,坐在地毯上或椅子上,但一定要安静、不被打扰的环境。②精神的准备。精神准备是指将注意力聚集到一个集中点,集中点可以是物体、动作(如呼吸)或重复的声音。如果选择将注意力集中于呼吸和声音,那么在冥想时闭上眼睛将有助于集中注意力。将呼吸与重复的声音匹配,如吸气时可轻声喊出"咿",呼气时可轻声喊出"喔"。在精神准备阶段最少的分心是成功冥想的关键。③被动的态度。在冥想时不要过于担心自己的表现,调整状态然后再集中。④舒适的姿势。在进行冥想时你不需要像一位瑜伽大师一样坐成一个盘腿的姿势,但要尽量做到不被束缚。脱掉紧身的衣服,换上宽松、舒适的衣服,让自己感觉很放松。

具体操作如下:以舒适的姿势安静坐下;闭上眼睛或者将注意力聚集于一个点;从头到脚的肌肉完全放松;轻松、自然地呼吸;持续 10～20 分钟,可以看表,但不要用闹钟来结束;维持被动的状态,分心时回到集中点。

### 知识拓展

**森林康养实践中的冥想**

人们漫步在森林中,可以集中调动感官。因而在森林中进行静坐冥想,人们能够更加全身心地感知花草树木的气味、形状、颜色、质地,借助自然的能量场来调和人体的能量场。在专业导师的指导下,想象自己正漫步于林间的小径,柔和的阳光透过树林间隙,洒在小草地上,微风轻拂过脸庞,几缕发丝随风轻盈飘动,思绪也随之飞向那遥远而未知的远方……

冥想

> 在森林康养实践中,冥想能够感受大自然的治愈力量,提升身体的觉察能力、放松程度和集中力,为进入森林的人们带来充沛的活力,达到身心疗愈效果。

(3)渐进性肌肉放松训练。

渐进性肌肉放松训练的具体步骤如下,整个过程涉及全身各个部位。

① 准备阶段。

找一个安静、舒适的地方坐下或躺下,确保不会被打扰。

调整到一个舒适的姿势,闭上眼睛,深呼吸几次,让自己开始放松。

② 调整呼吸。

深深吸气,感受气息充盈肺部,然后缓缓呼出,释放所有的紧张。

③ 开始放松。

脚趾:尝试紧紧卷曲脚趾并保持紧张,坚持10秒钟,然后突然放松,体会放松的感觉,保持5秒。

脚底和脚踝:紧绷双脚脚底和脚踝的肌肉,保持紧张感,然后放松。

小腿:将脚尖向上翘起,感受小腿肌肉的紧张,之后放松。

大腿:紧绷大腿肌肉,如同用力挤压一样,随后放松。

臀部:紧缩臀部肌肉,然后放松。

腹部:紧绷腹部肌肉,像做仰卧起坐那样,然后放松。

胸部:深吸一口气,让胸部膨胀,然后缓慢呼出,放松胸部肌肉。

肩部和颈部:耸肩向耳,感受肩颈的紧张,然后让肩膀自然下垂、放松。

面部:皱紧额头,紧闭双眼,咬紧牙关,然后逐一放松这些部位。

手臂:从手到双臂,依次紧张然后放松。

背部:尝试轻轻拱起背部,感受背部肌肉的紧张,然后平躺放松。

④ 重复与深化。

每个部位的紧张与放松过程重复2~3次,每次都更加专注于紧张与放松之间的对比感受。

⑤ 全身扫描。

最后进行一次全身扫描,从头到脚想象每个部位都是放松的,如果发现有任何紧张的地方,可以进行专门放松。

⑥ 结束。

深深吸一口气,慢慢呼出,感受整个身体的松弛和平静。

在心里告诉自己,现在你的身体和心灵都非常放松。

渐进性肌肉放松训练需要时间和实践,刚开始训练你可能不容易感受到显著的放松效果,但随着训练的深入,你会逐渐放松。

## 模块四 积极调适自我

### 课程思政

**逆风飞翔,聚力新生**
——华为 Mate60 Pro 的诞生

我国的民族企业华为作为全球领先的通信设备和智能手机制造商,其在 5G 技术、电信基础设施建设等方面具有领先优势。华为的快速发展被视为中国经济崛起和科技自立自强的象征。美国为维护其在全球科技竞赛中的领先地位,遏制中国科技力量,从 2019 年起,美国对华为实施严厉的制裁手段,旨在限制华为获取美国技术、软件和服务。这些制裁手段对华为的发展造成了一定影响,尽管面临重重困难,但华为顶住压力、团结一致,进行技术攻关和研发,开发鸿蒙系统(HarmonyOS)、加强芯片自主研发(如推出昇腾系列 AI 芯片),并在全球范围内寻找非美国的供应商和合作伙伴。2023 年 8 月 29 日,搭载麒麟 9000S 芯片的华为 Mate60 Pro 震撼发布,以"同心聚力,美学新生"为产品理念,掀起了中国高端智能手机的市场热潮。

华为 Mate60 Pro 的研发不仅在硬件层面实现了自主芯片的升级,还在美国等国家联合制裁的高压下完成了软件和安全技术上的重要创新,代表着中华民族坚韧不拔的优秀品格,代表着"中国智造"科技企业的崛起。

### 心理测试

**压力测试**

请认真阅读,用大约 10 分钟时间,根据自己的实际选择适合的答案,并按 0～4 分 5 个等级计算得分(总是＝4 分,经常＝3 分,有时＝2 分,很少＝1 分,从未＝0 分),然后将各题得分相加。你可以通过总得分了解自己所承受的心理压力的程度。

| 题目 | 总是 | 经常 | 有时 | 很少 | 从未 |
| --- | --- | --- | --- | --- | --- |
| 1. 我受背痛之苦。 | | | | | |
| 2. 我的睡眠时间不固定,且睡不安稳。 | | | | | |
| 3. 我有头痛症。 | | | | | |
| 4. 我腭骨疼痛。 | | | | | |
| 5. 若需等候,我会不安。 | | | | | |

续表

| 题目 | 总是 | 经常 | 有时 | 很少 | 从未 |
|---|---|---|---|---|---|
| 6. 我的后颈感到疼痛。 | | | | | |
| 7. 我比很多人更易精神紧张。 | | | | | |
| 8. 我很难入睡。 | | | | | |
| 9. 我的头感到紧或痛。 | | | | | |
| 10. 我的胃有病。 | | | | | |
| 11. 我对自己没有信心。 | | | | | |
| 12. 我会和自己说话。 | | | | | |
| 13. 我忧虑财务问题。 | | | | | |
| 14. 与人见面我会窘迫。 | | | | | |
| 15. 我担心发生可怕的事。 | | | | | |
| 16. 白天我觉得累。 | | | | | |
| 17. 我没有感冒但感觉喉咙痛。 | | | | | |
| 18. 我心情不好,无法静坐。 | | | | | |
| 19. 我感到非常口干。 | | | | | |
| 20. 我觉得我有心脏病。 | | | | | |
| 21. 我觉得自己不是很有用。 | | | | | |
| 22. 我吸烟。 | | | | | |
| 23. 我肚子不舒服。 | | | | | |
| 24. 我觉得不安。 | | | | | |
| 25. 我流汗。 | | | | | |
| 26. 我喝酒。 | | | | | |
| 27. 我很不自觉。 | | | | | |
| 28. 我觉得自己被"四分五裂"。 | | | | | |
| 29. 我的眼睛又酸又累。 | | | | | |
| 30. 我的腿或脚抽筋。 | | | | | |

续表

| 题目 | 总是 | 经常 | 有时 | 很少 | 从未 |
|---|---|---|---|---|---|
| 31. 我的心脏跳动过快。 | | | | | |
| 32. 我怕结识人。 | | | | | |
| 33. 我手脚冰凉。 | | | | | |
| 34. 我患便秘。 | | | | | |
| 35. 我未经医师批示使用药物。 | | | | | |
| 36. 我发现自己很容易哭。 | | | | | |
| 37. 我消化不良。 | | | | | |
| 38. 我咬指甲。 | | | | | |
| 39. 我耳中有嗡嗡声。 | | | | | |
| 40. 我频繁小便。 | | | | | |
| 41. 我有胃溃疡。 | | | | | |
| 42. 我有皮肤方面的病。 | | | | | |
| 43. 我的喉咙有压迫感。 | | | | | |
| 44. 我有十二指肠溃疡。 | | | | | |
| 45. 我担心我的工作。 | | | | | |
| 46. 我有口腔溃疡。 | | | | | |
| 47. 我为琐事担忧。 | | | | | |
| 48. 我呼吸浅快。 | | | | | |
| 49. 我觉得胸部有压迫感。 | | | | | |
| 50. 我发现自己很难做决定。 | | | | | |
| 总分 | | | | | |

回答完毕后请把得分加总。如果你的总分在38～70分,那么你的压力是适中的,不必改变生活方式;如果你的总分低于38分或高于70分,那么你可能需要对目前的生活方式进行调整,低分者需要获取更多刺激,高分者需要减轻自身压力。

## 任务二　有效应对挫折

> **心理故事**
>
> **丰收的空壳：麦穗的启示**
>
> 　　有一天，一个农夫找到上帝，对他说："我的神啊，也许是你创造了世界，但是你毕竟不是农夫，我得教你点东西。"上帝借着胡子的遮掩，偷偷笑了，对他说："那你就告诉我吧。"农夫说："给我一年时间，在这一年里，按照我所说的去做。我会让你看见，世界上再不会有贫穷和饥饿。"
>
> 　　在这一年里，上帝满足了农夫所有的要求。没有狂风暴雨，没有电闪雷鸣，没有任何对庄稼有危害的自然灾害发生。当农夫觉得该出太阳了，就会有阳光普照；要是觉得该下点雨了，就会有雨滴落下，而且他想让雨停雨就停了。环境真是太好了，小麦的长势特别喜人。一年的时间到了，农夫看到麦子长得那么好，就又到上帝那儿去了，对上帝说："要是再这么过十年，就会有足够的粮食来养活所有的人。人们就算不干活也不会饿死了。"然而，等人们收割的时候，却发现麦穗里什么都没有，空空如也。这些长得那么好的麦子，竟然什么都没结出来。
>
> 　　农夫惊讶极了，又跑到上帝那儿去了，问道："上帝呀，这究竟是怎么回事呀？"上帝道："那是因为小麦都过得太舒服了，没有任何打击是不行的。这一年里，它们没经过风吹雨打，也没受过烈日煎熬。你帮它们避免了一切可能伤害它们的东西。没错，它们长得又高又好，但是你也看见了，麦穗里什么都结不出来。挫折还是有必要的，我的孩子，就像白昼之间总有黑夜，风雨雷电都是必需的，正是这些锻炼了小麦。"
>
> 　　**思考与分析：** 大学生在以往的成长过程中，顺境多、逆境少、挫折体验少。我们就像故事中的麦穗一样，没有经历过大风大浪的洗礼，对可能遇到的挫折缺乏心理准备，对挫折的承受力也比较弱。人的一生只要有追求、有需要，就会有失败、有失落，挫折在所难免，这也是我们成长的必经之路。

### 一、挫折概述

#### （一）挫折的定义

　　挫折是指个体在追求特定目标或进行有目的的活动的过程中，遭遇无法克服或自认为无法克服的障碍、困难或干扰，导致其需求、期望或动机未能得到满足的心理状态和情绪体验。这种经历通常伴随着失望、痛苦、沮丧、焦虑、愤怒等负面情绪反应，可能对个人的心理健康、行为表现及后续的动机水平产生影响。挫折的概念涵盖了三个核心方面。

### 1. 挫折情境

挫折情境即引发挫折的具体环境和事件,包括自然环境因素、社会环境因素和个人内在因素等。

### 2. 挫折认知

挫折认知是指个体对挫折情境的主观解读和评估,包括对障碍的大小、克服障碍的可能性以及挫折对自身意义的认识。

### 3. 挫折反应

挫折反应是指个体面对挫折时的情绪、行为和生理上的变化,包括直接的情绪表达、应对策略的采取、长期的心理调适和个性变化等。个体受挫后的反应总体上可以分为非理性的情绪化反应和理性的行为反应。

1) 非理性的情绪化反应

受挫后最先产生的是非理性的情绪化反应,伴随着挫折感受而出现,主要表现为攻击、退化、自杀、焦虑、固执、冷漠、逃避等。

调查表明,一个人遇到挫折最常见的情绪化反应就是攻击,包括对使其受挫的对象的直接或间接攻击。直接攻击是指直接指向使其受挫的对象的攻击;间接攻击是指由于不可控或其他原因不能直接对使其受挫的对象进行攻击,转而将目标指向自己或他人,指向自己时会产生如轻生、自责、自虐等形式的打压行为。

退化也是个体遭遇挫折后常见的反应。所谓退化是指个人在受挫后出现与自己年龄、身份很不相称的幼稚行为,如需求没有被满足就大哭、大闹、耍赖、任性等。这实际上是一种防御应对行为。如果以成人的应对方式面对挫折,就会产生心理上的紧张、焦虑和不安,为了避免出现这种情况,受挫者会放弃已经习得的成年人的正常行为模式,使用早期孩童般的应对方式,从而减轻内心的压力。

自杀是受挫后最极端的应对方式,自杀行为往往发生在那些缺少社会支持的个体身上,面对家庭矛盾、失恋、人际关系问题、学习困难、考试或晋升失败等挫折。他们很容易对自己丧失信心、自怨自艾,给自己的生活渲染上一层灰色。这层灰色让其与外界的人和物分离,造成很多现实问题,如人际关系不良、自我评价过低等,使自己成为自己迁怒的对象,导致自残甚至自杀。

2) 理性的行为反应

遇到挫折后保持冷静,面对现实审时度势,采取积极进取的态度对待挫折,这样的应对行为称为理性的行为反应。理性的行为反应要矢志不渝地坚持自己的目标。理性的行为反应并不等于一味强求自知不可能达到的目标,而是要根据自身的情况及时调整目标。

挫折既有可能成为个体成长的契机,促使人们总结经验、提升解决问题的能力(积极适应),也可能导致消极后果,如自我效能感下降、行为失常或心理健康问题(消极适应),这取决于个体的应对方式、心理韧性以及社会支持等因素。

### (二)挫折的类型

对挫折进行分类,可以依据很多标准,按人生的发展阶段可分为童年期挫折、青年期挫折、中年期挫折、老年期挫折;按挫折的来源可以分为客观因素造成的挫折(如自然环境因素等)、主观因素造成的挫折(如个人经历、能力、性格等)和社会因素造成的挫折(如家庭、学校等);按挫折的程度可分为重要挫折和一般挫折;按挫折的具体内容可分为工作挫折、情感挫折、人际挫折、学习挫折、婚恋挫折等;按挫折持续的时间可分为短暂性挫折和持续性挫折。

## 二、大学生常见的挫折来源

### (一)学业方面的挫折

学习是大学生的主要任务,因此学习也就成了大学生生活中主要的挫折来源。很多学生的高考志愿都是在教师和家长的指导下盲目填报的,并非自己喜欢的。进入大学后,专业学习和个人志向的矛盾便显露出来,加上学习的知识陌生,学习动机不明确,学习动力不足,考试压力过大,尤其是挂科降低了大学生的自我认同,从而常使学生感到痛苦、失落、迷惘与彷徨。也有一部分学生因为高考失利或其他原因不得不来到自己不喜欢的学校,心有不甘,于是给自己定下了一些高难度的学习目标,并认为只要努力就应该达到目标,可一旦失败他们就陷入自责和自我否定的观念里无法自拔。

### (二)人际交往方面的挫折

与同学、朋友、老师交流

大学生处于人生发展中精力最旺盛的时期,思想活跃、精力充沛、兴趣广泛,人际交往的需要特别强烈。他们希望通过人际交往去认识世界,获得支持和信赖感。然而大学生在人际交往中常出现交往不顺利,导致其受挫、心情沮丧。此外,如果我们沉迷网络世界无法自拔,忽视与同学、朋友、老师交流,久而久之,我们在处理现实人际关系时就会不知如何应对。

此外,亲密关系也是大学生活的重要组成部分。但是大学生的恋爱特点往往看中恋爱过程,轻视恋爱结果,爱情关系比较不稳定。因此,失恋等情感问题已经成为大学生在校园期间所受的主要挫折之一,甚至有可能使大学生产生一些极端行为。

### (三)经济方面的挫折

大学生自身没有经济来源,大部分的收入都来源于父母。大学生作为一个身心尚不成熟的群体,比较容易受资本主义消费陷阱的影响,炫耀性消费可能会成为他们实现"自我价值"最直接的手段。同时,我们也应该看到虽然有一部分同学会出于攀比等原因而大手大脚,不仅增加了自己和家庭的经济负担,而且使他们在盲目的消费中迷失了自己;但也有很多大学生会根据自己家庭的经济情况理性消费,也有一些大学生通过自己的努力,获得学校的奖学金和助学金,积累成功经验,保持自信。

### (四)择业就业方面的挫折

随着在校大学生人数大量增加,就业压力陡增。大学生在择业过程中渴望有公平的竞争环境,但招聘单位难免有学历、性别歧视,或者附加身高、相貌等"苛刻"条件,有时也会有招聘单位靠人情关系"钻空子"等不公平现象发生。不少毕业生愤愤不平,抱怨自己"生不逢时",而有的则表现得过于偏执,缺乏理性。例如,有的大学生一次求职受挫便一蹶不振,陷入失望、焦虑、苦闷的情绪之中。

## 三、大学生如何应对挫折

现代的社会充满了竞争、挑战、风险和机遇。青年大学生应该在这样的环境中奋斗、成长。大学生要想有所作为、有所成就,就必须具备应对挫折、正确克服挫折的能力。人们常说"解铃还须系铃人",要克服挫折,外部环境固然重要,但许多挫折都是由大学生自身的主观因素造成的,是大学生自身产生不良情绪、遭遇痛苦经历的根源。因此,要真正克服挫折,主要还是依靠大学生自己。

培养大学生的挫折承受能力,需要注意以下几个方面。

### (一)正确认识挫折

大学生面对挫折通常存在以下几个错误认识:第一,认为挫折不应该降临在自己头上,我们把大学生活想象得非常美好,对于挫折缺乏足够的思想准备。实际上,挫折的发生是非常普遍的,人生不可能事事顺心,所有人都会遇到挫折。第二,因为某次挫折就全面否定自己。例如,一次考试失利就认为是自己能力不够,不是读书的料。这样的认识通常会使个体丧失自信,引起强烈的挫折感。第三,把挫折的结果想象得非常严重。比如和同学发生一次争吵就会认为别人都对自己有看法,认为自己没风度,以后都不和自己交往了。

那么,我们应该如何看待挫折呢?

首先,我们必须从思想上深刻认识到挫折的必然性和普遍性。挫折,如同人生旅途中的必经之路,是我们无法避免的一部分。正是这些挫折,如同磨砺宝剑的砥石,使我们变得更加坚韧和成熟。

其次,我们需要明确挫折具有两重性。一方面,它可能会带给我们痛苦、沮丧、不安乃至失望;另一方面,正是这些挫折塑造我们的坚强和成熟,推动了我们心理过程的发展和完善。如同古人所言,"自古雄才多磨难,从来纨绔少伟男。"纵观古今中外,那些取得巨大成就的人,往往都经历过各种挫折的洗礼。例如楚汉之争,刘邦坚韧不拔、积极应对、善于用人,这使得他能够在多次失败中重新振作,并最终取得胜利;而项羽则缺乏韧性、心浮气躁、过于自信,使得他在遭遇挫折时更容易崩溃,并最终导致失败。

因此，当大学生遭遇挫折时，我们不应只看到其带来的损失和痛苦，更要从中寻找自身的优势和潜在的成就。我们不能一味地沉浸在挫折带来的负面情绪中，而应该迅速摆脱这种情绪的束缚，以理性的态度去面对。同时，我们还应该学会从挫折中总结经验教训，这将帮助我们在未来的生活中避免重蹈覆辙，更好地应对各种挑战，不断成长和进步，最终实现自我价值的最大化。

### （二）确立合理的自我归因

归因是一个复杂而重要的心理过程，它涉及人们如何理解自己和他人的行为，个体的归因倾向则对人的心理承受力有很大的影响。

部分人倾向使用外部的、稳定的、不可控的归因，认为外部的难以预料的力量是主宰行为的原因。例如，认为自己成绩不好主要是因为考卷难度太大。部分人倾向于内在的、不稳定的、可控的归因，即认为自身的努力是影响事情发展与行为结果的主要原因。例如，认为自己成绩不好是由于这段时间学习不够努力造成的。一般来说，进行内在归因的同学对自己的行为有更多的责任感和积极态度；但是从对失败的归因方面来看，由于倾向于把原因归于主观因素，所以容易自我埋怨、自我责备，如果不及时处理可能会让他们产生挫败感。

因此，大学生首先要学会收集事件的多方面信息，客观总结困难的原因所在；其次，要学会合理归因，避免归因的片面性，克服过分承担或完全推诿责任的倾向，学会实事求是地承担责任；再次，要积极采取措施主动改变挫折环境，从而有效应对挫折。例如，在学习过程中发现最近学习效率不高，通过原因分析之后，可以尝试改变学习地点、时间，或改变学习科目的顺序、学习结构等，从而避免学习效率不高给自己带来压力和困扰。

> **知识拓展**
>
> **探索成败之谜：归因理论的奥秘**
>
> 韦纳等人认为，我们对成功和失败的解释会对以后的行为产生重大的影响。如果把考试失败归因为缺乏能力，那么以后的考试还会期望失败；如果把考试失败归因为运气不佳，那么以后的考试就不大可能期望失败。这两种不同的归因会对生活产生重大的影响。
>
> 归因理论特别强调成就的获得有赖于对过去工作是成功还是失败的不同归因。如果把成功和失败都归因于自己的努力程度，就继续努力。反之，如果把成功与失败归因于能力太低、任务太重这些原因，就会放弃努力。运气或机遇是不稳定的外部因素。过分地归因于这些因素会使人产生"守株待兔"的坚持行为。总之，只有将失败的原因归因于内外部的不稳定因素时，即努力的程度不够和运气不好时，才能使行为人进一步坚持原来的行为。

### （三）善于调节自我抱负水平

自我抱负水平是指个体对未来可能达到的成功标准的心理需求。它也是人们在从事一些实践活动之前,对未来可能实现的目标或成就所制定的标准,是人们进行活动的原动力。活动能否成功取决于抱负水平的高低是否与个体的能力或条件相匹配。抱负水平过低,即使成功了,也不能有成就感;抱负水平过高,达不到预定目标时容易产生挫败感。

在现实生活中,不少大学生遇到的挫折都与自我抱负水平的确立不当有关。心理学的研究告诉我们,适度的动机最有利于任务的完成。因此,大学生必须学会根据自己的实际能力来设定目标,并在任务完成的过程中及时调节自己的目标。对于较难完成的任务,如大学毕业后要找到一份好工作,需要把它分解成短期、中期和长期目标。短期目标就是在最近的一次专业技能考试中获得优异成绩,中期目标就是在今年找一份兼职工作获得实践经验,长期目标就是在大学期间尽可能提高自己的专业技能,学习专业知识,获得专业实践经验。这样,就可以在通往成功的路上逐渐体会到愉快和满足,提高自信心;能在遭遇失败、挫折后不断总结经验教训,最终战胜挫折取得成功。

必须指出的是,大学生在确立自我抱负水平时,要注意综合考虑自身目标、社会客观环境条件、社会利益等因素,这样才能取得有助于自身,更有助于社会的成就。我们要学会在正确认识自己的基础上,根据自己的实际能力提出切实可行的目标,把目标放在既有一定难度又可能达到的水平上,调整抱负水平,获取成功经验,增强挫折承受能力。

### (四)构建积极的心理防御机制

心理学家弗洛伊德认为,由于本我在不断地释放冲动,这种本能的紧张会一直存在,在外部刺激的作用下,自我的完整受到威胁。自我的作用是控制本我的冲动,协调外部刺激,如果自我完整性受到侵害,那个体心理就处于危险状态。正如鸡蛋有一层外壳,保护其不受外界的攻击,心理也是如此。个体也会建立起"防御机制"对自我进行保护,它是一系列应对挫折的策略,会把感受到的挫折最小化。

弗洛伊德提出了诸如拒绝、压抑、投射、合理化、反向作用、退化、升华和幽默等方面的防御机制。这些防御机制有些是积极的,有些则是消极的。面对复杂多变的社会生活,大学生可以建立积极、成熟的心理防御机制,增强挫折承受能力,以适应社会的发展。可以采取以下措施。

(1)转移。转移注意力,暂时摆脱烦恼。如"做另一件有意义的事来忘掉它""想些高兴的事自我安慰"等。

(2)宣泄。如找个好朋友倾诉或进行心理咨询。

(3)认同。让自己以成熟的人自居,认定自己同他人一样,立志追求真善美,并确信自己对社会也是有价值的,以此提高个人自我价值,增强自信心。

(4)想象。结合自身在人生旅程中的位置,不断憧憬未来,提出更高的动机需求。不醉心于幻想,而要立足于现实,珍惜生命的分分秒秒,追求自己生命的价值。

(5)升华。把原始的不良动机、需要、欲望投射到学习、劳动、文体活动中,抛开杂念与烦恼,执着地追求正当的目标,使精神得到升华。这是应对挫折最积极的态度。力量不在别处,就在我们身上。

### （五）建立和完善社会支持系统

每个人都需要建立一个完善的社会支持系统,并使之成为一种习惯。一方面,人是社会化的动物,每个人都有交往的需求,交往中所产生的人际互动能使我们内心产生愉悦感;另一方面,每个人的能力毕竟有限,在压力和挫折面前,往往需要借助社会支持系统的力量。正所谓没有永远的"孤胆英雄",大学生在成长的过程中要学会建立自己的社会支持系统。

首先,保持自信并积极地相信自己可以给别人带来帮助和快乐。很多时候,我们不敢与人交往,是因为顾虑太多,太介意别人的看法。而事实上,很多想法是自己臆想的,我们应该重视自己的力量,不要妄自菲薄。同时,健康的人际交往应该做到以平等为原则,并努力使自己也成为他人的社会支持系统的一部分。

其次,重视社会支持系统,相信社会支持能够为自己传递力量。我们生活在一个社会群体中,群体之间的成员需要彼此支持和帮助才能实现共同发展,在遇到困难的时候要懂得求助。当碰到自己多番努力后依然不能解决的问题时,要善于沟通、寻求帮助,千万不要认为这样会显得懦弱,有时候我们向别人求助反而会增加彼此之间的亲密感。

再次,在构建社会支持系统的过程中,一定要怀有同理之心和感恩之心。我们在人际交往的过程中始终要尊重他人,注重他人的感受,待人真诚、宽容,不带主观偏见,提供自己力所能及的帮助,这样才可以建立稳定的人际关系。从表面上看,社会支持系统的功能在于从中获得支持,但是每个人在构建社会支持系统的时候,更应懂得付出。要在别人遇到困难的时候伸出援助之手,为他人提供帮助,在帮助别人的过程中体会付出的快乐。只有这样,当自己碰到困难的时候才会得到各方的支持。

最后,多参加一些社会活动,不要让生活局限于学校宿舍、教室、家。社会实践可以锻炼大学生的人际交往能力,同时也能培养大学生的兴趣爱好,让他们多结交一些志趣相投的朋友。

## 拓展实训

请写下你的社会支持系统,思考谁对你的帮助更大。

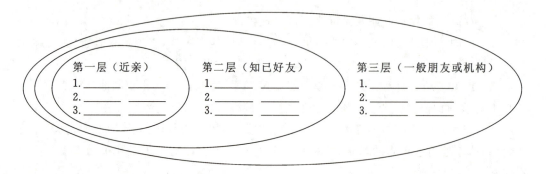

模块四 积极调适自我

活动说明:请你先从近亲开始,列出自己生活中的社会支持系统,并评定主观支持感。其中,主观支持感分为1~5五个等级,1分表示非常不支持,5分表示非常支持。

**拓展阅读**

**书籍分享**

《自控力:和压力做朋友》,[美]凯利·麦格尼格尔著,王鹏程译,北京联合出版公司2017年版。

作为一名健康心理学家,凯利·麦格尼格尔博士吸收了心理学、神经学和经济学等学科的最新洞见,写下了这本帮你学会与压力共存的实用指南。拥抱压力会使你面对挑战时更主动,让你学会运用压力的力量,将重重窘境转变为社会交往的机会。压力将引领你在痛苦中找到意义。

## 项目九 保持稳定良好的情绪

**知识导入**

情绪是个体心理发展的重要组成部分,也是个体社会性发展的重要内容,在人的各种内心活动中,情绪往往起决定性作用,它能左右人的思想、影响人的判断,促使人做出各种选择。大学生群体,他们整体的身心状况还处于青春期这一个体发展的关键期,心理状态具有敏感及不稳定等特点,其情绪反应强度大、变化快,情绪调节能力相对较弱,这些特点决定了他们常常会产生各种各样的情绪困扰。情绪虽不是我们生活的全部,但会影响我们全部的生活。认识并了解自我情绪,学会管理情绪,你才能掌控自己的人生。

**学习目标**

**素质目标**

1. 能积极看待生活中的挑战和困难,培养乐观、自信的心态。
2. 培育理性平和的社会心态。

**知识目标**

1. 认识情绪的定义、类型,以及功能。

2. 了解大学生的情绪特点和常见的不良情绪。
3. 掌握不良情绪疗法。

### 技能目标
能够接纳并管理自己的不良情绪。

### 思维导图

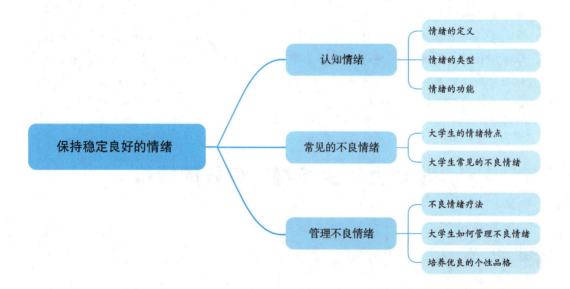

## 任务一　认知情绪

### 心理故事

**绝望的小郭**

小郭是某校林业专业的大一新生。由于高考失利，小郭未能考取理想的大学，虽然他能在毕业后专升本，可他总觉得不是滋味。看着朋友圈里以前的同学纷纷去往自己理想的大学后，他更是自惭形秽，认为自己就是一个失败者，整天郁郁寡欢，沉浸在失落、抑郁之中。

到学校一段时间之后，小郭越发觉得自己的专业没有前途，想到自己的家境远不如身边的同学，而自身又没有特别的才能，感觉在很多方面都低人一等。渐渐地，小郭不再抬头说话，也不愿主动社交。平时小郭干什么事都提不起精神，计划好的事情就是无法坚持下去，每天都在消磨时间，身心极为疲倦。

直到在一次专业教育课上，听着优秀校友分享自己的成长史，他发现自己原来的想法是多么消极。他憧憬着自己能像那位优秀的校友一样，有所作为，于是他开始认真地投入专业学习中。不知不觉，高考失利的阴霾逐渐散去，小郭不再沉溺于自怨自艾，他忙碌的身影活跃在校园每个角落，他也时常在朋友圈分享精彩的校园生活……回首那段消沉的日子，他发觉当自己的想法改变时，他的情绪也有了变化。

**思考与分析：**情绪作为一种很常见的心理活动，常常被忽视。案例中的小郭之所以能从最初沉溺于失落之中无法自拔，转变为投入并融入大学生活，是因为其情绪从消极转变为了积极。情绪扮演着十分重要的角色，它影响了小郭生活的方方面面。正确认识情绪、管理情绪不仅关系到大学生的心理健康，同时也是大学生全面发展的重要要求。

## 一、情绪的定义

情绪是指人对客观事物是否符合自己需要而产生的态度体验。情绪的重要成分应该包括以下三点。

### （一）情绪是一种主观体验

情绪是一种内在的主观体验。人在不同情绪下的生理状态会反应在人的知觉上，从而形成人的不同的内心感受和体验。同一件事情，不同的人的主观体验不一样，内心感受也不一样，情绪反应也不一样。比如说在公众场合摔了一跤，有的同学会耿耿于怀，不断自责、难受；有的同学会一笑了之。

### （二）情绪的外部表现

不同的情绪会有不同的行为表现。行为表现的形式多样，主要有三种：面部表情、姿态表情、语调表情。在一般情况下，面部表情中，鼻、颊和嘴是表现厌恶的关键部位；眉、额、眼睛是表现哀伤的关键部位；嘴、颊、眉、额是表现愉悦的关键部位；眼睛的变化可用来表现恐惧。姿态表情即面部以外的肢体动作，包括手势、身体姿势等。语调表情主要通过语音、语气、语速、语意来显示情绪的变化等。

(a)　　　(b)　　　(c)　　　(d)　　　(e)　　　(f)

**面部表情**

#### （三）情绪的生理唤醒

情绪的生理唤醒是指在经历特定情绪时，身体所发生的一系列生理变化。这些变化通常是自动的和无意识的，它们是情绪反应的一部分，帮助个体准备应对情绪所涉及的情境。以下是一些常见的情绪的生理唤醒特征。

（1）心跳加快：情绪激动时，心脏可能会更快地泵血，以供应身体其他部位所需的额外能量。

（2）血压升高：情绪激动可能导致血管收缩，从而增加血压。

（3）呼吸加快：情绪激动时，呼吸可能会变得更加急促，以增加氧气的摄入量。

（4）肌肉紧张：情绪激动可能导致肌肉紧张，为可能的行动（或战或逃）做准备。

（5）出汗：情绪激动时，汗腺可能会分泌更多汗液，以帮助身体降温。

（6）瞳孔放大：在情绪激动时，瞳孔可能会放大，以增加光线的进入，提高视觉敏感度。

（7）消化系统变化：情绪反应可能影响消化系统的活动，如在激动时可能感到胃部不适或食欲变化。

（8）内分泌系统变化：情绪反应可能导致激素水平的变化，如在激动时肾上腺素和皮质醇的释放增加。

这些生理变化是由自主神经系统控制的，它分为两个主要部分：交感神经系统和副交感神经系统。交感神经系统在情绪激动时被激活，导致上述的"或战或逃"反应；而副交感神经系统则在情绪平静时占主导地位，帮助身体恢复到放松状态。

情绪的生理唤醒是情绪体验的重要组成部分，它不仅影响个体的身体状态，而且可以反过来影响情绪的强度和持续时间，还可能影响其行为和决策。了解和管理情绪的生理唤醒对于情绪调节和心理健康至关重要。

### 二、情绪的类型

心理学家根据情绪发生的强度、持续性、紧张度把情绪状态和反应划分为心境、激情和应激三种形态。

#### 1. 心境

心境是一种持续时间较长、强度较低的情绪状态，它通常不与特定的事件或对象直接相关，具有渲染性和弥散性的特点。心境可以是积极的，如愉快、乐观；也可以是消极的，如沮丧、焦虑。心境会影响个体的思维、行为和整体的生活体验。如当一个人处于积极的心境下，他看什么都会觉得乐观积极；而当一个人郁郁寡欢，处于消极的心境下，则对许多事都会感到没有兴趣。"忧者见之而忧，喜者见之而喜"就是心境的表现。与激情相比，心境的持续时间更长，可能持续数小时、数天，甚至更久，而且通常不那么强烈。

**知识拓展**

**穿针心理**

一些心理学家曾做过这样一个实验：在给细小的缝衣针穿线的时候，越是全神贯注，线越不容易穿入。在科学界，这种现象被称为"目的颤抖"，也叫"穿针心理"。

在人的内心世界中，心境扮演着极其重要的角色。在平和积极的心境下，一个人会变得从容镇定、思维灵活，其潜能会得到充分发挥，从而变得越发聪明，不管做什么事都能达到预期的效果。而在紧张慌乱的心境下，一个人会变得思维迟钝、想象贫乏，其潜能会始终处于睡眠状态，从而变得木讷，不管做什么事都达不到理想的效果。所以，每逢重要场合，我们都要克服"穿针心理"，以平和积极的心境去对待。放下包袱，轻装上阵，必然能使自己的能力得到最好的发挥。

**2. 激情**

激情是一种强烈的、通常与特定事件或对象相关的情绪反应。它通常伴随着高度的生理唤醒和强烈的情感体验，如爱、愤怒、恐惧等。激情状态下人对自己行为的控制力减弱，但不等于不能控制自己的行为。激情可以是积极的，也可以是消极的。积极的激情能增强人的动力和魄力，激励人们攻克难关；消极的激情则会导致理智的暂时丧失、情绪和行为的失控。激情都是短暂而强烈的情绪爆发，往往与强烈的动机和行为倾向相关，如追求所爱之人、报复或逃避危险。

**3. 应激**

应激是指个体在面对压力、挑战或威胁时的心理和生理反应。应激可以由外部事件（如工作压力、人际关系问题）或内部因素（如焦虑、恐惧）引起。应激反应通常包括生理上的变化，如心跳加快、血压升高，以及心理上的紧张和焦虑。适度的应激可以激发个体的潜能和应对能力，但长期或过度的应激可能导致健康问题，如心脏病、抑郁症等。

## 三、情绪的功能

情绪是人类心理活动的重要组成部分，它们在个体的生存、适应和社交互动中扮演着关键角色。情绪的功能可以从多个角度来理解。

（1）适应性功能。情绪帮助个体适应环境中的变化和挑战。例如，恐惧情绪可以促使个体逃离危险，而愤怒情绪可能激发个体保护自己或他人免受威胁。

（2）动机功能。情绪可以作为内在的驱动力，推动个体采取行动。例如，对食物的渴望（饥饿感）可以驱使个体寻找食物，而对成就的渴望（成就感）可以激励个体努力工作。

（3）交流功能。情绪通过面部表情、声音和肢体语言等方式传达个体的内在状态和意图，这对社交互动至关重要。例如，微笑通常传达友好和愉悦，而皱眉可能表示不满或担忧。

（4）信息处理功能。情绪可以帮助个体评估和处理信息。它们为事件和情境赋予了情感价值，从而影响个体的决策和行为选择。例如，积极的情绪可能使个体更倾向于冒险和探索，而消极的情绪可能使个体更加谨慎和保守。

（5）学习和记忆功能。情绪与学习和记忆紧密相关。情绪性的事件往往更容易被记住，因为它们激活了大脑中与情感相关的区域，如杏仁核。这有助于个体在未来遇到类似情境时能够快速做出反应。

（6）自我调节功能。情绪可以帮助个体调节自己的行为和心理状态。例如，通过体验羞愧或内疚，个体可能会调整自己的行为以符合社会规范和期望。

（7）社会联系功能。情绪有助于建立和维护社会关系。共情和同情等情绪使个体能够理解他人的感受，并促进合作，形成社会凝聚力。

情绪的功能是多方面的，它们不仅影响个体的内在体验，也影响个体与外部世界的互动。理解情绪的功能有助于个体更好地管理自己的情绪反应，提高生活质量，并在社会中建立更健康的人际关系。

## 任务二　常见的不良情绪

### 心理故事

**纠结的小明**

小明是会计专业一名贫困生，他上大学的钱是父母好不容易借来的。入校后，由于同学的家庭背景不同，小明感到了巨大的经济落差和心理落差，促使他更加坚定学好专业技能、争取更大的发展空间的决心。班主任非常欣赏他，推荐他担任班级的临时负责人，小明觉得自己的时间和精力有限，没办法同时兼顾班级事务和个人学习，经常开玩笑说让其他人接过班长的重担。很快，开学已过月余，班级组织了班干部正式选举，作为临时负责人，小明仍然被推选为班长候选人，但结果是另一个同学中选。小明顿时五味杂陈，一方面为终于可以全心全意学习而欣喜，另一方面又夹杂着不被老师和同学认可的失落，觉得自己不如他人……

**思考与分析**：在实际生活中，大学生的情绪并不是单一的、原始的，而是复杂的、复合的，这使大学生正确认识情绪遇到困难。情绪是一个信号，要学会透过情绪了解自己的认知观点、真实需求等，提高自己的情绪韧性。

模块四 积极调适自我

## 一、大学生的情绪特点

### (一)丰富性和复杂性

从生理发展阶段来看,大学生正处于青春期后期,一个充满梦想和憧憬的年龄阶段,几乎人类所具有的情绪都可在他们身上体现出来,并且各种情绪的强度不一,包括失落、难过、嫉妒、忧伤等;从自我意识的发展来看,大学生表现出较多的自我体验,具有强烈的自尊感,易产生自卑、自负等情绪体验;从社交方面来看,大学生的交际范围日益扩大,与同学、朋友及师长之间的交往更细腻、更复杂,有的大学生还开始体验一种更突出的情感——恋爱,而恋爱往往又伴随着深刻的情绪体验,这种特殊的体验对大学生有十分重要的影响。

### (二)波动性和两极性

波动性和两极性具体表现为强烈、狂暴性与温和、细腻性共存。有人曾用"急风暴雨"一词来形容大学时期学生情绪强烈的特点。情绪的冲动性使得他们容易因一时莽撞而发生过激的行为。如对一件不公平的事他们往往表现出愤慨、激动,反应强度大;甚至有的同学会因一点小的不愉快而大动肝火,与人激烈争吵,甚至拳脚相向,不知道控制自己的情绪,严重的甚至导致情绪型犯罪,造成不可挽回的后果。有时,他们又表现出温和、细腻的特点,如许多大学生在阅读了一部文艺作

与人激烈争吵

品之后,会长时间地沉浸在某种情绪之中,一句话也不说,这种情绪不单来自书中的内容,还有相当一部分是通过他们的思考和遐想派生出来的较为复杂的情绪。

### (三)阶段性和层次性

在大学阶段,由于不同年级的培养目标和培养重点不同,教育方式和课程设置有所区别,各个年级面临的问题不同,情绪特点也不同。

大学新生面临的是适应环境、改变学习方法、熟悉新的交往对象,以及确立新的目标等问题。新生自豪感和自卑感混杂,放松感和压力感并存,新鲜感和恋旧感交替,情绪波动大。大二年级的学生经过了大一年级的适应过程,能够融入校园生活,情绪较为稳定。而毕业班学生则面临毕业论文(毕业设计)及择业等多方面的重大难题,压力大的同时情绪波动也大,消极情绪较多。

### （四）内隐性和外显性

随着认知水平的不断提高，处于青春期后期的大学生能够通过社会实践活动接触到更多抽象的社会性材料，并主动进行抽象思维，从而能在深刻认识的基础上把不同的情绪成分联结在一起，逐步形成比较稳定而复杂的情绪结构。大学生在情绪上已逐渐失去了那种毫无掩饰的单纯和率真，内隐性和外显性并存。如大学生会在某种场所将喜、怒、哀、乐等各种情绪隐藏于心；而有时候为了从众或其他一些想法，大学生会将某种情绪覆上一层表演的色彩，失去了童年时的那种自然性。通常大学生的很多情绪是一眼就能看出来的，考试第一或者赢了比赛时，他们马上就会喜形于色。但大学生在成长过程中面临学习、交友、恋爱和择业等具体问题时，那些"痛彻心扉"的体验往往深藏不露，具有很强的内隐性。

## 二、大学生常见的不良情绪

### （一）焦虑

焦虑是一种类似担忧的反应或是自尊心受到潜在威胁时产生担忧的反应倾向，是个体主观上预料将会有某种不良后果而产生的不安感，是一种紧张、害怕、担忧混合的情绪体验。焦虑常伴有肌肉紧张、出汗、嘴唇干裂和眩晕等生理反应。

大学生可能会因为考试、作业、未来就业等难题感到焦虑。焦虑对大学生的影响是复杂的，它既可能成为大学生成长成才的内驱力，也可能产生阻碍作用。实验证明，中等焦虑能使学生维持适度的紧张状态，注意力高度集中，促进学习。但过度焦虑则会对学生带来不良的影响，如有的大学生在临考前夜的失眠、考试时"怯场"、在竞赛中不能发挥正常水平等，多是高度焦虑所致。

### （二）抑郁

抑郁是一种愁闷的心境，表现为情绪反应强度的不足。抑郁情绪可能表现为持续的悲伤、失去兴趣、疲劳和自我价值感下降。

抑郁情绪较为普遍。例如，有些学生刚来到大学，不适应大学生活或者所学专业自己不是很满意而陷入抑郁的情绪状态，表现为对生活学习失去兴趣，无法体验快乐，行为活动水平下降，回避与人交往。严重者，还伴有失眠，甚至有自杀倾向。特别需要注意的是，抑郁情绪与抑郁症既有联系，又有质的区别。前者属于一种不良情绪反应，需要心理上的调整；而后者属于精神疾病，需要及时就诊。

### （三）孤独

美国精神分析学家埃里克森将人的一生分为八个阶段，每个阶段都由一对冲突或两极对立的性格特质组成,解决这对冲突(或称为危机)就成为这一阶段要完成的主要任务,如果成功地完成这一阶段的任务,则在自我力量增强的同时,人格也更加健全;如果不能成功地解决这对冲突,人格发展会受到阻碍。18~25岁这个阶段正是埃里克森划分的第六阶段:成年早期,这一阶段的任务是建立亲密感,避免孤独感,体验爱情。如果没有很好地完成这个任务,其后果就是孤独感会时时伴随。大学生正处于这一时期,然而由于他们还不能承担起对自己的责任,他们通过对异性的爱来获得亲密感的过程常常遭遇种种困境与"水土不服"。

### 知识拓展

**人一生发展的八个阶段**

埃里克森认为,人要经历八个阶段的心理社会演变,这些阶段包括四个童年阶段、一个青少年阶段和三个成年阶段。每一个阶段都有该阶段应完成的任务,并且每个阶段都建立在前一阶段之上。这八个阶段紧密相连。

1. 婴儿期:基本信任和不信任的心理冲突。
2. 儿童早期:自主性和害羞(或怀疑)的冲突。
3. 学前期:主动性和内疚感的冲突。
4. 学龄期:勤奋和自卑的冲突。
5. 青少年期:自我同一性和角色混乱的冲突。
6. 成年早期:亲密和孤独的冲突。
7. 成年中期:生育和自我专注的冲突。
8. 成年晚期:自我整合和失望的冲突。

### (四)愤怒

愤怒是由于客观事物与人的主观愿望相违背,或因愿望无法实现时,人们内心产生的一种激烈的情绪反应。心理学研究表明,当愤怒发生时,可能导致人体心跳加快、心律失常、高血压等躯体性疾病,同时还会使人的自制力减弱甚至丧失,思维受阻、行为冲动,甚至会干出一些事后后悔不迭的蠢事或造成不可挽回的损失。

处于精力充沛、血气方刚的大学生,在情绪发展上往往容易产生好激动、易动怒的特点。如有的大学生会因一句刺耳的话或一件不顺心的小事而暴跳如雷;有的因人际关系不合而怒不可遏、恶语伤人;有的因别人的观点或意见与自己相左而恼羞成怒;有的因一时的成功而得意忘形;有的因暂时的挫折或失败而悲观失望、痛不欲生。如此种种,都是遇事缺乏冷静的分析与思考,图一时之快,逞一时之勇的好激动、易动怒的不良情绪特点,这在一些大学生身上时有体现。

## 任务三　　管理不良情绪

### 心理故事

**篱笆上的钉子洞**

从前有一个男孩,脾气很坏,动不动就爱发火,出口伤人。于是他的父亲就给了他一袋钉子,并且告诉他,每当他想发脾气的时候就钉一根钉子在后院的篱笆上。

第一天,这个男孩钉下了37根钉子。慢慢地,他每天钉下的钉子在减少,因为他发现控制自己的脾气要比钉下那些钉子更容易些。

终于有一天,这个男孩再也不会因失去耐性而乱发脾气了,他把这件事告诉了父亲。父亲对他说:"从现在开始,每当你能控制住自己的脾气时,就拔出一根钉子。"

日子一天天地过去了,最后男孩告诉他的父亲,他终于把所有钉子都拔出来了。

父亲牵着他的手来到后院说:"你做得很好,我的好孩子。但是看看那些篱笆上的洞,这些篱笆将永远不能恢复成从前的样子了。要知道,你生气的时候说的话将像这些钉子一样留下疤痕,就像你拿刀子捅别人一刀,不管你说了多少次对不起,那个伤疤将永远存在。话语的伤痛就像真实的伤痛一样令人无法承受。"

**思考与分析**:无法控制自己的脾气,肆意发泄脾气容易伤害他人。男孩通过钉钉子的行为意识到自己的情绪爆发,并开始学习如何控制自己的脾气,但篱笆上的洞告诉我们,情绪爆发的后果是长久的。因此,科学管理情绪,以恰当的方式表达情绪十分重要。

### 一、不良情绪疗法

#### (一)认知改变法

美国心理学家艾利斯的情绪ABC理论认为,影响情绪和行为的不是事件本身,而是对事件的看法和信念。情绪ABC理论认为激发事件 A(activating event)只是引发情绪和行为后果 C(consequence)的间接原因,而引起C的直接原因则是个体对激发事件A的认知和评价而产生的信念 B(belief)。也就是说,人的消极情绪和行为障碍结果,不是由于某一激发事件直接引发的,而是由于经受这一事件的个体对它不正确的认知和评价所产生的错误信念所直接引起的。我们可以对原想法的不合理成分进行驳斥,然后建立理性的想法和适当的情绪。比如一名大学生因考试成绩平平而焦虑,甚至产生了抑郁情绪。这是因为他有这样的信念：大学生应当在各个方面都是优秀的，出类拔萃的，否则就是非常糟糕的。合理的解释应该是大学生未必各方面都优秀，做最好的自己才是最重要的。人的思想、情感和行动三者都是同时发生的，即当人思想时，也在产生情感和行动；同样，当人在产生情感时，也在思想与行动。情绪问题正是不断地用非理性的话对自己进行言语暗示或指示的结果。

### （二）合理宣泄法

激烈的消极情绪一旦产生，如果过分压抑情绪不加以调控管理，它不但不会自行消失，而且会立即在体内进一步"发酵"。及时宣泄消极情绪才能使心情恢复平静。

合理宣泄法包括以下几种。

（1）说出来。当出现心理困惑时，可以找亲人、同学、朋友、老师或心理医生倾诉自己的痛苦，倾诉的过程就是宣泄的过程，说完之后往往轻松感油然而生。加之倾诉对象的认真倾听、客观分析、亲切关怀、合理建议，会使你心情舒畅、豁然开朗。

（2）哭出来。哭是痛苦的倾诉，是一种自然的心理保护性反应。当遇到不幸时，不要过分压抑内心的苦，通过哭泣可将自己心中的苦水全倒出来。哭可以释放情绪能量，调节心理平衡。

（3）写出来。美国心理学博士詹姆斯进行了一项独特的研究。他请参加实验的人连续一星期写日记，记下自我情绪受影响的重要事项。结果，这些人在写过日记之后的两个月内，去看医生的次数减少了一半。显然，他们免疫系统的功能增强了。这些人也说，他们把心事写下来后，马上觉得舒服多了。

如果一个人决定开始写日记，应该找一个安静的地方，每天写上20分钟，真诚地写出自己的心事。一个人把烦恼写在日记中后，他的心情便会渐渐趋于平衡，压力得以纾解，身心也就轻松了，因此这种方法可以有效地防止积郁成疾。

（4）喊出来。喊叫也是宣泄的有效方法，它也能释放人体内由消极情绪所累积起来的情绪势能。

消极情绪的宣泄要注意合理、适度，也就是在情绪宣泄过程中不能伤害自己、他人和危害社会，不要引发新的消极情绪。例如，用喊叫来宣泄情绪时必须注意场合，如果已是夜深人静，你突然在宿舍里大喊，既影响他人睡眠，也容易受人指责，甚至产生更大的冲突；用哭泣来宣泄，也应该注意场合和方式。当然情绪的宣泄更不能演变成疯狂式的情绪宣泄，通过毁坏东西、自残或伤害他人来宣泄情绪是不可取的。

## 二、大学生如何管理不良情绪

### （一）觉察情绪

尝试注意自己的生理反应和心理状态。当你产生某种情绪时，问问自己："我现在感觉到了什么？"这可能包括心跳加速、肌肉紧张、胃部不适等生理反应，以及快乐、悲伤、愤怒等心理状态。可以记在情绪记录表上。

**情绪记录表**

| 日期 | 事件 | 当时是否察觉到情绪体验 | 当时的生理反应 | 生理反应（强烈程度0~10） | 当时的心理状态 | 心理状态（强烈程度0~10） |
|---|---|---|---|---|---|---|
| ×月×日 | 课堂汇报被肯定 | 是 | 心跳加速 | 6 | 兴奋、骄傲 | 7 |
| ×月×日 | 表白被拒绝 | 否 | 乏力，提不起劲 | 5 | 羞愧、沮丧 | 8 |
| …… | …… | 是/否 | …… | …… | …… | …… |

### （二）命名情绪

一旦你识别出自己的感受，尝试给它们命名。这将有助于你更清晰地理解自己的情绪状态。例如，你可能会意识到自己感到"焦虑""生气"或"兴奋"等。

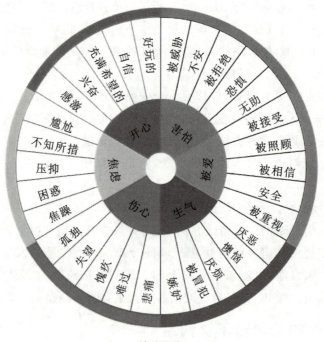

**情绪圆盘**

## 模块四　积极调适自我

### （三）探索情绪背后的原因

思考是什么触发了你的情绪。它可能是一个事件、一个想法、一个记忆或他人的行为。了解情绪的来源可以帮助你更好地理解自己的反应。可根据马斯洛需要层次来分析原因。

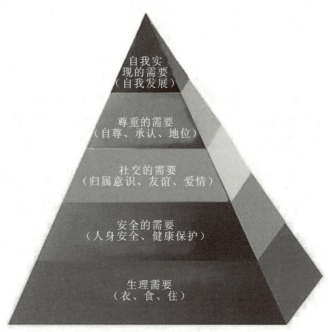

马斯洛需要层次理论

### （四）接纳情绪

接受自己的情绪，而不是试图压抑或否认它们。情绪是人类经验的一部分，它们提供了关于我们内心世界的重要信息。

**心理故事**

**接纳自己的情绪**

小丽是文学专业的大一学生，性格内敛，温柔和善。她很快在班上交到了好朋友。一次，小丽正在教室里上自习，她的好朋友小芳突然出现，热情地和她打招呼，并坐到她身旁。很快小芳盯上了桌上放着的新款奶茶。"哇，这不是最新款奶茶吗？"说罢，小芳直接拿过来尝了一口。小丽刚想开口介绍，却被这突如其来的一幕震惊……其实她不太喜欢共享饮料，但是小芳是自己的好朋友，而且课上老师也说要善于管理情绪，于是她咽下了心里的不快，告诉自己这没什么，不能生气。但类似的情况很快又发生了，小丽虽然心里在意，但面上仍强颜欢笑说没事。小芳很快觉察到小丽的异样，她问小丽怎么了？是不是不高兴？小丽却矢口否认。直到有一次，她俩因为别的事情不欢而散时，小丽才气愤地说小芳经常乱喝别人的饮料。小芳愣住了……之后好在误会解开了,小芳鼓励小丽说出自己真实的想法,因为友情能承受真实。

**思考与分析:** 接纳自己的情绪,并不是否认情绪、试图扑灭情绪,而是了解自己为何会产生这种情绪,认识自己真实的需求是什么。案例中的小丽自认为忍住不生气是为了友谊,但压抑的情绪并不会消失,而是以更粗暴的方式呈现出来。

### 三、培养优良的个性品格

#### (一)幽默

大学生在学习与生活中不可避免地会受到各种挫折和打击,情绪容易低落,此时需要阳光将这些负面情绪扫出心灵的大门,幽默就是这把扫把,它能扫除人际关系的紧张,缓解学习的压力,调节紧绷的大脑,放松重负的身躯。

#### (二)宽容

刚入校的大学生来自五湖四海,性格不同,成长环境不同,住在同一个寝室难免会发生各种纠纷和矛盾,要试着从对方的角度去理解、宽容,烦恼自然就会少很多,负面的情绪也会少很多。学会宽容,宽容他人就等于宽容自己。宽容不仅是美德,更是能感化他人的武器。

**心理故事**

**相互宽容**

一天下午,同班的学生小金与小何发生肢体冲突。事后了解,小金父母离异,自小由祖父母照顾,性格孤僻、缺乏关爱,并有占小便宜的陋习;小何家庭较为富裕,生活水平较高,常用自己的零用钱请客吃饭,与同学相处较为和睦。两人因家庭条件差距较大,生活习惯不同,不能互相理解,矛盾越积越深,最终导致了此次冲突。经过多次的协调,最终两人化解了矛盾,重新成为好同学、好朋友。

**思考与分析:** 小金、小何二人家庭背景不同,在成长过程中经历的事情不同,这必然导致了他们在个人观念、待人接物等方面存在较大的差异。条件不好的小金自卑、不善交往,而小何缺乏对他人的包容和理解。两人生活习惯、思维方式等都有很大不同,彼此缺少了解,更缺乏沟通。两位同学通过以朋友角度进行的一次谈心,讲出了自己的立场和自己的问题,分享了自己的成长历程,最终敞开心扉、坦诚交流,彼此重新了解、接纳,互相诚挚道歉。小何认识到了不应该因家庭原因而看不起同学,小金也表态要改正自己的陋习,与班级同学和睦相处。

#### (三)乐观

乐观是一种积极的处世态度,是以接纳、豁达、愉悦和平常的心态去看待周边的现实世界。乐观的人能冷静、客观地面对挫折,不生无谓之气,不钻牛角尖。正像卡耐基所说,如果你的思想乐观,你的生活必然快乐;如果你心存悲观,你就会认为事事悲惨;如果你觉得恐惧,就会感觉鬼魅在身旁窥伺;如果你总觉得身体不舒服,就会致病;如果你认为事情不能成功,则必定失败;如果你陷于自怜状态,则必定会被亲友疏离。所以当我们被消极情绪缠绕的时候,我们不要怨天尤人,而是要尽快调整我们的心态,调整我们心灵镜头的焦点。

### 拓展阅读

#### 大学生情绪调查

学期已过大半,桂林理工大学学生王美含突然变得烦躁不安。看到身边同学参加各种活动,获得奖学金,在社团中锻炼各种能力,而性格内向的她不善交际,且成绩一般,于是她的情绪逐渐焦虑、烦躁起来,"其实就是自己跟自己生气,但是很影响心情。"步入大学校园,学习任务、学生工作、人际交往中出现的各类问题,需要大学生独立面对和处理,这会给他们带来一些情绪变化,无论是开心、焦虑,或是抑郁、烦躁,这些情绪会在不同程度上影响学习和生活。

中国青年网校园通讯社围绕大学生情绪状况话题,对全国1006名大学生进行了问卷调查。

**一、超八成学生可以控制情绪,超三成学生有起床气**

山东建筑大学学生赵洁平常在学校实验室比赛中经常遇到难题,以至于和同学出现矛盾。无论出现什么状况,他都尽力把自己的心情调整到平静状态,实在不行就去睡一觉,睡醒后,继续进行实验!"当自己不开心时,我会努力控制情绪,绝对不会让情绪影响到身边的人或事,我觉得这是成年人应该有的能力。"

在调查中,不少学生表示,学习和生活压力大会容易导致不良情绪。同时,不少学生表示,作为成年人,应该学会控制自己的情绪。根据中国青年网记者调查,83.4%的大学生可以控制自己的情绪。也有网友表示,最难控制情绪的时候是早上起床时,容易有起床气。在调查中,有34.69%的学生表示自己有起床气。

山东航空学院学生张明治平时兴奋度比较低,特别是早上醒来时情绪特别差,要很长时间才能调动起积极性。"现在正是考研的关键时期,为了平复早上的烦躁情绪,我每天早上都会用冷水洗脸,让自己清醒一点,保持一个平静心态。"张明治说,"有起床气的同学一定要控制好情绪,发完脾气很痛快,但伤害的是和朋友之间的感情,这样太不划算!"

**二、学业压力大、对未来迷茫、学生工作繁忙系困扰情绪的主因**

郑州财经学院应届毕业生张焕然,最近忙于考教师资格证和期末考试。当所有考试积压到一起时,张焕然很是苦恼,并且很担心自己"发际线后移"。面对就业压力,她表示还没有做好充分准备,"临近毕业事情比较多,但我是专科不太好找工作,对未来比较迷茫。"

与张焕然一样有相似状况的大学生不在少数,据中国青年网记者调查,学业压力大、对未来迷茫、学生工作繁忙系困扰情绪的主要原因,三种原因分别占 62.43%、60.54% 和 57.95%。

山东艺术学院学生刘家岐在学院担任学生会主席,学生工作成了她的生活主线,当多项工作同时布置下来又催得比较紧时,她的心情就会变得烦躁,工作效率也会下降很多,"不过,当事情一件一件完成时,烦躁的情绪也会随之消失,带来的是一种满足感"。

**三、超五成学生会因小事发脾气,超六成学生会以听歌方式发泄情绪**

成都大学学生白方正坦言,生活中,影响自己情绪的事情比较多。"别人眼中的小事在我眼里变得很重要,有时还会影响到我的学习和生活。一次班级调换座位,和同学闹矛盾,班长没有弄清情况就责备我,类似这种小事情会在我的脑海里一直重现,甚至影响当天考试。"

对于这种状况,白方正已经意识到问题的严重性,他选择去做自己感兴趣的事情,转移注意力,现在这种情况有所改善。"虽然还是会影响平时的生活和学习,但影响程度降低了很多。"

在调查中,有 55.57% 的大学生认为自己经常因为一些小事而发脾气。而在情绪低落和发脾气的时候,选择听歌、睡觉、倾诉、追剧或看电影、大吃一顿等方式发泄的学生,分别占 67.79%、50.4%、37.97%、37.48% 和 28.93%。

新乡学院学生牛一菲告诉记者:"情绪低落时很不想学习,和朋友在一起也会烦。"于是,她选择旋律简单轻快的歌曲平复情绪,还建立了心情不好时的专属歌单,"听歌很容易忘掉烦恼,坏脾气一会儿就缓解了,这个方式屡试不爽。"

**四、高校教师建议:大学生应合理发泄情绪,正确处理问题**

潍坊科技学院团委副书记王燕玲认为,大学生要学会以成年人的方式处理问题,尤其是个人情绪问题,学会寻找不良情绪的合理发泄渠道,读书、听音乐、运动等,都是很好的情绪发泄方式。她认为,大学生应该培养不将个人不良情绪带到学习和生活中,不将不良情绪发泄到他人身上的良好品质。

华北理工大学教师李旺泽担任"大学生校园导论"的授课教师,他认为现在的大学生出现这些问题很正常,"比如,有起床气是一种比较普遍的情绪,其实也蛮可爱的。"但是,很多学生在大学往往会感到各种不适,产生不同程度的情绪,这些不适和情绪若得不到及时调节,会影响他们的学业,甚至身心健康。

李旺泽建议,大学生首先要尽早树立清晰合理的目标,制订好实施计划,处理好学习与工作的关系,分清主次,不能凡事皆忙。其次是正确对待外在环境、人际关系,

## 模块四 积极调适自我

> 将小我融入大我,在宿舍、集体中处理好个人与他人的关系,多换位思考,多沟通交流,把一件件小事、一个个小矛盾都解决掉。他还表示,除了采用听音乐的方式外,还可以通过和朋友倾诉、吃东西、适度游戏、跑步等方式合理地发泄不满情绪。
>
> (资料来源:中国青年网)

### 心理测试(一)

你的情绪稳定吗?

对下列题目做出"是"或"否"的回答。
1. 尽管发生了不快,但仍能毫不在乎地思考别的事情。
2. 经常保持坦率诚恳的态度。
3. 习惯于把担心的事情写在纸上并进行整理。
4. 在做事情时,往往具体规定有可能实现的目标。
5. 失败时仔细思考,反省其原因,但不会愁眉不展,整天闷闷不乐。
6. 具有爱好。
7. 常常倾听众人的意见。
8. 做事时有计划地积极进行,遇到挫折也不气馁。
9. 无路可走时,能够改变生活方式和节奏,以适应生活。
10. 在学业上,尽管别人比自己强,但仍坚持"我走我的路"的信条。
11. 对于自己的进步,哪怕只是一点点,都会喜形于色。
12. 乐于一点一滴地积攒有益的东西。
13. 很少感情用事。
14. 尽管很想做某件事,但估计自己不可能做到时会打消念头。
15. 往往理智、周密地思考和判断,不拘泥于细枝末节。

每题选择"是"计1分,"否"不计分,然后将各题得分相加,算出总分。
测试结果如下。

0~6分:你的情绪不是很稳定,经常患得患失,又不能很好地生活,常常拘泥于一些小事,无论做什么事情都过分认真,总是忙忙碌碌,耗费心神,难以做出重大的决策,有时一丝不苟的态度反而使自己感觉迟钝。

7~9分:情绪一般稳定。

10~15分:你的情绪很稳定,善于对事物进行处理、判断及思考等,不拘泥于细枝末节,能积极大胆地处理一些事情,在各种困难面前毫不动摇。

## 心理测试(二)

### 焦虑自评量表

下面有20道题目,请仔细阅读,然后根据你最近一周的实际情况,在最右侧的选项中选择与你的情况相符的,并打上"√"。每道题不要花费太久时间思考,凭第一印象回答。

| 题目 | 没有或很少时间(A) | 小部分时间(B) | 相当多时间(C) | 绝大部分或全部时间(D) |
|---|---|---|---|---|
| 1. 我觉得我比平时容易紧张或着急。 | | | | |
| 2. 我无缘无故会感到害怕。 | | | | |
| 3. 我容易心里烦躁或感到惊恐。 | | | | |
| 4. 我觉得我可能要发疯。 | | | | |
| 5. 我觉得一切都很好,也不会发生什么不幸。 | | | | |
| 6. 我的手脚会忍不住颤抖。 | | | | |
| 7. 我因为头疼、颈痛或背痛而苦恼。 | | | | |
| 8. 我觉得我容易疲乏。 | | | | |
| 9. 我心平气和,并且容易安静坐着。 | | | | |
| 10. 我觉得我心跳得很快。 | | | | |
| 11. 我因为一阵阵头晕而苦恼。 | | | | |
| 12. 我有时会晕倒,或觉得快要晕倒似的。 | | | | |
| 13. 我吸气呼气都感到很容易。 | | | | |
| 14. 我的手脚感到麻木和刺痛。 | | | | |
| 15. 我因为胃痛和消化不良而苦恼。 | | | | |
| 16. 我常常想去小便。 | | | | |
| 17. 我的手脚常常是干燥温暖的。 | | | | |
| 18. 我易脸红发热。 | | | | |
| 19. 我容易入睡并且睡得很好。 | | | | |
| 20. 我做噩梦。 | | | | |

计分规则如下。

正向计分:A=1,B=2,C=3,D=4;

反向计分:A=4,B=3,C=2,D=1。

计算总分时,注意先将5、9、13、17、19这5道反向计分题目的原始评分转换过来。

焦虑自评量表的主要统计指标为标准分。

将20道题的各个得分相加,得到总分;用总分乘以1.25后取整数部分为标准分。

比如:20道题的总分为65分,则65×1.25=81.25,可知你的标准分为81分。

结果分级(请代入你计算后的标准分)如下。(焦虑自评量表标准分的分界值为50分,50分以下则无焦虑情绪。)

轻度焦虑:50~59分;

中度焦虑:60~69分;

重度焦虑:70分及以上。

## 拓展实训

### 一、镜中你我

心理学研究表明,当我们装着某种心情,模仿某种心情,往往能帮助我们真的获得这种心情。因此每天早上起床后我们对着镜子笑一笑,告诉自己"今天会有个好心情",往往会为你带来一天的好心情。即使没有镜子的时候,也可让自己的脸上露出一个很开心的笑脸来,挺起胸膛,深吸一口气,然后唱一段歌曲,或吹一小段口哨,或哼哼歌,记住自己快乐的表情。

让学生每两人一组,相对而坐。活动步骤如下。

(1) 请两位同学上台表演愉快情绪,其他同学担当镜子的角色,模仿两位同学的表情。

(2) 两人一组,甲学生做出各种愉快的表情,乙学生作为镜子模仿甲的各种表情。时间为2分钟左右。

(3) 双方互换角色。

(4) 学生围绕刚才的活动进行讨论:

① 看到"镜子"的表情时你有什么感受?

② 情绪可以传染吗?

③ 你在努力做各种愉快表情时你的情绪有变化吗?

### 二、快乐清单

生活中不缺少快乐,只是缺少发现快乐的眼睛。快乐源于我们的内心,源自我们对生活的感觉。当我们感觉快乐时,快乐便会悄然而至,我们不是缺少快乐,而是缺少对快乐的发现和感受。活动步骤如下。

(1)请回想最近两周令自己开心的事件,在笔记本上列出自己的快乐清单,每人至少列出10项。

(2)请读出自己的快乐清单。

(3)请阅读短文《年轻人眼里的开心时刻》,对照自己的快乐清单。

(4)小组脑力激荡法:在同学的快乐清单及短文的启发下,大家开动脑筋再尽可能多地回想令自己开心的事件,每个小组请一位同学做记录,完成小组的快乐清单。

(5)以小组为单位读出小组的快乐清单,给想得最多的组颁发"最快乐小组"奖。

## 《年轻人眼里的开心时刻》

① 异性一个特别的眼神。

② 听收音机里播放自己最喜欢的歌曲。

③ 躺在床上静静地聆听窗外的雨声。

④ 发现自己想买的衣服正在降价出售。

⑤ 被邀请去参加舞会。

⑥ 在浴缸的泡沫里舒舒服服地洗个澡。

⑦ 傻笑。

⑧ 一次愉快的谈话。

⑨ 有人体贴地为你盖上被子。

⑩ 在沙滩上晒太阳。

⑪ 在去年冬天穿过的衣服里发现20元钱。

⑫ 在细雨中奔跑。

⑬ 开怀大笑。

⑭ 开了一个绝妙而幽默的玩笑。

⑮ 有很多朋友。

⑯ 无意中听到别人正在称赞你。

⑰ 醒来发现还有几个小时可以睡觉。

⑱ 自己是团队的一份子。

⑲ 交新朋友或和老朋友在一起。

⑳ 与室友彻夜长谈。

㉑ 甜美的梦。

㉒ 见到心上人时小鹿乱撞的感觉。

㉓ 赢得一场精彩的足球或篮球比赛。

㉔ 朋友送来家里自制的蛋糕。
㉕ 看到朋友的微笑,听到他们的笑声。
㉖ 第一次登台表演,既紧张又快乐的感觉。
㉗ 忽然遇见多年未见的老友,发现彼此都没有改变。
㉘ 送给朋友一件他一直想要的礼物,看着他打开包装时的惊喜表情。

# 项目十　网络心理

## 知识导入

大数据时代背景下,我国的移动互联网技术正在飞速发展。在当今的互联网上,信息的传播变得更加便利,网上交友也成了一种"新常态",但也产生了诸多问题,使其成为多元化思潮泛滥之处。网络在一定程度上重塑了大学生的思维方式,使得大学生的心理状态和网络紧密相关。大学生的网络道德"失范"现象正在日益增加,这些现象又反作用于大学生,形成恶性循环,对大学生日常的生活和学习产生负面影响,影响大学生的正常发展。

## 学习目标

### 素质目标

有科学的判断力,在网络上自动筛选和屏蔽错误的、低级趣味的、混淆是非的、掩人耳目的有害信息,有选择性地接受和传播正能量,成为网络新媒体平台上大力弘扬主流意识形态和践行社会主义核心价值观的主力军。

### 知识目标

1. 认识网络生活的心理特征。
2. 认识大学生的网络心理需求及心理健康的标准。
3. 了解网络成瘾的定义、类型、成因及应对措施。

### 技能目标

1. 能够正确认识网络,养成良好的使用习惯。
2. 能够合理规划,享受网下时间。

## 思维导图

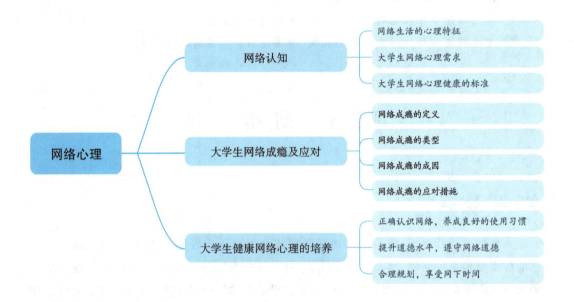

## 任务一　网络认知

### 心理故事

**网络诈骗**

大一新生小刘为准备花艺协会的迎新晚会专门挑选了一款 80 元的绣花手提包,和客服做过一番沟通后便下单并完成支付。可是当晚 9 点,小刘突然接到陌生来电,"他声称是卖包店的客服,一直仔细询问我是否购买了手提包,还准确说出了购买时间和型号,我就信以为真了。"所谓的客服表示,小刘的支付宝账号被冻结了,所以钱并没有到店里的账户上,建议小刘要么取消订单,要么解冻支付宝账号。

小刘毫不犹豫要求先解冻,"他先是问我要了 QQ 号,然后发过来一个网址,看起来非常正规,上面标有账号解冻的提示,我就按要求输入了绑定银行卡的账号、密码。"小刘说,她当时只想着能把包买回来,并没有顾虑太多。

凌晨,小刘突然收到短信提醒,银行卡里被取走 5000 元。"那可是我今年所有的生活费,丢了可怎么办?"慌乱之下,小刘立即拨打了校园保卫处的报警电话。

**思考与分析**:这是一个知识经济的时代,网络的便利性和趣味性吸引了许多大学生,

## 模块四 积极调适自我

但是网络也容易让人沉迷,甚至出现了不少网络陷阱。大学生为何如此沉迷网络?又该如何适度上网并准确识别网络中的陷阱?

## 一、网络生活的心理特征

大学生是一个有高度精神需求的群体,互联网恰好给了他们一个获取丰富精神食粮的平台。约翰·舒勒对人类在网络空间中独特的心理体验进行了归纳,并总结出以下心理特征。

### (一)有限的感知经验

相比现实中的交流,网络交流是人—机转换后的互动,缺乏个体间真实感受的传递,网络生活中的互动无法像现实生活那样,展开个体的感知系统去接收所有的非语言信息。网络生活主要通过文字来传递信息,而我们大量的情绪信息却无法传递,感官无法获取大量的非语言情绪信息,从而造成感觉经验的缺失及限制。

网络交流

### (二)灵活而隐匿的个人身份

不同于现实世界面对面的交流,网络上的交流个体可以随时更改自己的性别、姓名、身份和年龄。一旦觉得不想和对方交流了,随时可以把对方拉入黑名单;如果感觉到对方的不敬可以立刻给予回击,而不用担心对方知晓你的身份而对你打击报复。所以网络的这一特性给很多的不法分子制造了犯罪空间,大学生如果没有足够冷静的头脑和防范意识,很容易遭遇网上诈骗。

### (三)地位的平等

不管你现实生活中如何,你都可以与任何一个你想交流的人平等互动。在网络世界里,人与人之间的交往是平等的,没有现实社会中的各种约束和限制,也不存在高低贵贱。

### (四)超越空间界限

网络大大缩短了人与人之间的空间距离,人们可以通过各种不同方式在不同空间和不同的人进行交流,这使网络交往所涉及的层面变得更广,而这在现实中是难以做到的。

### (五)时间延伸和浓缩

网络使人们交流信息的速度大大加快了,但与此同时,人与人之间的交流也存在滞后性,表现在交往双方在面对信息时不需要马上对信息做出反应,人们可以有思考的余地,可以有更多的时间充分考虑。具体的反馈时间取决于人们所采用的交流工具和交流的需要。

### (六)记录的永久性

由于网络上的各种交往都会被记录起来,包括时间、地点、人物以及整个交往的过程,这与现实交往有很大的区别,人们可以通过查阅记录的信息来回顾在各种场合的交往经历。

### (七)人际关系的丰富和多样

在现实的人际交往中,人与人之间所保持的空间距离的大小直接反映了彼此相互接纳的程度。网络交往双方的空间距离远远大于公众距离,远在天边的距离再加上身份的虚拟性,交往者会感觉对方要比同学、同事安全得多。这样就容易形成较现实生活更丰富多样的人际关系。

## 二、大学生网络心理需求

### (一)积极心理需求

**1. 求知求新需求**

网络是一个开放的信息源,多种文化、思想交汇于此,为大学生追求开放性和多元性提供了平台。而大学生非常渴望了解多元且精彩的世界,课堂上的知识无法满足他们对世界的探究欲望,而网络以其信息传播快速、内容新颖、数量庞大、互动性强、传播广等优势极大地吸引了大学生的好奇心,引起他们的兴趣和关注,充分地满足了他们的求知欲。

模块四　积极调适自我

**2. 满足归属感的需求**

根据美国社会心理学家马斯洛需要层次理论,人具有生理、安全、社交、尊重、自我实现的需要。大学生在寻求各种需要时常常会遇到阻碍。社交需要是从有效的人际关系中获得的。网络世界里从事社交活动的工具多种多样,让人际交流变得简单、快捷。尤其是平时比较内向、缺少关爱的大学生,深感孤独和无聊,在网上他们可以交到很多好朋友,可以毫无保留地说出自己的烦恼,可以畅所欲言,如果遇到困难,会有许多人献计献策,使他们感受到现实生活中体会不到的温暖,充分满足自己的社交需要。

**3. 自由平等的参与需要**

在网络这个虚拟空间里,现实社会的种种等级限制都消失了,只要参与进来,任何人都是互联网的"主人",都可以在网上按自己的意愿做自己想做的事。

**4. 娱乐放松的需求**

大学校园里娱乐设施相对较少,生活单调乏味,无法满足活泼好动、精力旺盛的大学生的娱乐放松需求;而且大学生面临许多压力和挫折,如不适应新的环境、学习不顺、人际关系紧张、失恋、生活窘迫等,他们吃不香、睡不好,时常感到压抑和烦恼。为了维护心理健康,需要让心情充分放松,而网络给大学生提供了一个良好的释放压力、缓解紧张的场所。如今智能手机功能丰富,尤其是联网后能实现众多娱乐活动,包括打游戏、听音乐、追电视剧、刷小视频、购物等。经过一整天繁忙的学习,通过玩手机可以让他们放松身心。故上网成为大学生娱乐放松的主要方式。

## (二)消极心理需求

**1. 猎奇心理**

猎奇心理实际上是人们对于未知事物的好奇,网络世界能最大限度地满足人们的好奇心。猎奇心理很可能畸形发展,尤其是对于大学生群体来说,他们往往会出于好奇或冲动在网络中刻意寻找一些新奇的不良信息,对自己和他人造成负面影响。

例如抖音上线没多久,就全网爆红。许多视频轻轻松松获百万评论,千万播放量,手指轻轻滑动,对着屏幕时不时傻笑,不知不觉一个小时就过去了。抖音充分满足了大学生的猎奇心理,企鹅智酷发布的《抖音、快手用户研究报告》显示,抖音大约22%的用户每天使用该应用超过1个小时,而且沉浸度非常高。我们对新奇事物的敏感度越来越高,就越来越没有耐心去静静阅读一番。我们变得只会在微信、今日头条、新浪微博上走马观花,看看热点,翻翻评论,感叹一番。当我们不再深度阅读时,我们的思维就会变得麻木。

**2. 逃避心理**

逃避心理就是回避心理,即在现实生活中,自己与社会及他人发生矛盾和冲突时,不能自觉地解决矛盾、冲突,而选择躲避矛盾、冲突的心理现象。有些大学生通过连续数小时上网,希望借助网络来躲避生活中的烦恼。久而久之他们在现实生活中也倾向于采用回避的方法处理一些事情,办事拖拉,工作、学习效率低下,逃避社会现实,难以保持正常的人际关系。

### 3. 宣泄心理

网络和网络游戏,可以让人暂时离开现实的压力,宣泄工作、学习中积累的负面情绪,还能增进朋友之间的认同感。然而以这种方式培养的自尊感、成就感是虚幻的,它容易挫败人们解决现实问题的自信心,进而形成新的心理封闭。这种虚拟的网络社交从表面上看似乎减少了人的孤独感,联络了社交感情,宣泄了负面情绪。实际上,沉迷于虚拟社交的人,很容易发展为虚拟社交依赖症。

### 4. 虚拟的自我实现心理

由于网络世界的实时性,大学生可以在瞬间满足其社会需要,而在现实世界里,必须经历漫长的过程和耐心的等待。在游戏中,他们可以扮演各种角色,把握角色的命运,一夜之间就能成为"盖世英雄"或是"商界奇才"。一些大学生或是因为学习成绩不好,或是现实中人际关系不良,或是自觉能力平平无法在学校里受到关注,而经常遭受家长的斥责、老师的批评和同学的不屑。上网玩游戏,不断"练功升级"让他们体验到了心理的快乐与满足,体验到了成功,体验到了来自他人的认同。这成了他们重获自尊和实现人生价值的重要途径。

## 三、大学生网络心理健康的标准

心理健康是指人们具有正常的智力、积极的情绪情感、和谐的人际关系、良好的人格品质、坚强的意志和成熟的心理行为等。网络心理健康除了应具有心理健康的一般标准外,还有一些特殊的标准。网络心理健康也有广义与狭义之分。广义的网络心理健康是指在网络环境下的一种高效而满意的、持续的心理状态;狭义的网络心理健康则指在网络环境下,人的基本心理活动过程的内容完整、协调一致,即认识、情感、意志、行为、人格完整和协调。本书试图将狭义的大学生网络心理健康的标准概括如下。

### (一)具有正确的网络心理健康的意识和观念

智力正常并具有基本客观的认知是心理健康的重要标志。在网络环境下表现为具有正确的网络心理健康的意识和观念。网络是把"双刃剑",一方面给大学生的学习、生活和工作带来前所未有的便利,另一方面又使他们遇到更多的困惑,给他们的身心健康带来损害。因此具有正确的网络心理健康意识和观念,成为保持网络心理健康的重要标准。正确的网络心理健康的意识或观念至少应包括以下方面:一是了解网络是把"双刃剑",对网络既不依赖,也不谈"网"色变。二是具有正确的上网目的,合理安排时间,注意上网的安全,具有健康、良好的网络使用习惯。三是对网络信息有辨认真伪的能力,并能正确对待和处理网络与现实生活的关系。在网络世界中,信息像汹涌波浪迎面而来,让人目不暇接,真伪难辨。心理健康的大学生应能运用现有的知识,理智地辨认信息的真假,并且能够有勇气及时改正自己不正确的认知和行为。四是了解各种网络心理障碍的主要表现、判断标准、产生的原因、治疗和预防的方法,增强对自我的控制能力。五是具有良好的网络道德和网络法律观念,遵守《新时代青少年网络文明公约》。

### (二) 保持网上网下人格的和谐统一

人格是一个人所表现的稳定的精神面貌,具有一定倾向性的心理特征。人格结构是多层次、多侧面的,是由复杂的心理特征构成的整体。人格结构包括个性心理和个性倾向性。代表个性心理特征的能力、气质、性格和代表个性倾向性特征的动机、兴趣、理想、价值观等的完整统一、内在协调,并有正确恰当的自我意识,是大学生心理健康的重要标志之一。由于网络环境的身份虚拟性、想象性、多样性、随意性等特点,容易影响个性的整体性、独特性和稳定性,导致双重人格或多重人格,影响心理健康。网络双重人格指个体在网络中和现实中分别具有彼此独立、相对完整的人格,二者在情感、态度、知觉和行为等方面都有所不同,有时甚至是处在剧烈的对立面的,是严重的心理障碍,是心理不健康的典型表现。因此心理健康的人必须有正确恰当的自我意识,能保持网上网下人格的和谐统一,同时,在虚拟性与现实性之间能够做到以现实性为主。

### (三) 网上网下均能保持良好的情绪情感

情绪是衡量心理健康与否的一个重要标志。心理健康的大学生积极的情绪远多于消极的情绪,主导心境是愉悦、乐观和平静的,且能正确、恰当地表达情绪。情感是一种和人的社会需要相联系的高级的社会性情感。心理健康的大学生有较强烈的社会责任感和集体荣誉感,并能珍惜友谊,探索和追求真理,欣赏并向往美好事物,在学习、工作和生活中积极创造美好。一个网络心理健康的大学生,一方面表现为能遵守网络道德,恰当运用网络调节情绪、宣泄情绪,因为网络具有调节情绪的功能;另一方面则表现为不论是在网上(虚拟社会)还是在网下(现实社会),积极的情绪总是远多于消极的情绪,能正确地表达情绪。

### (四) 不因网络的使用而影响正常的生活学习与工作

意志健全、行为协调也是心理健康的重要标志。意志健全主要表现在意志品质上。心理健康的大学生意志的自觉性、果断性、坚持性和自制性都获得了协调发展。他们学习、生活的目的明确,能根据现实的需要调整行动的目标,为实现目标而自觉地约束自己,抑制自己不合理的欲望,抵制各种外部诱惑。行为协调主要表现在行动的计划性、一贯性、统一性,以及言谈的逻辑性等方面。心理健康的大学生能有效地进行自我教育和自我管理,控制自己使用网络的时间,在不影响自己正常生活、学习、工作的情况下使用网络。他们能认清网络与现实生活的关系,不逃避现实生活,不躲进网络,不将网络视为唯一的精神寄托,尤其是在现实生活中受挫后,不只依靠网络缓解压力或焦虑,能主动寻求现实社会中的支持,勇敢地面对现实生活。

### (五)不因网络使用影响现实中的人际交往

健康的网络心理意味着能与周围环境保持良好的互动,包括虚拟环境和现实环境。长时间沉溺在网络人际交往中容易脱离现实,忽视现实社会中人与人之间面对面的直接交流和沟通,弱化现实社会中的人际交往能力。有些人是因为现实中不善言辞,所以到网络中找人倾诉,长此以往,通过文字组织语言的表达能力会远远超越口头语言的表达能力。网络心理健康的人不应过于沉溺网络人际交往,应该在不使用网络时能够维持并发展现实正常的人际交往。

### (六)网络使用不影响身体健康

合理的网络使用时间应该以不影响身体健康为前提。有些同学来到大学后,自从有了智能手机,上床不看手机睡不着,一看手机就没完没了,玩到半夜一两点才睡,第二天一早又要上课,七点就要起床,一整天都无精打采,长此以往对身体伤害很大,生理机能没有充分的修复机会,可能带来很多身体健康问题。健康的网络心理还要求不会因为不使用网络而导致身体的感觉器官、消化器官以及其他的身体器官机能下降或失调。健康的网络心理应能使机体保持平衡。

## 任务二 大学生网络成瘾及应对

### 心理故事

#### 网络成瘾的小薛

小薛来自农村一个贫困家庭,好不容易以优异的成绩考入某名牌大学艺术专业,刚入学时,她意气风发,决心要干出一番成就。可是她发现身边很多同学都有自己的特长,而自己除了读书什么都不会,特别是在与人相处方面出现了很多问题,眼见着离自己当初的期望越来越远,她开始逃避现实,沉迷网络小说,在这个虚拟的世界里,她找到了快乐感和满足感。渐渐地她对网络越来越痴迷,与同学的交流越来越少,性格也变得非常内向。一旦她回到现实世界就变得情绪低落、自卑、心烦意乱、空虚绝望等,甚至对外界所有的事情都失去了兴趣,她开始经常逃课。班主任和同学多次劝导都无效,最后只能通知家长将其送到医院诊断,诊断结果是网络成瘾且中度抑郁,后来小薛不得不休学回家治疗。

**思考与分析**:一些大学生因沉溺网络不能自拔,为了上网而偷盗抢劫、离家出走,甚至跳楼自杀……面对这让人触目惊心的一幕幕,我们不禁困惑:是什么导致大学生网络成瘾,无法自拔?

## 一、网络成瘾的定义

早在20世纪90年代中叶,网络成瘾就已受到学界广泛关注,并认为这是一种新的上瘾类型以及精神健康问题,其表现出来的症状与其他已确定的上瘾类型相似。美国著名精神病研究专家伊凡·戈登伯格最早提出了网络成瘾症这一概念,指出其是一种应对机制的行为成瘾。之后,戈登伯格又进一步将其定义为:因为过度使用网络而造成沮丧情绪,或对身体、心理、人际、婚姻、经济或社会功能等造成损害。戈登伯格对网络成瘾的定义,使网络成瘾这一问题从心理学范畴深入到了精神病医学领域。美国心理学专家、国际网络成瘾康复领域的顶尖人物金柏利·杨教授则将网络成瘾定义为一种没有涉及中毒的"行为控制失序症"。

我国学者基于国际卫生组织针对"成瘾"的定义,将网络成瘾定义为由于重复使用网络所导致的一种慢性或周期性的着迷状态,并产生难以抗拒的再度使用欲望,同时产生想要增加使用时间的"张力"、耐受性以及克制退瘾等现象,对于上网所带来的快感会使人一直存在心理与生理上的依恋。2008年,在北京军区总医院(现更名为中国人民解放军总医院第七医学中心)成瘾医学科陶然教授牵头的研究团队制定的《网络成瘾临床诊断标准》中,网络成瘾被定义为个体反复过度使用网络导致的一种精神行为障碍,表现为对网络的再度使用产生强烈的欲望,停止或减少网络使用时出现戒断反应,同时可伴有精神及躯体症状。

> **知识拓展**
>
> **网络成瘾的诊断标准**
>
> 在1997年多伦多和1998年旧金山两届心理学会年会上,有关学者专门讨论了正式诊断网络成瘾的可能性。目前,研究界较认同的是美国金伯利·杨教授设计的测评方法。其标准如下。
>
> (1) 网络使用成为生活的中心,对网络有一种心理依赖感,不断增加上网时间。
> (2) 需要增加网络的使用,从网络中获得愉快和满足,下网后则感到焦躁不安。
> (3) 不能成功减少、控制、停止网络的使用。
> (4) 停止或减少网络的使用会导致无聊、抑郁和气愤等负面情绪。
> (5) 在线时间超过预期计划。
>
> 此外,以下三项标准应该至少具有一项才可能被诊断为网络成瘾。
>
> (1) 重要人际关系、工作、职业、学习遭到破坏,否认过度上网有害。
> (2) 向别人隐瞒自己沉迷网络的程度,每周上网至少5天,每次至少4小时。
> (3) 通过使用网络逃避现实问题。

## 二、网络成瘾的类型

### (一)网络色情成瘾

网络色情成瘾指上网者迷恋网上的与色情相关的音乐、图片、影视、笑话以及虚拟性爱等。此类成瘾者沉迷于观看、下载和交换色情作品。

### (二)网络交际成瘾

网络交际成瘾指上网者利用各种聊天软件、网站的聊天室或者是专门的交友网站、多人游戏等进行虚拟人际交流。具体表现为使用者深陷网恋、网络黑客联盟、网络游戏群体、网络自杀群体等各种各样的在网络交往基础上形成的网络群体而不能自拔。

### (三)网络信息成瘾

由于网络所固有的广泛性和开放性,导致了网上信息的海量性。有的网民不停地浏览网页,观看并收集各种无关紧要的、无用的或者不是迫切需要的信息,导致信息崇拜、信息焦虑、信息超载,对海量的信息形成难以摆脱的依赖。

### (四)计算机成瘾

计算机成瘾是指沉迷于电脑游戏以致影响了正常的学习和工作。一般的计算机都带有游戏,如常见的扫雷、纸牌、弹球等,这些游戏一般都设有级别,每完成一次电脑都会自动给出分数,并给出排名。这实际上是一种虚拟的奖励,但是每个人都愿意被重复表扬。

计算机成瘾

## 三、网络成瘾的成因

### (一) 生理原因

根据相关研究,成瘾行为与六种不同的神经递质有关。目前,研究比较多的是去甲肾上腺素和多巴胺。通过对大学生年龄阶段和生理特点的分析,研究发现大学生极易冲动,在网络刺激下,大脑神经中枢持续处于高度兴奋状态,引起肾上腺素水平异常增高,交感神经过度兴奋,血压升高。这些改变可引起一系列复杂的生理变化,尤其是自主神经紊乱,体内激素水平失衡,会使免疫功能降低,可能导致心血管疾病、紧张性头疼、焦虑、忧郁等。另外,长时间上网会使大脑中的多巴胺水平升高,这种类似于肾上腺素的物质短时间内会令人高度兴奋,但其后则令人更加颓废、消沉。负性情绪状态,如抑郁、不适感、焦虑的增加与多巴胺水平变化有关。成瘾行为可能与多巴胺神经递质的恢复、消除焦虑情绪、重新体验快感有关。

### (二) 人格因素

有研究结果显示,病理性使用互联网的个体自我评价较低,存在一定的社会功能缺失。这是由于自我评价较低的个体在现实中不能得到他人认同。但在网络上,个体易找到与自己有相同体验或归属自己特征的团体,通过与他人分享经验和倾诉消极情绪,找到支持和认同。而且,网络交往不用在乎他人评价或异样目光,这在很大程度上强化了青少年的网络行为。同时,有研究者认为,网络使用和孤独之间存在某种正相关。而且更多的人认为,情绪稳定性低的人更孤独,他们倾向于更多地使用网络,而不是使用网络让他们更孤独。孤独的人自尊心较弱,社会支持较少,自尊心通过影响孤独间接影响网络成瘾状况。

### (三) 网络本身的特性

网络本身的特性也是使人成瘾的因素。网络的虚拟性和隐蔽性为人浏览色情信息等提供了天然的屏障。网络的交互性为大学生提供了通信同步的环境,容易让大学生交际成瘾。例如,同步性的聊天或者网络游戏具有的即时性使个体的行为立刻得到回应,使个体更倾向于加强这一行为。非同步的论坛也容易让大学生着迷,大学生可以就自己感兴趣的话题加入不同的论坛进行平等的交流,还可以根据自己的需要建立论坛,不少大学生就是在发帖和跟帖的过程中对网络上瘾的。

### (四) 家庭环境

良好的家庭环境是青少年健康成长的重要保证。家庭中人与人的关系和谐,气氛轻松,平等相待,互相尊重、谅解、帮助,既有分工又能合作,这些都是一个健康家庭所必需的。一个在冷漠和争吵中长大的孩子,会产生情感缺失、冷漠、孤独、害羞等心理。家庭结构的不稳定在一定程度上也可能导致青少年产生网络成瘾行为。青少年由于得不到完整的父爱和母爱,其情感和人格的健康发展受到影响。

## 四、网络成瘾的应对措施

### (一)认知行为疗法

戴维斯把网络成瘾的治疗分为七个阶段,完成整个治疗过程需要11周,从第5周开始便需要给患者布置家庭作业。他强调要弄清患者上网的认知因素,让患者暴露在他们最敏感的刺激面前,挑战他们的不适应性认知,逐步训练他们上网的正确思考方式和行为。

(1)定向。让患者了解网络成瘾的性质、产生的原因等,详细列出戒断网瘾要达到的具体目标。

(2)规则。与患者讨论在治疗期间必须遵循的基本规则,包括一些与上网行为有关的具体要求。

(3)等级。帮助患者制订计划以消除与上网体验相联系的条件性强化物。

(4)认知重组。帮助患者重新建构由于使用网络而产生愉快感受的认知评价。

(5)离线社会化。让患者学会在现实生活中有效地与他人交往。

(6)整合。与患者讨论上网时的自我和离线后的自我有什么相同和不同之处,发现理想自我,并使他们意识到上网只是探查理想自我的一种正常方式,引导患者在现实生活中把上网和离线的自我结合起来,形成完整的自我。

(7)通告。与患者共同回顾整个治疗过程,与他们讨论在这段时间里所学到的东西,在治疗过程中已经达到的具体目标以及他们的症状已经减轻了多少等。

### (二)团体辅导

目前,越来越多研究人员认为,团体治疗对网络成瘾有更大的改善作用。国内,华东师范大学的杨彦平等研究者就对网络成瘾青少年进行了相关的团体辅导治疗,采取的是认知行为模式。

首先,要使小组成员了解团体心理辅导的意义,然后从认知的角度鼓励团体成员就网络依赖的问题进行主题交流和讨论,使他们了解自己的成瘾状况,看到自己的问题,并希望解决它,从认知的层面与成员共同寻找产生问题的原因和关键阶段,进而根据自己的现有依赖程度确定目标,拟订评估策略,制订行动计划。其次,根据网络成瘾形成、发展和变化的原因,给予具体的指导,并由团体内部建立监督评价机制,对每个成员的行为变化给予反馈、指正以及适当的奖惩。最后在实施过程中,制订"现状了解—问题分析—尝试训练—反馈调整"这样一个干预计划。

### (三)药物治疗

研究表明网络成瘾可导致抑郁、焦虑,因此防治这些心理因素,养成正确的网络使用习惯是很有必要的。我们可通过使用抗焦虑类、抗抑郁类精神药物以缓解成瘾者的不良情绪,为心理治疗创造有利条件。目前,药物干预和心理疏导已成为一种综合治疗手段并在临床中得到广泛应用。但需要指出的是,采用药物治疗对人体的神经系统有副作用,其有效性和副作用还有待进一步研究和实践的证明。而且就我国目前的情况来看,网络成瘾者大部分为青少年,药物治疗不完全适合我国的国情,所以在采用这种方法时一定要谨慎。对于部分出现严重的抑郁、神经功能紊乱等症状的重度网络成瘾者可以适当采取此方法,但要把握好度。

## 任务三　大学生健康网络心理的培养

### 心理故事

**对网络改观的小坤**

林业专业的小坤利用寒假来到新疆喀什地区进行林业信息调查。当他看到当地小学生们大冬天还在接自来水管的凉水喝,冬装只是把四件夏装穿在身上时,震惊的他想要为学生们做点什么,思来想去小坤最后在网上发布了一个招募告示。短短三天时间,爱心人士就送来了约70千克的物资。第一次活动就收到了这么好的效果,出乎小坤和学校的意料。因此小坤对网络也有了一次全新的认识。

**思考与分析**:网络是一把双刃剑,一方面它为我们提供了丰富的信息资源,便捷的沟通方式,以及娱乐和学习的新途径,促进了社会的进步和发展,改变了人们的生活方式。另一方面,网络安全问题,如恶意软件的攻击、个人信息泄露、网络诈骗等,对个人生活和社会稳定造成威胁,过度依赖网络可能导致沉迷于虚拟世界,影响人的身心健康。因此,正确使用网络至关重要。

### 一、正确认识网络,养成良好的使用习惯

#### (一)网络的正面影响

(1)网络提供了求知学习的新渠道。在教育资源不能满足需求的情况下,网络提供了求知学习的丰富资源,我们在任何时间、任何地点都能接受新知识,学到很多知识和技能。这不但有利于学生身心的健康发展,而且有利于家庭乃至社会的稳定。

(2)开阔学生的全球视野,提高学生综合素质。上网使学生的政治视野、知识面更加开阔,从而有助于他们形成全球意识;通过上网,可以培养他们和各种各样的人交流的能力,提高学生综合素质;学生通过在网上阅览各类有益图书,触类旁通,提高自身文化素养。

### (二)网络的负面影响

(1)对于学生的"三观"形成构成潜在威胁。学生很容易在网络上接触负面的宣传论调、文化思想等,其世界观、人生观、价值观极易发生倾斜,从而滋生享乐主义、拜金主义、崇洋媚外等不良思想。

(2)网络改变了学生在工作和生活中的人际关系及生活方式。一方面,学生可以在网上公开、坦白地发表观点意见,要求平等对话,对权威提出挑战;另一方面,容易形成一种以自我为中心的生存方式,集体意识淡薄。

(3)网络的隐蔽性导致很多不道德行为和违法犯罪行为增多。一方面,很多人浏览非法网站,利用虚假身份进行恶意交友、聊天;另一方面网络犯罪行为增多,例如传播计算机病毒、黑客入侵、网络诈骗等。另外,网络有关的法律制度的不健全也给违法犯罪行为以可乘之机。

### (三)遵守网络道德规范,养成良好的上网习惯

良好的上网习惯是全方位的,包括时间、地点、频率。养成一个合理的上网习惯,有助于管理自己的上网行为,从而形成科学、合理的网络生活。

(1)不要沉浸于网上聊天、游戏等虚拟世界,不浏览、制作、传播不健康信息,不使用侮辱、谩骂语言聊天,不轻易和不认识的网友约会,尽量看一些对自己的日常学习生活有益的东西,一定要注意保持自制力。

(2)在上网之前,最好能拟个小计划,把要做的事情先写下来,一件一件地做。

(3)使用网络学会五个拒绝:一是拒绝不健康心理;二是拒绝网络侵害;三是拒绝不良癖好、不良行为;四是拒绝黄色、暴力文化;五是拒绝进入不健康的网站。

总之,网络作为我们工作、学习、生活中一个重要的工具,它可以给我们的身心带来愉悦,释放我们的情绪。认识网络,学会正确使用网络,提高网络认知能力,我们才能有效地驾驭和利用网络,为自己的成长服务。如果对网络没有正确的认识,无节制地依赖网络则很容易迷失在网络中无法自拔。

## 二、提升道德水平,遵守网络道德

(1)不浏览色情网站。色情网站提供的都是淫秽内容,违反国家的法律、法规,违反社会公德,这些内容很容易使浏览者产生性兴奋和性冲动,让人对性爱产生不良的理解,从而产生过分的性需求,对学生的毒害非常大。

（2）不侵犯他人隐私信息。个人隐私作为我们的基本权利，应得到充分保障，但在网络时代，个人隐私受到威胁。在网上肆无忌惮地发布他人隐私，是对他人权利的严重侵犯。在网络上尊重他人隐私，也就是尊重自己的隐私。

（3）不侵犯他人网络知识产权。在信息化的时代里，在网络里借用、复制他人成果变得更加方便和快捷，使得知识产权的侵权行为成为严重的社会问题。作为大学生应该学会尊重他人的劳动成果，不随便借用、复制他人成果，如果引用他人成果，请一定注明出处。

（4）不发布不良信息。在网络上发布虚假信息，制造谣言，扰乱社会公共秩序，造成社会人心动荡的人要受到法律的惩罚。

### 三、合理规划，享受网下时间

（1）培养多种兴趣爱好。兴趣是我们拥有快乐生活的重要前提，兴趣让我们的生活丰富多彩，在校大学生可以培养自己的兴趣爱好，如运动、棋艺、绘画、舞蹈、音乐等，让没有网络的生活也一样精彩。

舞蹈

（2）积极参与活动。大学不同于高中，成绩不是唯一的评价标准，多才多艺的人会受到认可。人际交往广泛的人也会受到认可，大学生应积极参与社团活动，提升自身的组织和团体协调能力，使生活充实而有意义，获得个人成就感。

（3）增进现实交流。大学生要学会与他人建立起有意义的人际关系，需要通过现实的交流，每天抽出一点时间与同学聚焦于有意义或感兴趣的话题，谈学习、谈理想、谈自己的规划，积极交流各自的心得和体会，获得归属感和满足感。

（4）加强体育锻炼。每天坚持锻炼一小时，做些有氧运动，有助于身心健康，帮助宣泄不良情绪，维持心理平衡，提高生活质量。

## 课程思政

### 网络是把双刃剑

**一、辩证看待网络，加强自我控制能力**

信息时代，网络以其独特的方式介入社会的各个领域，在给我们的生活、工作带来积极影响的同时，也带来了很多消极影响。大学生应从辩证的角度去看待网络，并加强自我管控能力，不沉迷于网络，不被网络左右。

**二、合理使用网络，遵守网络规范**

网络不是法外之地，我们在使用网络的同时，也要学习一些网络规范，做到知法用法，不触碰法律和道德的底线，做一位文明的上网人。

**三、做好时间管理，拥有好的生活习惯**

无线网络、电脑和手机的普及，让我们随时随地都可以"肆无忌惮"地进行"网上冲浪"。如果我们不能管理好自己的时间，养成好的生活习惯，必将给我们的学习、生活带来负面影响，最终"受伤的"还是我们自己。

## 心理测试

### 网络成瘾自评量表

网络成瘾自评量表IAT（Internet Addiction Test）是从国外引进的一种自评量表，它根据上网者所用时间、网络中人与人之间的亲密感、无意义的网络信息查询，以及网络对工作、学习、生活不同程度的影响和情绪的不稳定性，来测试上网者的网络成瘾性。本测试共有20个项目，有1~5级评分，总分越高说明网络成瘾越严重。

| 题目 | 1 | 2 | 3 | 4 | 5 |
| --- | --- | --- | --- | --- | --- |
| 1.你觉得上网的时间比你预期的要长吗？ | 几乎没有 | 偶尔 | 有时 | 经常 | 总是 |
| 2.你会因为上网忽略自己要做的事情吗？ | 几乎没有 | 偶尔 | 有时 | 经常 | 总是 |
| 3.你更愿意上网而不是和亲密的朋友待在一起吗？ | 几乎没有 | 偶尔 | 有时 | 经常 | 总是 |
| 4.你经常在网上结交新朋友吗？ | 几乎没有 | 偶尔 | 有时 | 经常 | 总是 |
| 5.生活中朋友、家人会抱怨你上网时间太长吗？ | 几乎没有 | 偶尔 | 有时 | 经常 | 总是 |
| 6.你因为上网影响学习了吗？ | 几乎没有 | 偶尔 | 有时 | 经常 | 总是 |

续表

| 题目 | 1 | 2 | 3 | 4 | 5 |
|---|---|---|---|---|---|
| 7. 你是否会不顾身边需要解决的一些重要问题而上网查 E-mail 或看留言？ | 几乎没有 | 偶尔 | 有时 | 经常 | 总是 |
| 8. 上网影响到你的日常生活了吗？ | 几乎没有 | 偶尔 | 有时 | 经常 | 总是 |
| 9. 你是否担心网上的隐私被人知道？ | 几乎没有 | 偶尔 | 有时 | 经常 | 总是 |
| 10. 你会因为心情不好而去上网吗？ | 几乎没有 | 偶尔 | 有时 | 经常 | 总是 |
| 11. 你在一次上网后会渴望下一次上网吗？ | 几乎没有 | 偶尔 | 有时 | 经常 | 总是 |
| 12. 如果无法上网你会觉得生活空虚无聊吗？ | 几乎没有 | 偶尔 | 有时 | 经常 | 总是 |
| 13. 你会因为别人打搅你上网而发脾气吗？ | 几乎没有 | 偶尔 | 有时 | 经常 | 总是 |
| 14. 你会上网到深夜不去睡觉吗？ | 几乎没有 | 偶尔 | 有时 | 经常 | 总是 |
| 15. 你在离开网络后会想着网上的事情吗？ | 几乎没有 | 偶尔 | 有时 | 经常 | 总是 |
| 16. 你在上网时会对自己说"再玩一会儿"吗？ | 几乎没有 | 偶尔 | 有时 | 经常 | 总是 |
| 17. 你想减少上网时间，但最终还是失败了吗？ | 几乎没有 | 偶尔 | 有时 | 经常 | 总是 |
| 18. 你会向人隐瞒你的上网时长吗？ | 几乎没有 | 偶尔 | 有时 | 经常 | 总是 |
| 19. 你宁愿上网而不愿意和朋友们出去玩吗？ | 几乎没有 | 偶尔 | 有时 | 经常 | 总是 |
| 20. 你会因为不能上网变得烦躁不安、喜怒无常，而一旦能上网就不会这样吗？ | 几乎没有 | 偶尔 | 有时 | 经常 | 总是 |

评分标准及结果如下所示。

0~30分：正常，上网者仅仅将网络作为获得信息或休闲的一种工具，网络仅仅作为一种生活手段出现在生活中，不存在对网络的精神依赖行为。

31~49分：有轻度上瘾症状，但没有形成网络依赖，在上网时间的把握上有时候稍微滞后，但在总体上仍能够自我控制。

50~79分：中度成瘾，使用网络后已经出现一些社会适应性问题，比如对时间的控制力减弱，网络耐受性增强，人际关系趋向敏感，生活秩序正在打乱，情绪开始出现一些较为明显的不稳定特征，你正面临来自网络的问题。

80~100分：重度成瘾，上网者已经完全被互联网所控制，网络成为上网者的精神寄托，在网上，用户长时间分享巅峰体验；在网下，用户则长时间陷入抑郁、恐慌、悔恨等多种负面情绪中，上网者的社交功能正在逐步退化，其网络成瘾性已经到了引起严重生活问题的程度了。如果你已到了这种程度，你恐怕需要很强的意志力，甚至需要求助心理医生才能恢复正常。

## 拓展阅读

### 社交工具还是伤人利器？
#### ——大学生沉迷网络游戏调查

玩网络游戏上瘾，上网时全神贯注，下网后六神无主；通宵打网游引发"电子血栓病"……中南大学湘雅二医院精神卫生研究所对3000多名大学生进行了网络成瘾性调查，发现其中超过五分之一的大学生存在手机成瘾风险，大学生网络游戏成瘾问题严峻。一些网络游戏充斥着暴力和色情内容，而很多商业性质的网瘾治疗机构鱼龙混杂、良莠不齐，对大学生的身心健康带来极大负面影响。

**一、网瘾学生的"AB面"：为游戏里的兄弟"两肋插刀"，却难给父母一个微笑**

中南大学湘雅二医院精神卫生研究所的此项网络成瘾性调查，对多所高校的3000多名大学生进行了长期跟踪。调查结果显示，有20.6%的大学生存在网络成瘾风险，受访大学生群体平均每天使用手机7～9小时，平均每人每天使用手机118次。大学生群体使用手机主要用于玩游戏、看影视剧、看直播和购物等。

一些受访大学生表示，网络游戏不仅是娱乐工具，更是社交工具，但正是这个被寄希望于拓展社交、寻找安慰的网络工具，成为了损害大学生身心健康与人际关系的利器。

在受访的3000多名大学生中，有三分之一的大学生因为长时间使用手机和电脑等出现精神或身体健康受损，有五分之一的大学生因为沉迷网络游戏而错失了重要的人际关系，有近15%的大学生因为沉迷网络和家人经常起冲突，还有个别大学生因为沉迷网络产生易怒情绪，甚至和同学打架……

"我们发现，沉迷于网络的不仅有本科生，还有不少硕士生、博士生，有硕士生在找工作受挫后沉迷网络游戏不能自拔，最后干脆不找工作了。"一位调查人员透露。

调查组成员之一、中南大学湘雅二医院精神卫生研究所副教授王绪轶接待过不少因沉迷网络游戏而荒废学业的学生，他说："让我印象最深的是一个学生曾考取过一所知名高校，因沉迷网游多次缺考被退学，后来他又考上了湖南一所高校，还是因为沉迷游戏多次缺考，被老师强制带到医院治疗。"

让人担忧的是，一些学生形成了"网游性格"，把网络游戏里的玩伴看得比父母都亲。他们常常有两张面孔，A面是在游戏中热情洋溢，讲义气，为游戏里的兄弟"两肋插刀"；B面则是在现实生活中，不仅对学业和社交漠不关心，甚至对父母冷漠相对，连一个微笑都很难见到。

### 二、"电子血栓病"侵袭网瘾少年，商业治疗机构良莠不齐

湖南省脑科医院精神科主任周旭辉说，近年来，临床上接诊的网络成瘾学生患者越来越多。很多家长对于孩子沉迷网络不仅深恶痛绝，更感到无奈。

调查发现，有学生通宵熬夜看手机出现心血管方面的疾病，还有学生在过马路、骑车时沉迷于手机而被机动车撞伤。近年来，中南大学湘雅二医院收治了一些患上静脉栓塞的学生，多是经常通宵打游戏的网游爱好者。

中南大学湘雅二医院急诊医学教研室副主任柴湘平说，沉迷于电子游戏导致的血栓被称为"电子血栓病"，有学生组团通宵达旦地玩网络游戏，还有人连续玩网游几个通宵后，出现下肢静脉栓塞，后来发展成肺栓塞，送到医院抢救。

沉迷网络，对学生的心理健康影响更大。王绪轶说，大学生网络成瘾与负面情绪相关，成瘾程度越高，孤独、抑郁、焦虑、压力等负面情绪越高；网络成瘾与自尊水平呈显著负相关，青少年的自尊水平越低，人际交往能力越弱，越容易网络成瘾。

记者调查发现，目前网瘾治疗机构良莠不齐，不少机构缺乏专业精神卫生医生，有的甚至聘请保安、武术教练对网瘾青少年进行强制管理，严重影响青少年心理健康，还会让其产生"报复式"的逆反心理。

"隔离、吃药、断Wi-Fi，不听话就要挨电棍……我在一家网瘾治疗中心治疗了15天，花了8000多元，出来以后还是不上网就难受，没起什么作用。"曾在商业网瘾治疗中心"治病"的一名大学生告诉记者。

### 三、反网络成瘾机制亟待建立，引导与爱缺一不可

专家指出，近年来，为了防止青少年沉迷网络，政府、学校乃至社会各界都采取了相应措施，一些游戏生产企业采取实名注册，推出防沉迷系统，但仍有一些网游企业剑走偏锋制作不良游戏，对学生产生了负面影响，甚至有学生因为缺乏辨别是非的能力，盲目模仿，走上犯罪道路。

王绪轶建议，政府、学校、医疗机构等应形成"反网络成瘾"的联动机制，相关部门应加大对网络游戏产业的监管力度，对网络游戏的内容和价值观严格把关，防止不正当价值导向的网络游戏对青少年造成不良影响；医疗机构和学校合作，对重度网瘾学生提供规范的心理治疗，对一些已经出现抑郁、焦虑症状的患者进行药物治疗和心理辅导。

周旭辉指出，学校和家庭应关注学生的心理健康，多组织社团活动，帮助学生提高社交能力，更好地融入学校生活，对学生使用手机、电脑的情境进行必要限制，引导学生养成良好的网络使用习惯。

（资料来源：新华社官方网站）

### 拓展实训

活动目的：了解网络对生活的影响。

活动流程：分小组进行讨论，小组成员尽可能多地说出网络给生活带来的益处与弊端。

活动时间：15分钟。前10分钟用于发表各自的见解，后5分钟用于小组讨论。

活动要求：在前10分钟内，不要批评或评价别人的看法，只说出自己的见解即可。

# 项目十一　危机干预与珍爱生命

### 知识导入

当今社会竞争机制已嵌入社会生活的方方面面，高等教育的竞争也日趋激烈，大学生在激烈竞争中面临的学习压力、生活压力、就业压力等日益增大，并不断转化为日益加重的心理压力，久而久之就会使大学生产生心理问题，形成心理障碍，出现心理危机，而心理危机甚至可能转化为行为危机乃至生命危机，危及青年学生的成长、发展乃至生命。

### 学习目标

**素质目标**

1. 树立正确的生命价值观和积极的生命态度，懂得生命的神圣与尊严。
2. 提升生命责任感，掌握应对心理危机的方式方法。

**知识目标**

1. 了解生命的相关知识、大学生生命意识缺失现象、大学生自杀危机的识别与干预。
2. 认识心理危机的概念，心理危机的类型、特征，以及大学生心理危机的影响因素。
3. 掌握大学生常见的心理危机问题。

**技能目标**

1. 能够识别自己以及他人的心理危机。
2. 能够采取有效措施应对心理危机。

# 模块四 积极调适自我

## 思维导图

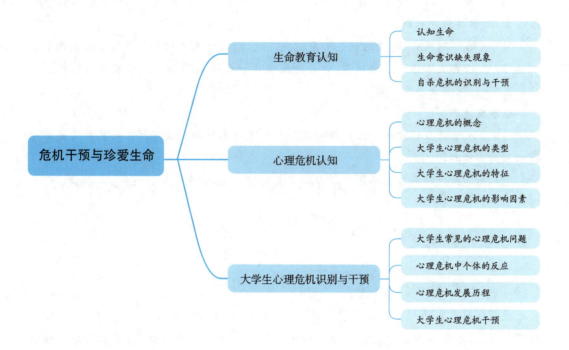

## 任务一 生命教育认知

### 活动导入

**我的人生五样**

（1）请在白纸上，以最快的速度写下你生命中最重要的五样东西。

要求：不必考虑顺序，排名不分先后。

这五样东西，可以是实在的物体，比如食物、水或钱；也可以是人和动物，比如父母、妻子、儿女、丈夫、宠物；可以是精神的追求，比如宗教或理想；也可以是爱好和习惯，比如旅游、音乐或吃素；更可以是抽象的事物，比如祖国或哲学。总之，你可以天马行空地想象，只要把你内心觉得珍贵的五样东西写出来就可以。

全部写完后，请凝视你手中的这张纸。也许在今天之前，你还没有认真地思考和珍惜过它们，但从这一刻开始，你知道了什么是你维系生命的理由，什么是你的幸福所在。

（2）假如，你的生活中出了一点意外。无法保全生命中最宝贵的这五样了。你要舍去一样。请你拿起笔,把这五样之中的某一样擦去。注意,是要擦去这样东西,不是简单地划掉。

(3) 你只剩下四样珍贵的东西。此刻,生活又发生了重大变故。你保不住你的四样东西了,必须再放弃一样。

(4) 天有不测风云,你又遇到了险恶挑战。这一次,你又要放弃一样宝贵的东西了。

(5) 生活再次给你开了个玩笑,你必须做出你一生中最艰难也是最果决的选择。你只能留下一样,其余全部放弃。

**分享交流:**

(1) 你人生的五样重要的东西分别是什么?你是怎样排列这五样东西的?又是由于什么原因而这样排列的?

(2) 当你因为种种原因不得不放弃珍视之物(人)时,心里是何感受?

# 一、认知生命

## (一) 生命的定义

我们在日常生活与工作中经常会使用"生命"这个词,如生命价值、生命意义、职业生命等。那么,生命究竟是什么?生命是一种物质复合体或个体的状态,主要特征为能执行某些功能活动,包括代谢、生长、生殖及某些类型的应答性和适应性活动。也就是说,生物学上认为生命是动植物的一种存续状态,其以新陈代谢为基本存在形式,能够利用外界的物质形成自己的身体和繁衍后代,并能够适应、改变环境。

## (二) 生命的存在形态

人的生命的存在形态有生物性、精神性和社会性三种。

### 1. 生物性的存在

人是生物性的存在,生物性是人的生命最基本的特性,是人的生命的社会性、精神性存在的基础和前提。人作为一个自然生理性的肉体生命而存在,人的生长和发展必然要服从生物界的法则和规律,所以衣食住行、吃喝拉撒、生老病死是每一个人都必须面对的,也是每一个人无法逃避的。

### 2. 精神性的存在

人之所以要追求精神性的存在,是因为精神性的存在是对生物性的存在的指导和提升;是因为它的本质是自由、开放和升华的,具有完整性和超越性。人要规划自己的人生,创造自己的价值,指导和提升生物性的存在价值。有了生命的精神性的存在,人的生命才有了人文意义和价值,才有了理性的意蕴和道德的升华。这是人的完整性的体现。

#### 3. 社会性的存在

每个人要想生存下去,就必须参与和融入社会活动中,在与人的沟通、交往和互动中追求自己生命的意义,实现自己生命的价值。这种社会性的存在使人在面对千差万别、千变万化的社会生活时,能够有一种生命的智慧和坚定的信念;使人在面对有生有死、有爱有恨、有聚有散、有得有失的有限人生和无奈命运时,有一种豁达的胸怀和泰然的态度。

### (三) 生命的特征

(1) 生命的不可逆性。从胚胎起,生命便一直生长、发育,直到衰亡,这个过程是不可改变的。它绝不会"倒行逆施",也不会"时光永驻","返老还童"亦不可能出现。

(2) 生命的不可再生性。生命,对任何人来说都只有一次。人们常说,"人死不得复生",讲的就是生命的不可再生性。

(3) 生命的不可互换性。生命为个体所私有,相互之间不得交换,彼此不可替代。

(4) 生命的有限性。人的生命是有限的,任何人都会不可避免地走向衰亡。有限性是生命的本质属性,生命的有限性使人不停地探寻生命的意义与价值,不断突破自我。

> **拓展阅读**
>
> **书籍分享**
>
> 《钢铁是怎样炼成的》中,保尔·柯察金曾说过这样一段话:"人最宝贵的是生命,生命每个人只有一次。人的一生应当这样度过:当回首往事的时候,他不会因为虚度年华而悔恨,也不会因为碌碌无为而羞愧。在临终的时候,他能够说:'我把整个生命和全部精力,都献给了世界上最壮丽的事业——为人类的解放而斗争。'"这段话告诉我们:要珍惜仅有一次的生命,应将自己宝贵的生命投入对社会的奉献中去。
>
> 个体生命的独特性是人类社会中的生命最普遍的存在形式。每一个自我都有自己的独特个性,有自己唯一的模式。人与人之间之所以有所不同,都是因为有自我独特性,具有不可重复和不可取代的唯一性。这种独特性使个人的存在具有意义和价值。

### (四) 理解死亡

死亡在生物医学上的传统解释是身体机能、器官及所有生命系统的功能永久地、不可逆地停止。死亡在生物医学上分为三个阶段:濒临死亡期、临床死亡期与生物学死亡期。目前国际上公认的医学观念以脑干死亡作为脑死亡的标准,一旦出现脑死亡现象,就意味着一个人实质性与功能性死亡。死亡在社会学上的解释是人类有意义生命的消失,即没有思想,没有感觉。

> **知识拓展**
>
> **死亡的特点**
>
> 死亡是生命的导师。只有真正认识死,才能深刻理解生,所以了解死亡的特性是为了更有价值地活着。
>
> (1) 死亡的必然性。生命是一个有机体新陈代谢的过程,凡是生命都存在着死亡的必然性。尽管人们梦想着"长生不老",但生命总有它自然的规律,有生就有死,死亡是必然到来的,因为死也是生命的重要组成部分。
>
> (2) 死亡的不可抗拒性。死亡来临时,人无法躲避。在死亡到来之时,无论你的年龄大小,无论你的地位高低,无论你的学识多少,都不可逃脱。死亡是不可抗拒的,人最多只能做到延缓死亡,但不能逃避死亡。
>
> (3) 死亡的偶然性。死亡是必然的,但一个人在什么时间死、以什么方式死是偶然的。一个人或许死于疾病;或许死于自然灾害,例如地震、洪水、雷电、台风、海啸;或许死于战争、人与人之间的争斗、偶然的交通事故。人无法预料自己在什么时候遇到什么事件会丧失生命。死亡的偶然性提醒了我们生命的脆弱性。

### (五) 认识生命与死亡的意义

**1. 提高对生命的认识,尊重生命**

生命教育通过对学生进行生命和死亡知识的教育,让学生了解生命的唯一性、复杂性、偶然性和神秘性,培养学生对生命的幸福感、庄严感、神秘感与敬畏感,从而让学生珍惜生命和尊重生命,形成快乐、开朗、积极、乐观的人生态度。

**2. 认识生命的价值,珍爱生命**

生命教育的实质是生命价值的教育。从最根本的意义来说,生命教育是一种全人教育,它涵盖了人从出生到死亡的整个过程和这一过程所涉及的各个方面,既关乎人的生存与生活,又关乎人的成长与发展,更关乎人的本性与价值。生命教育的核心目标在于,通过生命管理,让每一个人都成为"我自己",都能最终实现"我之为我"的生命价值,即把生命中的爱和亮点全部展现出来,焕发自己独有的美丽光彩。

**3. 理解生命的意义,活好今生**

大学生应认识和理解生命和死亡的特点,更加热爱生活,珍惜当下的每一天,同时,重新审视自己的人生,建构生命的意义。要懂得爱护自己的生理生命,提升自己的精神生命,丰富自己的社会生命,过更有意义的生活,使个人的身心健康发展,为今后事业的成功、人生的幸福奠定基础。

#### 4. 维护生命的安全，解除自杀危机

生命教育应让大学生认识到生命的唯一性，理解生命来之不易，了解生命的价值和意义，维护生命的尊严，解除自杀危机，同时，关爱他人的生命，掌握有关自杀预防的知识和技能，协助学校和教师及时识别他人的自杀危机，做好危机的预防和干预，维护他人的生命安全。

## 二、生命意识缺失现象

### （一）漠视生命

人的生命的产生本身就是一个奇迹，生命的存在足以构成我们热爱和珍惜它的理由，但个别大学生存在漠视生命的现象，如同学之间、师生之间不能正常交往，和谐相处，无视交通规则乱过马路，学生之间出现打架斗殴事件，等等，这在一定程度上反映了他们不尊重自己和他人的生命，不能理解生命存在的意义。漠视生命必然会造成个人情感经验的缺失，造成人格的扭曲和人性的缺陷。

### （二）否定生命

现实中发生的个别大学生自杀事件，反映了他们因为缺乏生命意识而导致对生命的否定。恐惧死亡是人的本能，但个别大学生认识不到生命存在的唯一性和创造性，认识不到生命的至高无上性，也就自然会表现出不珍惜和不热爱生命的行为。

### （三）游戏人生

生命存在的意义就在于它能创造价值。人生就是不断地去创造、发展、壮大生命本身的过程，这也正是人的生命与动物的生命不同的地方。个别大学生没有想着去努力学习，充实自己的知识，通过知识改变命运，创造自己的人生，而是不思进取，游戏人生。个别大学生没有明确的目标，不会规划自己的大学生活，把时间浪费在网络游戏中，或者沉迷于爱情的美梦之中，或者整天无所事事，东游西荡，浪费时间。这些都是缺乏生命意识的表现。

### （四）缺乏生命成就感

生命成就感就是人对通过实践活动获得的成果的感悟，它体现为人的实践成果对他人、对社会的正向价值，是人对生命创造性的认识和肯定。个别大学生习惯了被安排、被给予的生活模式。一方面，科技社会的发展带来的物质生活的丰富，极大地提高了大学生的生活质量；另一方面，个别大学生生命成就感的缺乏导致他们对生命的本质、价值和意义缺乏深刻的认识，使他们的生存质量有下降的趋势。

## 三、自杀危机的识别与干预

### (一)自杀危机的识别

了解自杀者在行为上的一些变化,及时对其进行干预和阻止十分重要。通常有了自杀念头,决定实施自杀的人会有一些行为和情绪上的变化。

(1) 行为方式忽然发生明显的变化。行为方式的变化会表现在性格的突然变化上,如一个活泼开朗的学生突然变得沉默起来;行为变得反常,如搜集和保存绳索、安眠药、水果刀等自杀工具。

(2) 人际关系的变化。重要关系的突然结束,如恋爱关系的中止,与朋友道别,赠送礼物,与家人告别等。

(3) 情绪变化与心境变化。情绪不稳定,主要表现为情绪低落,心理疲惫,自卑自责。表情冷漠,感觉不到生活的价值。情绪从悲哀转化为高昂时,容易产生自杀行为,当情绪由不稳定转变为"正常"时,亦潜伏着自杀危机。

(4) 反复在一些危险区域逗留。如频繁地在某一高层建筑的平台上徘徊,并将此信息有意透露给朋友,这既是自杀的危险信号,也是求助信号。

(5) 身体与神态变化。身体指标上表现为失眠、健忘、食欲锐减、体重剧降、面色憔悴、乏力疲劳等。神态上表现为目光游移、躲闪回避,有时会表现为心神不定、神色慌张。

### (二)自杀的6个误区

(1) 不能和想要自杀的人谈论自杀,因为谈论自杀会诱发其自杀的行为。然而,事实并不是这样。以温和的、镇定的、接纳的态度与对方交谈,可以让对方重新思考,可以赢得更多时间来做危机干预。更重要的是,理解、支持和接纳对想要自杀的人是非常重要的,他们的苦闷会得到宣泄,他们的情绪会得到承托。有可能他们会因为这些温暖而留恋世界,把跨出去的那只脚收回来。

(2) 把自杀挂在嘴边的人不会自杀。然而有一些自杀者会在发出预警信号后实施自杀,据研究,80%的人自杀死亡者生前曾发出各种预警信号和求救声。当我们没法辨别对方属于哪一种时,最安全的策略是充分重视。

(3) 有过一次自杀念头的人总会想自杀。自杀念头和实施自杀之间有一段很长的路。很多人在遇到一些危机时都曾动过一死了之的念头,但这只是短暂的念头,之后往往会克服危机,重新投入生活。

(4) 当一个人自杀行为未遂后,危机就结束了。这不完全正确。如果一个人的目的只是用自杀去威胁别人,自杀未遂、达到目的后会停止。但如果一个人一心求死,因偶然原因自杀未遂,连续实施的可能性依然存在。那些状态转变非常快的自杀未遂者值得关注,因为其背后可能酝酿着更大的危机。

（5）自杀是冲动性行为。这不完全正确。那些受到强烈情绪支配的自杀,确实有可能是冲动行为,但有些自杀行为是在强大理性支配下的行为,会有充分的准备和周密的安排。

（6）只有严重的抑郁症者才会自杀。这不完全正确。有些严重的抑郁症者可能连实施自杀的动力和精力都没有了。那些处于抑郁加重、想要摆脱又无力摆脱的人自杀的危险性最大。

### （三）自杀是可干预的

绝大多数自杀是可以被干预的,及时发现自杀前的征兆往往能抓住契机并挽救生命。危机出现而未得到正确的处理时,就可能会出现自杀的倾向。这些自杀行为可能很隐蔽,但并不是无迹可寻。任何心理活动都会从行为中表现出来,通过细心的观察,再与往常相比较,就会发现自杀者的行为有较大的区别。

我们要提高对自杀的认知,及早辨别自杀的一些征兆,并采取相应措施;高度重视自杀预防工作,坚信自杀是可以预防的。从一个人的言语、行为两方面观察自杀信号,并对症下药,尽早、尽力挽救轻生人员。

如果你认识的某个人表现得非常抑郁或试图自杀,应慎重对待他,不要让他单独活动。不要让他获得任何可以用来自杀的工具和药物。注意他所说的每一句话。主动问他想做什么,但不要试图劝说他不要自杀。而是要让他知道你在关心他、理解他、你在听他说话。主动联系班主任、辅导员、心理咨询中心等,充分利用校园里一切资源支持他,他可能认为谁都不能帮助他,但你必须坚持这么做。

### 拓展阅读

#### 尊重生命

一天早晨,一个人来到海边散步。他注意到,在沙滩的浅水洼里,有许多被前一夜的暴风雨卷上岸的小鱼。用不了多久,浅水洼里的水就会被沙粒吸干,被太阳晒干,这些小鱼就会死去。他忽然看到前面有一个小男孩,不停地捡起水洼里的小鱼,用力把它们扔回大海。这个男人忍不住走上前道:"孩子,水洼里有成百上千条小鱼,你救不过来的。""我知道。"小男孩头也不回地回答。"哦,那你为什么还在扔?谁在乎呢?""这条小鱼在乎!"男孩一边回答,一边捡起一条小鱼扔进大海,"这条在乎,这条也在乎,还有这条……"

小男孩的行为告诉我们要懂得生命的价值。同人一样,自然界的生物都有其存在的价值,关爱生命、尊重生命是每个人都应具备的品德,大学生作为祖国栋梁更应该懂得生命的重要性。弗洛姆曾说过:"尊重生命,尊重他人也尊重自己的生命,是生命进程中的伴随物,也是心理健康的一个条件。"当然,这也是衡量大学生心理健康的一个标准之一。

## 课程思政

**扶贫路上,绽放青春之花**

黄文秀同志生前是广西壮族自治区百色市委宣传部干部。2016年她从北京师范大学研究生毕业后,回到家乡百色工作。2018年3月,黄文秀同志积极响应组织号召,到乐业县百坭村担任驻村第一书记。她埋头苦干,带领88户418名贫困群众脱贫,全村贫困发生率下降20%以上。2019年6月17日凌晨,她在从百色返回乐业途中遭遇山洪不幸遇难,献出了年仅30岁的宝贵生命。

黄文秀的扶贫日记中详细记载了她在脱贫攻坚长征路上倾注的心血。"我还不够勇敢""每天都很辛苦,但心里很快乐""我以为自己无法坚持,但真的走到了今天""我发现还有很多细节要弄清楚"……黄文秀用了两个月时间走访了全村195户贫困户,百坭村住户较为分散,走访极为不便,但黄文秀有坚定的决心。她在脱贫攻坚第一线倾情投入、奉献自我,用美好青春诠释了共产党人的初心和使命,谱写了新时代的青春之歌。

(资料来源:广西新闻网)

# 任务二 心理危机认知

## 心理故事

**独木桥的走法**

弗洛姆是美国一位著名的心理学家。一天,几个学生向他请教:心态对一个人会产生什么样的影响?他微微一笑,什么也不说,就把他们带到一间黑暗的房子里。在他的引导下,学生们很快就穿过了这间伸手不见五指的神秘房间。接着,弗洛姆打开房间里的一盏灯,在这昏黄的灯光下,学生们才看清楚房间的布置,不禁吓出了一身冷汗。原来,这间房子的地面是一个很深很大的水池,池子里蠕动着各种毒蛇,有好几只毒蛇正高高地昂着头,朝他们"滋滋"地吐着信子。就在这水池的上方,搭着一座很窄的木桥,他们刚才就是从这座木桥上走过来的。弗洛姆看着他们,问:"现在,你们还愿意再次走过这座桥吗?"大家你看看我,我看看你,都不出声。过了片刻,终于有3个学生犹犹豫豫地站了出来。其中一个学生一上去,就异常小心地挪动着双脚,速度比第一次慢了好多;另一个学生战战兢兢地踩在小木桥上,身子不由自主地颤抖着,才走到一半,就挺不住了;第三个学生干脆弯下身来,慢慢地趴在小桥上爬了过去。弗洛姆又打开了房内另外几盏灯,强烈的灯光一下子把整个房间照亮。学生们揉揉眼睛再仔细看,才发现在小木桥的下方装着一道安全网,因为网线的颜色极为暗淡,他们刚才都没有看出来。弗洛姆大声地问:"你们当中还有谁愿意现在就通过这座小桥?"学生们没有出声。弗洛姆道:"你们为什么不愿意呢?""这张安全网的质量可靠吗?"学生心有余悸地反问。弗洛姆笑了:"我可以解答你们的疑问了,这座桥本来不难走,可是桥下的毒蛇对你们造成了心理威慑,于是,你们就失去了平静的心态乱了方寸,慌了手脚,表现出各种程度的胆怯——心态对行为当然是有影响的啊。"

**思考与分析**:其实人生又何尝不是如此呢?人们在面对各种挑战时,也不是没有把整个局势分析透彻,反而是把困难看得太清楚、分析得太透彻、考虑得太详尽,才会被困难吓倒,举步维艰。反倒是那些没把困难完全看清楚的人,才更能够勇往直前。如果我们在通过人生的独木桥时,能够忘记背景,忽略险恶,专心走好自己脚下的路,我们也许能更快地到达目的地。

## 一、心理危机的概念

心理危机是指当人们面临突然的或重大的生活逆境时所表现的心理失衡状态,其本质上是伴随着危机事件的发生而出现的一种内在精神世界的动态平衡被打破的一种状态,即人的情绪与行为出现的严重失衡状态。

心理危机的构成应该由以下三个方面构成:第一,危机事件的发生;第二,对危机事件的感知导致当事人的主观痛苦;第三,惯常的应对方式失败,导致当事人的心理、情感和行为等方面的功能水平较突发事件发生前更低。从这样的定义角度看,当事人的痛苦是一种内心的主观感受,但经历同样的危机事件,不同人的心理感受可能大不相同。

## 二、大学生心理危机的类型

根据心理危机的来源不同,可以将大学生心理危机分为发展性危机、境遇性危机和存在性危机。

### (一) 发展性危机

发展性危机指的是大学生在正常成长过程中因突然遭遇巨大变化而呈现出的异常反应,持续时间较短,但极易引起剧烈与不恰当的应激情绪与行为。发展性危机是可以预见的,因此也被认为是正常的危机,如上幼儿园、进入大学、离开父母、失恋、结婚、有第一个孩子、退休等,都有可能引发发展性危机。

### (二) 境遇性危机

境遇性危机由罕见或不可预测的外部事件引起,具有随机性、突然性、意外性、强烈性、灾难性。境遇性危机可以是物质环境的危机,如发生自然灾害等;也有可能是个体状况的危机,如个人患重病、交通意外、被绑架等;还可以是人际的或是社会的危机,如亲友死亡、离婚等。

### (三) 存在性危机

存在性危机是指伴随着重要人生问题,如因人生目标、责任、独立性、自由和承诺等而出现的内部冲突和焦虑。它可能源于现实问题,也可能源于一种持续压倒性的空虚感或生活无意义感,如大学生对究竟是要继续读研深造,还是就业创业感到迷茫。

## 三、大学生心理危机的特征

### (一) 突发性

危机常常出人意料,突如其来,而且具有不可控制性。大学生一般都在18～25岁,在这一时期,身体发育逐渐成熟,大学生具有了成年人所具备的生理特征。而大学生心理发展则处于不成熟向成熟发展的过渡阶段。随着年龄的增长、知识的增多、经验的积累和阅历的丰富,其感性和理性逐渐趋于成熟,能通过自我观察、自我总结等手段审视自身的优缺点,以寻求合理的角色定位。但由于自身心理的不完全成熟和不稳定性,大学生仍然缺乏对自我、对社会的评价能力和自我调适能力,某些积极的个性品质在特定情境下易于导向某些消极的表现,大学生的心理呈现出积极与消极、自负与自卑并存的矛盾与冲突,任何一个小小的问题如果不能得到及时的干预和化解,都可能引发严重的心理危机,甚至导致悲剧性后果。大学生的激情犯罪与冲动自杀多与此特征相关。

### (二) 潜在性

大学生心理危机并非以直接爆发的方式体现,而是潜藏于个体内心,当遭遇特定应激事件时,容易引发心理危机。

大学生心理危机与成长的每一个方面、每一步都息息相关,如果没有危机,即使年龄增长,心理发展也不会与时俱进。在成长的每一刻,成长的力量都与危机的力量共生,正是潜在的危机促动个体积极关注自我,获得成长的力量。危机与成长的力量相互较量,此消彼长。在正常情况下,成长的力量占上风,但面临特定的情境时,潜在的危机就发生了。正如平静大海下掩藏着汹涌暗流一样,危机的累积与渐进,是一个潜在过程、量变过程,一旦形成质变,就是成长或者更大的危机。

### (三) 交互性

大学生心理危机往往是多种因素共同作用下的结果,经济状况、学业期望、情感归属、人际关系等交织在一起,在遇到特定的生活事件时,这些交互因素便浮出水面,引发心理危机。大学生能获得爱情、学业、专业技能、事业进步等方面的满足,实现人生主要的生活目标,但是,同时他们也要承受巨大的压力,需要对爱情、工作和生活各方面的问题做出明智的决策与承诺,而其中许多人此前并没有相关的经验。因此,矛盾与冲突、选择与机遇、个人情感与职业发展等任务同时摆在大学生面前时,由于个体本身心理的不成熟,便容易引发各种心理危机。

### (四)时代性

大学生心理危机与时代有高度的相关性。在当今社会变革、人才竞争和素质教育的社会背景下,大学生面临的各种压力明显增大,由此引发的心理问题不断增多。特别是近几年来我国的社会状况发生了复杂而又深刻的变化,经济快速发展,生活节奏加快,在应对繁忙的学习生活和复杂的社会环境中,大学生常常会因为难以适应和不会自我调节而产生各种心理矛盾和冲突,甚至会导致心理障碍和心理疾病。大学生的心理危机,在一定程度上反映了时代、社会对大学生的要求和考验,大学生心理危机也就因此而打上了深深的时代烙印。

## 四、大学生心理危机的影响因素

心理危机到底是怎么产生的呢?大学生心理危机的产生并不是由某一个单一因素决定的,是多个因素相互作用的结果。

### (一)个体对事件的知觉

对某一事件的认知和主观感受,在个体决定自身行为的过程中起着重要作用。认知方式限制了人们探索压力条件的信念,极大地影响了人们对他人的知觉、人际关系及对采取不同类型的精神治疗手段的反应。如果个体对事件的知觉是客观的、合乎逻辑的,则问题解决的可能性会大大提高。

### (二)社会心理支持

人的本质是社会化的,他依赖周围的人提供的评价而存在。对个体而言,获得确定的评价的意义比其他任何事都更为重要。大学生尤其需要有一个来自亲人、朋友、同学等多方面的心理支持系统,这是人们应对心理压力时的重要社会心理支持资源。然而很多大学生并没有建立这样的系统,或者有心理问题也不愿意向身边的人倾诉、求助,这种重要的支持资源一旦丧失或没能发挥或支持失当,面对压力的个体将变得无比脆弱、失衡,并进一步产生危机。

### (三)应对机制的形成

人们在日常生活中,学会了运用各种手段去应对焦虑,减少紧张,并逐步形成了应对压力的模式。那些被人们运用过的有效办法有助于人们应对压力,将压力纳入他们的生活模式,并逐渐形成人们解决压力时的一套有效的应对机制。相反,如果没有恰当的、有效的应对机制,个体的压力或紧张持续存在,危机便会随之产生。

### (四)个体的人格特征

危机人格理论认为,心理危机还受个体的人格特征的影响。容易陷入危机状态的个体在人格上具有的特异性有:注意力明显缺乏,看问题只看表面看不到本质;社会倾向性过分内向,这种人格特征使个体遇到危机时往往瞻前顾后,总联想不良后果;在情绪情感上具有不稳定性,自信心低,独立处理问题的能力极差;解决问题时缺乏尝试性,行为冲动欠理性,经常会有毫无效果的反应行为。

### (五)重大生活事件的影响

重大生活事件(如丧失亲人、父母离异等)对人的冲击力往往很大,再加上大学生心理的不成熟,还没有形成完善的应对模式,因此,当大学生面对重大事件时,心理危机由此产生。

### (六)人际交往障碍

大学生普遍比较关注自我,独立生活能力较差。进入大学新环境后,面对来自不同地域、不同家庭背景、不同成长经历的同学,他们的生活习惯、个人性格、个人的兴趣也存在很大差异,不可避免地容易产生摩擦和冲突。另外,大学生谈恋爱现象较为普遍,由此引发的情感纠葛问题较多,如果处理不当,容易导致心理失衡,心理危机也可能发生。

## 任务三 大学生心理危机识别与干预

**心理故事**

#### 小芳的爱情

小芳是大三学生,在高中时谈了一个男朋友,两人已交往了四年多,虽然男友在另一个城市读书,不能经常在一起,但两人的感情一直很好。前不久,男友突然提出分手,使她十分痛苦,感觉整个世界都崩塌了,生活也失去了方向。为了挽留这份情感,她跑去了男友所在的城市,向他表达了自己的感受,谈到了自己的规划,并表示愿意毕业后跟随男方工作等。但男友拒绝了,说已经不再爱她。回来后,她依然不能接受分手的事实,便发短信告诉男友,要么不分手,要么她就去死,并发了一张割腕的照片给对方。男友非常害怕,立刻联系学校的班主任,幸运的是在老师和室友们的帮助下,小芳认识到了生命的意义,重拾了信心,终于从失恋的痛苦中走了出来,恢复了正常的学习生活。

**思考与分析**:这是一名把生命和生活的意义寄托于爱情的女生。她的人生目标就是

## 模块四 积极调适自我

毕业后能和男朋友一起,曾经她奋斗的支柱就是爱情。但当男友突然提出分手后她感觉自己的精神支柱完全坍塌了,失去了前进的动力,一下子找不到人生的意义。幸运的是,她及时得到了帮助,认识了生命和生活的意义,重拾了信心,恢复了正常的学习和生活。

## 一、大学生常见的心理危机问题

### (一)环境适应问题

环境适应问题主要发生在新生群体之中。从中学到大学是人生的一个重要转折点,这样一个转变过程,受教育环境、家庭因素、成长经历、学习基础等因素的影响。学生一旦进入校园生活,其生活方式、学习方式、交往方式、心理方式等都会发生相应的变化,产生诸多不适。由于大学生的自理能力、适应能力和调整能力通常较弱,所以,环境适应问题广泛存在,使某些大学生感觉到一种难以消除的、苦恼的忧愁。

### (二)人际关系问题

人际关系问题通常对心理健康产生较大影响。大学生出现的心理危机常常是由于其人际关系的不协调所致的。在高中阶段,由于学习压力比较重,多数学生较为"封闭",人际交往能力普遍较弱。进入大学后,如何与周围的同学友好相处,建立和谐的人际关系,是大学生面临的一个重要难题。人际交往是人类最基本的需要之一,良好的人际关系可以使人产生安全感、归属感和幸福感,得到心理上的慰藉、精神上的愉悦和情感上的满足,从而促进人的身心健康。不良的人际关系则使人感到压抑和紧张、孤独和寂寞,造成心理困扰、人格扭曲,甚至精神障碍,使身心都受到伤害。

### (三)性与恋爱方面的问题

大学生的性生理发育已经成熟,性心理也有所发展,有了性的欲望和冲动,然而,受社会道德、法律、理智和纪律的约束,这种欲望和冲动被限制和压抑着。一般情况下,大学生通过学习、工作和文体活动等途径可以使自身的生理能量得到正常的释放,从而减弱和抑制生理冲动,使之得到某种程度的宣泄、代偿和升华。但是,有的大学生由于对性缺乏健康、科学的认识和态度,对自己的性心理缺乏正确的认知和评价,因而对自己的性感到困惑和不适,对性欲和性冲动感到不安、羞愧和压抑。除此以外,大学生在恋爱方面也有许多困扰,如因单相思、失恋等原因而精神受挫,因多角恋爱难以自拔而内心焦灼,因看到周围的同伴成双成对而自惭形秽,甚至还有个别学生因恋爱发生过激行为而懊恼、悔恨,因担心怀孕或已怀孕而不知所措、内心焦虑不安等。

### (四)性格与情绪问题

性格与情绪问题的形成与成长经历有关,原因也较为复杂。主要表现为自卑、怯懦、依赖、猜疑、神经质、偏激、敌对、孤僻、抑郁等。有情绪问题的学生主要表现为焦虑、恐惧、喜怒无常，该伤心时却高兴，该高兴时反而悲伤，让人难以理解。

### （五）信心不足问题

大学生刚入校时大都比较自信，然而随着对大学生各种能力要求的骤然提升，很多学生发现自己和周围的同学相比，自己在能力、成绩以及素质等方面都很一般，强烈的自卑感和挫败感就会严重地困扰着他们。就业时，当面对用人单位提出的各种条件和要求时，他们往往觉得自己在大学期间什么都没学到，并且缺乏积极和用人单位沟通的态度，往往与机会失之交臂。

## 二、心理危机中个体的反应

人在危机状态下会产生一系列的情绪、认知、生理、心理和行为反应，这些反应是相互作用，互为因果的。了解心理危机中个体的反应，有助于识别处于危机中的个体，对其进行及时有效地调节和干预。

### （一）情绪反应

危机中，个体情绪反应一般有焦虑、恐惧、抑郁、愤怒、沮丧、紧张、绝望、烦躁、害怕等。

### （二）认知反应

危机中，一个人的认知反应会发生两极变化。有的个体会积极思维，调整自己的认知，运用理性情绪调节自我，达到自我成长。而有的个体会关注负性情绪，以致思维狭窄，爱"钻牛角尖"。

此外，情绪和认知之间存在相互影响。愤怒、恐惧和抑郁情绪反应破坏人的心理平衡，而心理平衡是准确感知、记忆和逻辑思维的前提。因此，在危机中，人的认知功能可能遭到严重损害，甚至造成认知功能障碍。有时负性情绪反应同认知功能障碍形成了恶性循环，使人陷入难以自拔的困境。

### （三）心理行为反应

危机中个体的心理行为反应是个体为减轻痛苦感而采取的一种防御机制，大致可分为三类：第一类是积极的反应，包括坚持、升华等，这些反应有助于恢复个体心理平衡，准确地评定事件的性质，做出合理的判断与决定，尽快走出危机；第二类是消极的反应，包括幻想、否认、攻击、逃避、退缩、物质滥用、自杀等，这些反应虽然可以暂时缓解内心的冲突和紧张，但不利于问题的解决，妨碍个体正确地应对危机，甚至会给身心健康埋下隐患；第三类是中性的反应，包括补偿、宣泄、转移、反向、压抑、倒退、合理化、投射等。产生何种类型的心理行为反应与个体的个性特征、适应能力和以往的生活经历等有关。下面简单介绍几种心理行为反应。

(1) 升华。升华是一种最富有建设性的行为反应,它把社会所不能认可的目标、欲望或情绪等转化为高级的、有益于社会并被社会所接受、赞赏的形式,同时,本能冲动也能继续得以满足。

(2) 补偿。补偿是指个体意识到自己在某方面有缺失或某一目标难以实现,而重新确立目标或把注意力转向其他方面,以其他方面的成功来代替原有目标的受挫而获得心理上的满足感。补偿行为的积极与否取决于所选目标的性质,如果新确立的目标是合理的、符合社会道德规范的,则认为补偿行为是积极的;反之,则是消极的。如一名大学生遭遇失恋打击后,发愤学习,成绩遥遥领先,因失恋而受挫的自尊心和自信心得到了补偿,这种补偿行为是积极的;而另一名大学生却同样因为失恋而整天沉迷于网络,在虚拟世界中寻求心理上的满足感,这种就是消极的补偿行为。

(3) 合理化。合理化又称文饰作用,指在目标受挫后,用一种自认为站得住脚的理由来为自己掩饰和辩护,是一种自我安慰的心理行为反应。

(4) 转移。转移是指将针对某一对象的某一种无法实现的情感、意图转移到另一个对象上或转移为另一种情感以减轻心理压力。如某大学生在课堂上被老师批评后感觉很窝火,但又不能当场反驳,回到宿舍便把气撒在舍友身上。

(5) 压抑。压抑是指将意识所不能接受的,使人感到困扰或痛苦的思想、欲望或经验进行选择性遗忘,但这种遗忘只是将某一事件或情绪推到无意识的深层,并没有彻底忘却,之后在某些情境下,被压抑的事件便又回到意识中来,这就是所谓的"压抑回归效应"。压抑虽然能够暂时减轻紧张、焦虑等不良情绪,但不利于问题的最终解决,过度压抑对身心危害极大,个体可能会出现人格改变,或患严重的心理障碍和躯体疾病。

(6) 宣泄。宣泄与压抑正好相反,是指通过各种途径把积郁在内心的不良情绪释放出来,从这个意义上来讲,宣泄比压抑更为有益,但宣泄行为的积极与否,在于所选择手段的正当与否,手段正当,则宣泄行为是积极的;反之,则是消极的。例如,大学生通过记日记、向好朋友倾诉、从事体育运动等社会所接受的方式来进行宣泄,这是允许并且是值得提倡的;但如果宣泄的手段失当,如自虐、破坏公共财物、对他人采取攻击性行为等则是非常有害的。

(7) 幻想。幻想指个体为了摆脱现实的痛苦,对原有观念或现象的改造与加工,其内容超过了客观现实可能的范围,个体从想象的虚幻情景中寻求心理满足。正常人总能把自己的想象与幻觉和现实区分开来,但假如把幻想与现实混淆,或者沉溺于幻想中不能自拔,那就是一种精神疾病的表现。如有的大学生在现实生活中屡屡受挫,便从网络游戏的虚拟成功中寻求内心的满足,长此以往,将不利于身心健康发展,产生不良的行为反应。

(8) 否认。否认是指否定或不承认某种客观存在的现实,以暂时减轻内心的痛苦和不安。如一名刚入大学的新生得知自己深爱的父亲因车祸突然去世,他始终都不相信父亲已经永远离他而去,在昏天黑地的恸哭后,他每天都给父亲写信,相信奇迹会出现。这是典型的否认反应,这种反应能够在事件突发时缓解冲击力,避免极其强烈的刺激给人的身心造成伤害,但过度的否认也有可能延误解决问题的最佳时机或减缓个体对突发事件的心理适应和恢复过程。

(9)逆反。逆反又称反向,一方面是指个体不敢正面表露自己的真实动机,为了防止动机外露,而有意识地采取与自身动机方向相反的行为;另一方面是指个体与社会要求相对抗的行为。持逆反心理的人往往为了解除内心的不满,而采取一些不符合社会规范、不被允许的愿望和行为,产生一些反社会性行为。长期逆反心理的存在会从根本上扭曲自我意识,使动机与行为脱节,造成心理失常。

(10)倒退。倒退也称退行,是指个体在面临压力、冲突、焦虑、紧张时,返回到其早期发展的安全阶段,表现出与自己的年龄、身份极不相称的行为,借以避免目前的冲突、焦虑和紧张。例如,一女大学生与同宿舍同学吵架,像个孩子般哭泣,直到宿舍同学道歉为止。这实际上就是运用儿童的行为反应达到自我保护的目的。

(11)逃避。逃避又称回避,是大学生在危机状态下比较常见的心理行为反应。逃避是指个体在遭受刺激时,不敢直接面对自己所预感的应激情境,而躲到自认为比较安全的环境中去。逃避是自卑、怯懦、无责任感的表现。为避免失恋的打击,逃避情感;为避免考试失败,选择放弃考试等都是逃避的体现。

(12)物质滥用。物质滥用指个体长期或过量使用某些物质,无法减量与停止,同时对个体的社会与职业功能产生伤害,包括药物依赖、吸烟、酗酒、吸毒、长期或过量服用某些刺激性食品等。大学生中比较常见的有吸烟和酗酒。所谓"借酒消愁愁更愁",物质滥用可能会带来感官系统的暂时满足,但会严重损害大学生的身体健康。

(13)攻击。攻击是危机中常见的一种不良情绪引发的行为反应,可分为直接攻击和转向攻击。直接攻击是指一个人受挫后,把愤怒的情绪直接发泄到使之受挫的人或物上,马加爵一案就是由心理危机所引发的直接攻击行为。转向攻击是指把愤怒的情绪指向其他不相干的人或物身上去,刘海洋是典型的案例,他把自己的发泄目标转向了动物园中无辜的黑熊。

(14)自杀。自杀是主体蓄意或自愿采取各种手段结束自己生命的行为,是危机严重到个体无法忍受的地步而采取的一种较为极端的行为反应。由于生命的不可逆性,大学生自杀给社会、家庭造成的损伤是不可估量的。

## 三、心理危机发展历程

### (一)冲击期

(1)震惊与恐慌:危机事件发生后,个体首先会感到震惊和恐慌,这一阶段充满混乱和不知所措。

(2)情绪波动:在冲击期,情绪波动剧烈,个体可能体验到强烈的负面情绪,如恐惧、愤怒或悲伤。

(3) 认知功能受损：由于极度的情绪冲击，个体的认知功能可能出现暂时性的损伤，难以进行清晰的思考和决策。

### (二) 防御期

(1) 否认与合理化：为了恢复心理上的平衡，个体可能会采取否认或合理化等心理防御机制，试图控制焦虑和情绪紊乱。

(2) 寻求控制：在防御期，个体努力寻求控制感，试图通过各种方式减轻不确定感，恢复秩序感。

(3) 情绪管理：个体可能会尝试通过自我安慰、寻求社会支持或分心等方法来管理自己的情绪状态。

### (三) 解决期

(1) 接受现实：在解决期，个体开始积极面对现实，接受危机事件的存在并寻求解决问题的方法。

(2) 资源动员：个体会积极寻找和利用可用的资源，包括个人的内在力量和社会支持网络，以解决问题。

(3) 问题解决：通过积极的努力，个体逐步解决危机带来的问题，恢复正常的生活秩序。

### (四) 重建阶段

(1) 生活重建：个体开始重建受危机影响后的生活领域，包括人际关系、工作和自我认知。

(2) 意义重构：在心理危机的后期，个体可能会对生活的意义进行重新评估，找到新的个人成长点。

## 四、大学生心理危机干预

大学生心理危机干预的主要措施如下。

(1) 寻求专业帮助：如果你感觉自己无法应对当前的情绪状态，一定要寻求专业的心理咨询师或心理医生的帮助。他们将能够提供有效的指导和支持。

(2) 建立社会支持网络：与家人、朋友保持密切联系，分享你的感受和困扰。他们可以为你提供情感支持和陪伴，让你感到不那么孤单。

(3) 积极改变思维方式：尝试改变消极的思维方式，培养积极的思维方式。改变思维方式可以帮助你更好地应对困难和挑战。

(4) 保持健康的生活方式：保持规律的作息、均衡的饮食，适当的运动和休息都有助于提高心理健康水平。

(5) 学会自我调节：当你感到情绪波动时，尝试用一些自我调节的方法，如深呼吸、放松练习、冥想等。这些方法可以帮助你冷静下来,缓解焦虑和压力。

> **知识拓展**
>
> **心理危机求助渠道**
>
> （1）心理咨询师：专业的心理咨询师能够为你提供个人或家庭的咨询服务,解决你的心理问题。
>
> （2）心理卫生热线：拨打心理卫生热线可以与专业的心理咨询师联系,心理咨询师会在紧急情况下为你提供帮助。
>
> （3）社区心理服务中心：提供心理咨询和心理治疗服务,为你提供一系列的支持和帮助。
>
> （4）公益组织：一些公益组织会提供心理健康咨询和服务,可以在网上查询相关组织。
>
> （5）朋辈支持：向自己信任的人表达自己的情感和想法,接受亲友的支持和帮助。

## 课程思政

**守岛英雄王继才：一朝上岛,一生卫国**

2018 年 7 月 27 日,全国"时代楷模"、开山岛守岛英雄王继才在执勤期间突发疾病,经抢救无效去世,他的生命定格在 58 岁。32 年来,每个清晨,在这个距离祖国心脏 1000 千米以外的、仅有两个足球场大的孤岛上,王继才都会和妻子王仕花举行两个人的升旗仪式,风雨无阻。是什么让他那病弱的躯体产生如此惊人的力量,在平凡的哨位做出了不平凡的事迹？从他的话语中,我们能找到确切的答案。

**一、谈初衷：尽民兵的基本义务**

开山岛位于黄海前哨,距离最近的陆地江苏灌云县燕尾港 12 海里,战略位置十分重要。

开山岛曾由海防部队驻守,1985 年部队撤编后,设立开山岛民兵哨所。这座小岛自然环境十分恶劣,"石多泥土少,台风时常扰；飞鸟不做窝,渔民不上岛。"

1986 年 7 月,时任灌云县人民武装部政委找到了 26 岁的基干民兵王继才。

二话不说,王继才上岛了。两个月后,不忍丈夫一人受苦的妻子王仕花,辞去小学教师的工作,也上了岛。

一座岛,两个人……这一守就是 32 年。

"我是民,也是兵,身为民要守护家园,作为兵要保卫祖国。我只是尽了一个民兵的基本义务。"王继才生前对上岛参观的人这样诉说着初衷。

## 二、谈守岛：背后有责任在鞭策

32年，是艰辛的，也是幸福的。王继才无怨无悔。

在岛上，台风大作送不来补给时，两人把生米泡软了放在嘴里嚼。没有人说话时，他们就在树上刻字或对着大海唱歌……

与开山岛亲密接触久了，王继才与这里的一草一木、一砖一瓦、一土一石都有了感情。"虽然很苦，但有一种精神在支撑着，有一种责任在鞭策着。只要能走得动，哪怕是再苦再累，也要看好这个门！"

枯燥、孤独、无助……可王继才夫妇几十年如一日守着小岛，升旗、巡岛、观天象、护航标、写日志……

生前，王继才常说："我要永远守在开山岛，守到守不动为止！"如今，他用生命兑现了这一朴实的诺言。

守岛32年，王继才夫妇每天早晨起床后的第一件事就是升国旗，一人当升旗手，一人当护旗兵，刮风下雨，从未间断。

王继才夫妇在升国旗

2012年元旦，天安门国旗护卫队了解王继才的事迹后，专门从北京送来一座钢制移动升旗台和一面曾在天安门广场飘扬过的国旗。王继才如获至宝。

有一次，海上刮起12级台风，王继才担心国旗被风刮跑，顶着狂风，跑到山顶把国旗收了起来。

风吹日晒，雷暴夹击……国旗经常破损褪色，必须经常更换。王继才买了200多面国旗——因为每天飘扬的五星红旗，这么多年的苦和痛都有了意义。

"国旗是中华人民共和国的象征，开山岛虽小，却是祖国的东门，必须插上五星红旗。只有看着国旗在海风中飘展，才觉着这个岛是有颜色的。"王继才斩钉截铁地说。

### 三、谈家人:忠是最大的孝和责

不曾抱怨过岛上环境的王继才,当提及自己亲人的时候,却总会红了眼圈。

孩子出生没有人接生,就只能自己接生;在家的儿女无人照看,一场大火差点儿丢了性命;大女儿结婚进礼堂时,一步三回头,可父母却迟迟没有来……

"常年守岛,起初家人不同意,亲戚不支持,能坚持多久,自己心里也没有底。"王继才也曾动摇过。

守岛期间,王继才的父母先后病重离世,他都没能守在身边。母亲生前常对他说的那句话,让他一直既愧疚又感动:"你为国家守岛,做的是大事,你不在妈身边,妈不怨你。"

2009年,王继才被一家地方电视台评为新闻人物,他发表获奖感言时说:"我是子,也是父,子要尽孝,父要尽责。但我的家人最终都理解,忠是最大的孝和责。"

### 四、谈荣誉:无怨无悔心满意足

王继才夫妇守岛事迹,跃出黄海,传遍神州,广为人知。

1993年,开山岛民兵哨所被国防部嘉奖为"以劳养武"先进单位,并获江苏省军区一类民兵哨所的美誉。2014年,王继才夫妇被评为全国"时代楷模"。

2015年2月11日,军民迎新春茶话会在北京举行。座谈时,习近平总书记向坐在身边的王继才说:"守岛辛苦了,祝你们全家新年快乐!"

"我一个普普通通的士兵,和妻子做了我们应该做的事,党和人民就给了我们这么多的荣誉,对我们给予这么高的评价,我们还有什么理由不努力,不进取呢!"王继才把当前阶段的荣誉,化作下一阶段的动力。

"守岛几十年,也苦过,也累过,有过眼泪,也有过欢笑,现在回想起来,我还是无怨无悔,心满意足。"

(资料来源:央视网)

## 心理测试(一)

### 人生意义问卷

首先,请你花一点时间思考一下:"对你来说,什么使你感觉到你的生活是很重要的?"然后,根据下列的描述与你的情况相符合的程度,在1~7中做出选择。请你尽可能准确和真实地做出回答。下列问题的主观性很强,每个人的回答都会有所不同,并无对错之分。

| 题目 | 完全不同意 | 基本不同意 | 有点不同意 | 不确定 | 有点同意 | 基本同意 | 完全同意 |
| --- | --- | --- | --- | --- | --- | --- | --- |
| 1.我很了解自己的人生意义。 | 1 | 2 | 3 | 4 | 5 | 6 | 7 |

续表

| 题目 | 完全不同意 | 基本不同意 | 有点不同意 | 不确定 | 有点同意 | 基本同意 | 完全同意 |
|---|---|---|---|---|---|---|---|
| 2. 我正在寻找某种使我的生活有意义的东西。 | 1 | 2 | 3 | 4 | 5 | 6 | 7 |
| 3. 我总是在寻找自己的人生目标。 | 1 | 2 | 3 | 4 | 5 | 6 | 7 |
| 4. 我的生活有很明确的目标感。 | 1 | 2 | 3 | 4 | 5 | 6 | 7 |
| 5. 我很清楚是什么使我的人生变得有意义。 | 1 | 2 | 3 | 4 | 5 | 6 | 7 |
| 6. 我已经发现了一个令人满意的人生目标。 | 1 | 2 | 3 | 4 | 5 | 6 | 7 |
| 7. 我一直在寻找某样能使我的生活感觉很重要的东西。 | 1 | 2 | 3 | 4 | 5 | 6 | 7 |
| 8. 我正在寻找自己人生的目标和"使命"。 | 1 | 2 | 3 | 4 | 5 | 6 | 7 |
| 9. 我的生活没有很明确的目标。 | 1 | 2 | 3 | 4 | 5 | 6 | 7 |
| 10. 我正在寻找自己人生的意义。 | 1 | 2 | 3 | 4 | 5 | 6 | 7 |

人生意义问卷由10个题目构成,采用李克特七点量表方法计分,在七点量表上评价每个题目的描述,1代表"完全不同意",2代表"基本不同意",3代表"有点不同意",4代表"不确定",5代表"有点同意",6代表"基本同意",7代表"完全同意",其中第9题为反向计分题。各题目所属维度如下。

(1) 人生意义体验:1、4、5、6、9;

(2) 人生意义寻求:2、3、7、8、10。

所属各题目得分相加即为维度分,两个维度得分相加即为总量表得分,得分越高,说明你的人生意义的体验感或寻求目的的想法越强烈。

## 心理测试(二)

**社会支持评定量表**

下面的问题用于反映你在社会中所获得的支持,请按各个问题的具体要求,根据你的实际情况来回答。

1. 你有多少关系密切,可以得到支持和帮助的朋友?(只选一项)

(1) 一个也没有　　(2) 1~2个　　(3) 3~5个　　(4) 6个或6个以上

2. 近一年来你:(只选一项)

(1) 远离家人,且独居一室。

(2) 住处经常变动,多数时间和陌生人住在一起。

(3) 和同学、同事或朋友住在一起。

(4) 和家人住在一起。

3.你与邻居:(只选一项)

(1) 相互之间从不关心,只是点头之交。

(2) 遇到困难可能稍微关心。

(3) 有些邻居都很关心你。

(4) 大多数邻居都很关心你。

4.你与同事:(只选一项)

(1) 相互之间从不关心,只是点头之交。

(2) 遇到困难可能稍微关心。

(3) 有些同事很关心你。

(4) 大多数同事都很关心你。

5.对你从家庭成员那里得到的支持和照顾进行评价:(在"无""极少""一般""全力支持"四个选项中,选择合适选项,只选一项)

| 家庭成员 | 无 | 极少 | 一般 | 全力支持 |
| --- | --- | --- | --- | --- |
| ① 夫妻(恋人) | □ | □ | □ | □ |
| ② 父母 | □ | □ | □ | □ |
| ③ 儿女 | □ | □ | □ | □ |
| ④ 兄弟姐妹 | □ | □ | □ | □ |
| ⑤ 其他成员(如嫂子) | □ | □ | □ | □ |

6.过去,在你遇到紧急情况时,曾经得到的经济支持和解决实际问题的帮助的来源有:

(1) 无任何来源。

(2) 下列来源:(可选多项)

A.配偶；  B.其他家人；  C.朋友；  D.亲戚；  E.同事；  F.工作单位；  G.党团工会等官方或半官方组织；   H.宗教、社会团体等非官方组织；   I.其他(请列出)：_____

7.过去,在您遇到紧急情况时,曾经得到的安慰和关心的来源有:

(1) 无任何来源。

(2) 下列来源(可选多项)

A.配偶；  B.其他家人；  C.朋友；  D.亲戚；  E.同事；  F.工作单位；  G.党团工会等官方或半官方组织；   H.宗教、社会团体等非官方组织；   I.其他(请列

出）：_____

8. 你遇到烦恼时的倾诉方式：(只选一项)

（1）从不向任何人诉述。

（2）只向关系极为密切的1~2个人倾诉。

（3）如果朋友主动询问，你会说出来。

（4）主动倾诉自己的烦恼，以获得支持和理解。

9. 你遇到烦恼时的求助方式：(只选一项)

（1）只靠自己，不接受别人帮助。

（2）很少请求别人帮助。

（3）有时请求别人帮助。

（4）有困难时经常向家人、亲友、组织求援。

10. 对于团体(如党团组织、宗教组织、工会、学生会等)组织活动，你：(只选一项)

（1）从不参加。

（2）偶尔参加。

（3）经常参加。

（4）主动参加。

**结果分析：**

1~4题和8~10题：每道题只选一项，选择第1、2、3、4项分别计：1、2、3、4分。

第5题：每项从无到全力支持分别计：1、2、3、4分。

第6~7题如回答"无任何来源"则计0分，回答"下列来源"者，有几个来源就计几分。

客观支持分：2、6、7题评分之和；

主观支持分：1、3、4、5题评分之和；

对支持的利用度：8、9、10题评分之和。

**结果解释：**

一般认为总分小于20分，表明获得社会支持较少。

20~30分，表明具有一般社会支持。

大于30分，表明具有较满意的社会支持。

# 参 考 文 献

[1] 吴琦,刘跃华.阳光青春 健康心灵:大学生心理健康教育[M].上海:上海交通大学出版社,2023.

[2] 郑强国,刘东杰.大学生心理健康[M].北京:清华大学出版社,2021.

[3] 陶爱荣,陆群.心理健康与发展[M].北京:中国人民大学出版社,2020.

[4] 樊富珉,费俊峰.大学生心理健康十六讲[M].2版.北京:高等教育出版社,2020.

[5] 任晖,刘小松,向松林.大学生心理健康[M].北京:中国言实出版社,2020.

[6] 马建青.大学生心理健康教程[M].3版.杭州:浙江大学出版社,2021.

[7] 彭聃龄.普通心理学[M].5版.北京:北京师范大学出版社,2019.

[8] 孙淑芬.大学生心理健康教育[M].北京:北京师范大学出版社,2019.

[9] 杨超,黄军友.阳光成长:大学生心理健康教育[M].北京:人民邮电出版社,2020.

[10] 靳江丽,夏川生,杨淑芳.大学生心理健康指导[M].北京:清华大学出版社,2020.

[11] 夏翠翠.大学生心理健康教育[M].北京:人民邮电出版社,2020.

[12] 何玉梅.大学生心理健康教育[M].合肥:合肥工业大学出版社,2021.

[13] 陈艳,朱静,袁海燕.心理健康教育[M].3版.北京:高等教育出版社,2019.

[14] 张将星,曾庆.大学生心理健康教育[M].广州:暨南大学出版社,2013.

[15] 于志英,李迪.大学生心理健康教程[M].3版.南京:南京大学出版社,2021.

[16] 傅小兰,张侃.中国国民心理健康发展报告(2021~2022)[M].北京:社会科学文献出版社,2023.

[17] 李丹萍.大学生心理健康状况调查出炉!升学成最大风险因素[N].中国青年报,2023-03-27(4).

[18] 王淑兰.对增强青少年自我意识和开发青少年自主功能的思考[J].陕西青年管理干部学院学报,2001(1):11-14.

[19] 孙克波.高职毕业生自我认知偏差探析[J].吉林农业科技学院学报,2014,23(2):57-59.

[20] 周小军.大学生学习问题表现及原因分析[J].新西部(下旬.理论版),2011(7):196,199.

[21] 梁日宁.和谐宿舍的构建从"心"教育开始——以社会心理学的视角[J].高教学刊,2016(5):254-255.

[22] 胡凯.大学生网络心理健康的标准[J].思想政治教育研究,2012,28(3):133-135.

[23] 姜巧玲.高校网络心理健康教育体系的构建[D].长沙:中南大学,2012.

[24] 胡凯,曹挹芬.建设性后现代主义视野下的网络道德与网络心理健康[J].思想教育研究,2014(10):48-52.

[25] 荆月闵.大学生心理危机及干预对策研究[D].青岛:中国石油大学,2008.

[26] 肖水源.《社会支持评定量表》的理论基础与研究应用[J].临床精神医学杂志,1994,4(2):98-100.